Bauwelt Fundamente 22

Herausgegeben von Ulrich Conrads
unter Mitarbeit von
Gerd Albers, Adolf Arndt,
Lucius Burckhardt, Werner Kallmorgen,
Hermann Mattern, Julius Posener,
Hans Scharoun, Hansjörg Schneider

Cornelius Gurlitt

Zur Befreiung der Baukunst

Ziele und Taten deutscher Architekten im 19. Jahrhundert

Redigiert und kommentiert von Werner Kallmorgen

Ullstein Berlin Frankfurt/M Wien

Aus: Die deutsche Kunst des Neunzehnten Jahrhunderts — Ihre Ziele und Thaten, von Cornelius Gurlitt, 2. Auflage, Berlin 1900 (Georg Bondi); Band II der von Paul Schlenther herausgegebenen Gesamtdarstellung »Das Neunzehnte Jahrhundert in Deutschlands Entwicklung«.

Umschlagbilder:
Bruno Schmitz: Leipzig, Völkerschlachtdenkmal, Schnitt
Max Friedemann: Idee zu dem Eingang für ein Staatsgefängnis
Umschlagentwurf: Helmut Lortz

VERLAG ULLSTEIN GMBH · BERLIN · FRANKFURT/M · WIEN
© dieses von Werner Kallmorgen besorgten Auszugs:
1968 Verlag Ullstein GmbH, Frankfurt/M — Berlin
Alle Rechte, auch das der photomechanischen Wiedergabe, vorbehalten
Printed in Germany, Berlin West 1968 · Gesamtherstellung Druckhaus Tempelhof

Man wird, sagt der in Berlin tätige Belgier Henry van de Velde, einer der Hauptvertreter der neuesten Kunst im Gewerbe, ein einheitliches Zimmer einem ungeordneten und zusammenhanglosen vorziehen und erkennen, daß jedes Zimmer einen Haupt- und Knotenpunkt hat, von dem sein Leben ausstrahlt und dem sich alle anderen Gegenstände darinnen angliedern und unterordnen müssen. Diesem neuentdeckten Skelett des Zimmers gemäß, fährt er fort, wird man die Einrichtungsgegenstände anordnen, die man fortan als lebende Glieder des Zimmers und der Wohnung empfinden wird.
Van de Velde gab die Entdeckung seines Gedankens im Herbst 1897 der Öffentlichkeit preis. Es ist sicher seine eigene. Aber daß er sie fand, ist nur ein Beweis dafür, daß die Gedanken in der Luft liegen. Denn dasselbe entwickelte mir vor etwa neun Jahren Wallot als den für ihn leitenden Grundsatz, und etwa gleichzeitig Otto March. Und beide waren damals keineswegs so sicher wie der Belgier, daß die Entdeckung in letzter Reihe von ihnen stamme. Sie meinten, daß man sie an alten Bauwerken, namentlich der Spätgotik, und in England häufig machen könne.   *Cornelius Gurlitt*

Ein Architekt bat Jacob Burckhardt im Jahre 1860 um Rat für eine Italienfahrt, für die er nur fünf Monate Zeit hatte. Burckhardt schrieb ihn: »*Lassen Sie Ravenna aus bei so knapper Zeit, das lohnt nicht.*«
Kurz bevor ich das las, hatte ich meinem Sohn gesagt: »*Wenn du nur drei Wochen für Italien hast, sieh dir vor allem Ravenna an, das lohnt!*«   *W. K.*

Zum Neudruck 1968

Wesentlichen Anstoß zur Wiederentdeckung des Barock in den 8oer Jahren des 19. Jahrhunderts gab Cornelius Gurlitt. In seiner Begeisterung über diese Entdeckung feierte er Wallot mit seinem Reichstagsbau als den Sieger über den Hellenismus aller Schinkel-Schüler, die dem Berliner Wohnungsbau die von uns heute so hoch bewertete ruhige Ordnung und Haltung gegeben hatten. Gurlitts Liebe gehört dem Barock. Er mag diesen Schinkel nicht, auch wenn er seine Verdienste würdigt. Sein kritischer Rückblick auf die deutsche Baukunst des Jahrhunderts macht immer wieder seine grundsätzliche Abneigung — ja, Ungerechtigkeit — gegen alles Klassische deutlich.

Gurlitt schreibt über die Ziele und Taten der deutschen Architekten von Schinkel bis Messel als engagierter Chronist. Das macht seine Darstellung zu einem dokumentarischen Beleg für die Kräfte, Spannungen und Kontroversen, die das Bauen in diesem Zeitabschnitt beherrschten. Insofern ergänzt Gurlitts aufregender, lebendiger und zum Verständnis der Entwicklungen in unserem Jahrhundert kaum entbehrlicher Bericht den ersten Band der »Bauwelt Fundamente« — die von Conrads gesammelten und kommentierten Programme und Manifeste zur Architektur des 20. Jahrhunderts — nach rückwärts. Auch verschränkt der Bericht sich in glücklicher Weise mit der Dokumentation des Zusammenhangs von Konstruktion und Form, die — aus heutiger Sicht — Erich Schild mit Band 19 der »Bauwelt Fundamente« vorgelegt hat.

Cornelius Gurlitt, als Sohn des Landschaftsmalers Louis Gurlitt 1850 in Altona geboren, war Professor für Kunstgeschichte in Dresden und — als letzter der »humanistischen« Architekten — Nestor und Mentor der deutschen Architekten im ersten Viertel unseres Jahrhunderts. Ich habe noch sein Schlußkolleg 1922 gehört und durfte Zeuge sein von Gurlitts unwahrscheinlich starker persönlicher Ausstrahlung. Diese Ausstrahlung durchdringt selbst noch seine gemessen stilisierte, bei allem Engagement ruhige und schöne Sprache. Sie ist selbstverständlich in den exzerpierten Abschnitten der Gurlittschen Gesamtdarstellung mit Ausnahme einiger veralteter orthographischer Eigenheiten unverändert geblieben.

Die von mir getroffene Auswahl jener Abschnitte in Gurlitts Buch, die Architektur und baukünstlerische Fragen zum Gegenstand haben, stehen naturgemäß in der Originalausgabe im Zusammenhang mit der Darstellung der bildenden Künste insgesamt. Um dem historisch Interessierten die Übersicht zu erleichtern, ist das eingehende Inhaltsverzeichnis, das Gurlitt seinem Buch beigegeben hat, ebenso in dieses Exzerpt aufgenommen worden wie die der Originalausgabe beigefügten »Annalen«. Beides kann dem Leser vielleicht Lust machen, das Original aus der Bibliothek zu holen oder im Antiquariat auszugraben; wobei die 1. und 2. Auflage — meinem Auszug liegt die 2. Auflage (1900) zugrunde — späteren, überarbeiteten Auflagen weit vorzuziehen sind; die letzte (4.) erschien unter dem Titel »Deutsche Baukunst seit 1800« im Jahre 1924.

Hamburg, im August 1968

Werner Kallmorgen

Aus dem ersten Kapitel
»Das Erbe«

Das erste Kapitel des Buches berichtet relativ wenig über Architektur, gibt aber eine köstlich-instruktive Schilderung der allgemeinen Vorstellungen über Kunst, die – von Autoritäten Ende des 18. Jahrhunderts formuliert – in das neue Jahrhundert herüberwirken.
Gurlitt konfrontiert zwei Aufsätze, einen von Goethe und einen von Schadow. Mit diesen Aufsätzen ist bereits jener Gegensatz aufgebaut, als These und Antithese, der das 19. Jahrhundert so gut wie das 20. Jahrhundert begleitet: der Gegensatz von Idealismus und Naturalismus, Klassizismus und Romantik, sentimentalischer und naiver Kunst, funktioneller und organischer Baukunst.
Dieser weltanschauliche Gegensatz tritt mit dem Beginn der Moderne an die Stelle der nur durch Temperamente, Landschaften und Klimate variierten Einheitlichkeit der Barockkunst.

Goethe gab in den »Propyläen« des Jahres 1801 eine »flüchtige Übersicht« über die Kunst in Deutschland, in der er mit wenig Worten den Stand der Leistungen in den verschiedenen Hauptstädten des Schaffens darzustellen bestrebt war.
Man kann, bei aller Verehrung für den Großmeister, der gerade damals ans Werk herangetreten war, durch die Propyläen der deutschen Kunst einen neuen Mittelpunkt zu schaffen, sich des Staunens darüber nicht erwehren, wie arm, wie »flüchtig« diese Übersicht ist.
Sie hat ihm böses Blut von verschiedenen Seiten eingetragen; namentlich von Berlin. Dort schien Goethe der Naturalismus mit der Wirlichkeits- und Nützlichkeitsforderung zu Hause zu sein und der prosaische Zeitgeist sich am meisten zu offenbaren. Poesie, sagt er, wird durch Geschichte, Charakter und Ideal durch Porträt, symbolische Behandlung durch Allegorie, Landschaft durch Aussicht, das Allgemeinmenschliche durchs Vaterländische verdrängt. Vielleicht überzeuge man sich bald, daß es keine patriotische Kunst und patriotische Wissenschaft gebe. Beide gehören, wie alles Gute, der ganzen Welt an und können nur durch allgemeine, freie Wechselwirkung aller zugleich Lebenden in steter Rücksicht auf das, was uns vom Vergangenen übrig und bekannt ist, gefördert werden.
Wen meinte Goethe mit diesen Aussprüchen? Bernhard Rode, Fritsch, Meil,

Darbes, Weitsch und wie die Maler der Berliner Akademie alle hießen? Es ist in dem Aufsatz hiervon nichts gesagt. Wohl aber antwortete einer der besten, den Berlin besaß, der Bildhauer *Gottfried Schadow*. Für ihn ist ein Naturalist der, der eine Kunst treibt, ohne sie von einem Meister (Professor) oder in einer Schule erlernt zu haben.

Schadow sagt, er freue sich des charakteristischen Kunstsinnes, wenn auch dieser in den Propyläen auf die niedrigste Stufe gestellt werde: Anstatt zu geben und auszubilden, was in uns ist, quälen wir uns hervorzubringen, was dem von Fremden Gemachten ähnlich sei. Man begründe die Kunst nicht auf die Verhältnisse im Bau des Körpers, sondern auf das liebe Gefühl; man strebe im Kunstwerk nach Endreimen, indem man über dem Weichen, Fleischigen, Punktierten, Geschabten, Vertriebenen, Malerischen und dem eleganten Vortrag die wahre Gestalt, Charakteristik und Form der Dinge vergesse. Wer richtig und treu nachmache, sei auf dem rechten Wege der Schönheit. Um den uns bekannten lebenden Menschen darzustellen, getreu, als einen Spiegel der Natur, bedürfe es eines unbeschreiblich richtigen Auges, einer geübten Hand, eines ehrlichen treuen Sinnes, bestimmten handwerklichen Wissens. Nichts sei geeigneter, einen jungen Künstler irrezuführen, als erträumte und vermeintliche Vollkommenheit. Hinsichtlich der Landschaft sagt Schadow, in der Natur gäbe es keinen allgemeinen Baum, sondern nur bestimmte Baumarten, und wer einen Baum abbilde, müsse sagen können, welcher Art er sei. Die alten Holländer, obgleich sie lange in Italien studierten, hätten sich durch die »Poussinaden« nicht irremachen lassen und daher schätzten sie die Italiener noch heute; nur durch treue Nachahmung der Natur lasse sich etwas Eigentümliches schaffen. Gerade die Statuen der Alten hätten ihre bestimmte Physiognomie, ihre Verhältnisse, ihre Merkmale.

Besäßen wir nur die Geschicklichkeit, Eigenes darzustellen, wie unsere Altväter, so würden wir eine Schule haben, der fremde Völker ihre Sammlungen öffneten. Die Geschicklichkeit, die Art und Weise fremder Meister nachzuahmen, hätte uns diese nicht erschlossen. Das sehe man an Dietrich, dem größten aller Affen, der zwar gut, aber doch nicht recht gut zu schaffen gewußt habe. Homeride zu sein, auch nur als letzter, ist schön, habe Goethe gesagt: Homeride sein wollen, sagt Schadow, wenn man Goethe ist! hätte ich doch die Macht, diese unverzeihliche Bescheidenheit zu verbieten!

Die beiden Aufsätze erweckten vor hundert Jahren Aufsehen: Sie könnten heute geschrieben werden. Nur wäre das, was Goethe als der Vertreter einer kommenden Kunst sagte, heute den Vertretern der älteren Richtung zugefallen. Und Schadow, der damals freilich auch erst 38 Jahre alt war, vertrat die Alten, die Absterbenden, eine endende Kunst. Man hat ihn lange Zeit fast ganz über Thorwaldsen und Rauch vergessen.

Die beiden Gegner haben den Kampf des Jahrhunderts gekennzeichnet, wenngleich das später so oft verwendete Wort Idealismus in den beiden Aufsätzen nicht vorkommt. Sein Gegenspiel, der Naturalismus, erscheint dafür. Und es ist durchaus bezeichnend, daß sich Goethe und Schadow nicht verstanden, als sie das Wort verwendeten, daß jeder etwas anderes darunter verstand. Denn Goethe meinte doch sicher unter Naturalismus, wie er selbst sagt, eine Kunst, welche die Wirklichkeit und Nützlichkeit zu ihrer Forderung mache; nicht die von einem ungeschulten Künstler hervorgebrachte, von einem solchen, der nur aus seiner Natur heraus schaffe. Dies Mißverstehen ist ein zweites Merkmal unseres Jahrhunderts, trotz seiner philosophischen Schulung. Wer heute über Idealismus, Realismus, Naturalismus spricht, tut immer noch gut, zuvor sich darüber zu erklären, was er denn eigentlich unter den armen, zu Tode gemarterten Fremdwörtern verstehe.

Goethe als Kämpfer für das Allgemeingültige! Wie herrlich hatte er sich ein Menschenleben früher ganz in Schadows Sinn geäußert: Die Kunst ist lange bildend, ehe sie schön ist, und doch so wahre, große Kunst, ja oft wahrer und größer als die schöne selbst. – Laßt die Bildnerei des Wilden aus den willkürlichsten Formen bestehen, sie wird ohne Gestaltungsverhältnis zusammenstimmen; denn *eine* Empfindung schuf sie zum charakteristischen Ganzen. Diese charakteristische Kunst ist nun die einzige wahre. Wenn sie aus inniger, einiger, eigner, selbständiger Empfindung um sich wirkt, unbekümmert, ja unwissend alles Fremden, da mag sie aus rauher Wildheit oder aus gebildeter Empfindsamkeit geboren werden, sie ist ganz und lebendig!

Auch damals, auf seinen Aufsatz über das Münster zu Straßburg, hatte ihm ein Künstler von Namen, ein bewährter Lehrer, der Dresdener Akademieprofessor *Friedrich August Krubsacius* geantwortet. Wie er den »witzigen Schwätzer« von oben herab behandelt, nach den neuesten Untersuchungen über die Baugeschichte der Irrtümer überführt! Da sei's am besten, wenn man allen Unterricht, alle Grundsätze und Regeln in den Künsten verwerfe, denn so könne man ohne viel Studieren, wenn man nur Mutterwitz habe, mit leichter Mühe bei allen Unwissenden ein großes Genie heißen.

Sie verstanden sich nicht, die beiden Kämpfer, aber sie hätten sich dreißig Jahre später verstanden; denn inzwischen war Goethe den Weg gezogen, den die deutsche Völkerwanderung seit den Tagen der Zimbern und Teutonen breitgetreten hatte, über die Alpen. Er hatte das Ziel erreicht: Rom!

Gurlitts ganze Abneigung, man kann auch sagen: der Haß des großen Barock-Liebhabers gilt dem literarischen Hochmut Goethes, Lessings und ihrer Zeitgenossen; und ihren Versuchen, »die Kunst in die Lehre zu nehmen«.

Als Goethe von Rom zurückkehrte, sprach ein wissenschaftlich literarischer Hochmut aus ihm, der lange auf der deutschen Nation gelastet hat, der Hochmut des Gesetzes, das auch die nicht künstlerisch Sehenden zum rechten Urteil befähigen sollte; das Übergewicht des Wissens über das Können; der Maßstab des Dilettanten gegenüber jeder freien Willensäußerung starker Eigenempfindung. Es ist kein Zufall, daß die starken Persönlichkeiten in der Kunst, die sich Goethe näherten, fast alle von ihm zurückgewiesen wurden. Erst Schadow, dann Cornelius. Man erkennt zu deutlich, wie Goethe, wie die Männer seiner Zeit und seines Geistes die Kunst in die Lehre zu nehmen dachten, wie die Wissenschaft sich ihrer Herrschaft sicher, der denkende Geist über dem künstlerisch schaffenden sich erhaben fühlte. Das Handwerkliche der Kunst wurde zum Nebensächlichen, seit man gefunden hatte, daß der Inhalt deren höchstes Wesen ausmachte, seit man von ihr vor allem die Darstellung des literarisch Geistreichen forderte.

Und weil das Handwerkliche erlernt werden könne durch Fleiß, wenn nur einigermaßen das Geschick vorhanden war, sah Goethe und sahen die um ihn Gescharten im Künstler einen Handwerker. Goethe antwortete Schadow nicht, als dieser ihm vorgehalten hatte, daß die Kunst auf der Schärfe des Sehens, des sinnlichen Erfassens und werklichen Wiedergebens beruhe; daß das vollendete Werk nur aus künstlerischer Anschauung begriffen und bereitet werden könne; daß die tatsächliche Wahrheit über der inhaltlichen stehe. All dies war ihm zu gering. Die armseligsten Kunstwerke befriedigten ihn, wie die Kirche, wenn sie einen hohen Gedanken darstellten, das heißt, wenn durch sie Schlußfolgerungen von weitgreifender sittlicher oder geschichtlicher Bedeutung angeregt wurden. Goethe, der feine Kenner alter Kunst, war unempfindlich für die Schwächen der zeitgenössischen. Ihm schien es daher auch genügend, für gute Schulen zu sorgen, in denen das Handwerkliche gelehrt und die großen Gedanken von oben herab verteilt werden, um somit Kunst zu zeugen.

So war also ein in künstlerischem Denken der Zeit feststehender Punkt der: Der *Inhalt* bestimmt den letzten Wert des Schaffens.

Auch Lessing meint noch, ein Maler, der nach der Beschreibung des englischen Dichters Thomson eine schöne Landschaft darstelle, habe mehr getan, als der sie gerade von der Natur kopiere; denn dieser sieht sein Urbild vor sich, jener muß seine Einbildungskraft so anstrengen, bis er es vor sich zu sehen glaubt. Das sagt Lessing, obgleich er erkannt hat, daß die Forderung an den Beschauer, die Bücher zu kennen, welche der Künstler benutzte, unberechtigt sei; daß man diesem sein Vergnügen durch Gelehrsamkeit nicht saurer machen solle.

Die Malerei als nachahmende Fertigkeit könne die Häßlichkeit zwar ausdrücken, meinte man zu Lessings Tagen, als schöne Kunst wolle sie aber diese nicht ausdrücken. Ihr gehören wohl alle sichtbaren Gegenstände zu, aber sie verschließe sich vor jenen, die unangenehme Empfindungen erwecken.

Das ist das volle Verneinen der charakteristischen Kunst, dem sich in Rom auch Goethe angeschlossen hatte. Ihm war klargeworden, daß er sich geirrt hatte, wenn er als junger Mensch das Zusammenstimmen der Formen auch bei der Kunst des Wilden für Schönheit genommen habe. Er tat Buße in Sack und Asche vor der Antike, er holte sich in Rom die klassische Absolution und kam mit dem neuen Jahrhundert nach Deutschland zurück, um es mit dem Eifer des Jungbekehrten für die in ihm zur Klarheit gewordene Lehre von der bedeutungsvollen und schönen Form als Ziel aller Kunst zu gewinnen. Er glaubte Neues zu bringen:
Er brachte die Rokokostimmung mit, die in der Luft lag, die Sehnsucht nach Ruhe, nach Einfachheit, nach Stille, nach Schönheit, nachdem so lange im Barock die rücksichtslose Kraft geherrscht hatte.

An dieser Stelle darf Gurlitts Philippika gegen Rom nicht fehlen. Sie ist nicht nur manchem heutigen Rom-Besucher aus der Seele gesprochen, sondern bereits unübertrefflich formuliert.

Das aber ist noch meines Wissens nicht recht hervorgehoben worden, daß in den langen Jahrhunderten seit dem Erwachen der Nationen, in denen der katholischen Kirche in allen christlichen Ländern vom Kunsteifer der Völker, von dem Drange zu werktätig opfernder Verehrung, von dem Streben durch gute Werke die Seligkeit zu erwerben, ungezählte herrliche Dome gebaut wurden, Rom fast allein diesem Beispiel nicht folgte. Draußen im fernsten Städtchen eine romanische, eine gotische Kirche, ein mehr oder minder reiches Stift, ein Anspannen der oft bescheidenen Kräfte, um das Größte der Kirche darzubieten, sich selbst und seine Mittel hinzugeben zur Ehre Gottes: Im gewaltigen, die Geister der Welt beherrschenden Rom kaum ein paar Ansätze zu ähnlichem Tun. Rom hat keine romanische, kaum eine gotische Kirche von Bedeutung, seine Kunsttätigkeit steht tief unter der der meisten Bischofsstädte in Italien, in Frankreich, England, Deutschland.

Auf Jahrhunderte, in welchen Rom eine der niedersten Rollen im Kunstleben der Kirche einnahm, folgte die Renaissance, die mit einem Schlage Rom zu dessen Mittelpunkt machte. Aber man schaue genau zu: Rasch entwickelte sich in den italienischen Städten die Kunst, sobald ihr Gelegenheit zur Betätigung geboten war. Wie plötzlich treten Florenz im 14., Venedig im 15., Bologna im 16., Neapel im 17. Jahrhundert hervor, eigene Schulen gründend.

In Rom aber ist noch nie ein Künstler geboren. Das bemerkte schon mit Staunen Winckelmann. In geborenen Römern, sagt er, wo das Gefühl vor andern zeitiger und reifer werden könnte, bleibt dasselbe in der Erziehung sinnlos und bildet sich nicht: Was wir täglich vor Augen haben, pflegt kein Verlangen zu erwecken.

Soviel Kunst in Rom gemacht wurde, so ist sie doch nie römische Kunst geworden! Man hat ihr in der blinden Verehrung für die Ewige Stadt daraus ein Verdienst ableiten wollen. Rom zwinge jeden Künstler, für die Welt zu schaffen, weil es eine Weltstadt sei, Mittelpunkt eines geistigen Weltreiches. Wie die Kirche nicht römisch, nicht italienisch, sondern allgemein sei, so müsse es auch die Kunst ihrer Hauptstadt sein.

Das was Rom bot, ist die Regel, das Gesetz der Kunst; das was es forderte, ist der Inhalt. Ein Beispiel: Die Kirche forderte von Rafael die Schule von Athen. Das ist ein Vorwurf, den ein Maler von so hohem malerischen Sinn nie sich selbst gewählt hätte. Er sollte sich im Geist zahlreiche Menschen bilden, die er nicht kannte, nie gesehen hatte; er sollte sie so darstellen, daß ein anderer herausfinden könne, wer gemeint sei. Das ist dem Inhalte nach eine der ödesten, trostlosesten Rätselmalereien, die es geben kann, so großartig das eigentlich Künstlerische am Bilde trotzdem wurde. Die neueste Kunstgelehrsamkeit hat festgestellt, daß die beiden Hauptgestalten Plato und Aristoteles sein sollen, früher hielt man sie, wer weiß ob nicht mit Recht, für Petrus und Paulus. Also selbst an den beiden Hauptgestalten ist Rafael in dem Streben, für nur geschichtlich bekannte Menschen erkennbare Gestalt zu schaffen, völlig gescheitert.

Damit zwingt die Kirche die Kunst in ein Netz von Gesetzen hinein, von Gesetzen, welche sie fast immer nach kurzer Zeit einschnüren, ausdorren, vernichten. Es ist kein Zufall, daß Rom nie Kunst erzeugte, obgleich wohl keine Stadt der Welt seit der Zeit der Renaissance soviel Kunst aufsog.

Diese sphynxartige Kraft des Saugens hat Rom sich durch alle Zeiten gewahrt. Der alte Sinn der welterobernden, weltberaubenden Kaiserstadt blieb wach. Bei aller Bettelhaftigkeit eigener Leistung der Hochmut, die Arbeit zu verschmähen, um von den in Verehrung gereichten Almosen anderer zu leben.

Und sie lieferten ohne Unterbrechen ihre besten Kräfte, diese anderen. Seit Beginn des 16. Jahrhunderts warfen die Niederländer ihre nationale Art weg, zogen nach Rom, um zu lernen, sie die ersten, welche dem Gedanken huldigten, daß hohe Kunst anderer bessere Lehre biete als die eigene Natur. Die Scorel, Lombard, Floris und wie sie alle heißen, kamen als gefeierte Meister heim, sicher im Zeichnen und Malen, voll Gesetz und Regel, voll guter Lehre und Selbstgefühl, aber innerlich gebrochen, ohne Halt, ohne Kraft selbst zu sehen, selbst sich zu fördern, vergiftet von Rom und seiner unpersönlichen Art, von seinem verallgemeinernden, unkünstlerischen Zuge.

Welch gewaltige, geistige Anstrengung hat es Holland gekostet, sich vom Einfluß der klassischen Landschaft frei zu machen. Immer fiel es an diese zurück, selbst nach den glorreichsten Äußerungen örtlichen Schönheitsgefühls. Auf Europa lag im 17., im 18. und, wie wir sehen werden, auch im 19. Jahrhundert der Alp eines von Rom vergifteten Naturempfindens. Die stärksten Kräfte rangen mit diesem übermäßigen Feind, viele erlagen ihm!

Gurlitts mitleidiges Lächeln begleitet die Vorliebe für das Gelesene vor dem Gesehenen, die Winckelmann auf seinem Weg nach Rom bezeigt.

Was Rom einem Deutschen damals Gutes bieten konnte, das hat es an Winckelmann getan. Die Fahrt nach der Ewigen Stadt brachte ihn aus dem Kreise seines Lehrers, des Malers Oeser, in jenen der echten Antike. Welch wunderbares Treiben in Dresden. Diese Sehnsucht nach dem Alten, dieses Leben in den Alten, wie es aus Winckelmanns krauser Erstlingsschaft, den Gedanken über die Nachahmung der antiken Kunstwerke hervorleuchtet. Es ist gut, diese einmal wieder durchzugehen, in aller Herzenseinfalt, wie man ein Buch eben liest, das einem der Zufall in die Hände spielt, vergessend alle gelehrten Erklärungen. Das zunächst die Modernen Verblüffende ist die Kenntnis, die Belesenheit in den alten Schriftstellern. Hat man mehr Arbeiten dieser Art eingesehen, so merkt man, daß auch hier mit Wasser gekocht wurde, daß die Hilfsmittel vielseitig waren: die Wissenschaft hatte dem »Antiquarius« vorgearbeitet, wie etwa dem Theologen beim Suchen passender Bibelstellen. Aber bleiben wir bei der Bewunderung: Ihr steht ein wahres Erschrecken entgegen über den geringen Umfang dessen, was die Schriftsteller selbst an Kunst mit Aufmerksamkeit gesehen hatten. Winckelmann folgt in allem Oesers Anschauung. Er sieht sich nicht die Bilder der Dresdener Galerie an, nicht die Deckenmalereien in den sächsischen Schlössern, sondern er redet auch modernen Bildern gegenüber viel lieber von Sachen, die er nicht kennt, über Rubens' Galerie im Luxembourg-Palais, Grans Deckenmalereien in Wien, Le Moines und Lebruns geschichtliche Bilder. Er war Bibliothekar an der Bünauschen Bibliothek, deren Bestand jetzt noch aus dem der Dresdener öffentlichen Bibliothek durch den Einband erkennbar ist. Ich konnte ihm daher nachgehen, welche Bücher er las, welche aber nicht, obgleich er sie wohl alle einmal in der Hand hatte. Die Belesenheit endet dort, wo die Vorarbeit für den »Antiquarius« endete. Was er an Meinungen der großen Bildner und Maler der Renaissance zusammenträgt, ist herzlich armselig. Und doch steht es ihm über dem, was er wirklich an Kunst sehen konnte und was er als gesehen erwähnt. Niemals führt ihn dies zum Verweilen, zum Vertiefen. In seinem ganzen Denken tief im Barock befangen, voll von Streben nach Allegorie, nach ausgeklügelten Dingen, noch ohne jede Sinnlichkeit des Schauens, ist bei ihm nicht das Gesehene, sondern das Gehörte und Gelesene allein Kern und Grund des Denkens und Schreibens. Was Aristoteles oder Cicero, Plinius oder Pausanias gesagt haben, das gibt der Auseinandersetzung Inhalt und Beweis: Winckelmann spricht viel von Bernini und seiner Schule. Er wußte sicher, daß in Dresden ein Werk dieses Meisters steht: Er sieht es nicht an, sondern redet nur darüber, was dieser und jener über den Meister sagte. Auch hier erweist sich als das Bezeichnende der klassischen Kunstkritik, daß sie von der Gelehrsamkeit ausging, daß sie las, nicht sah. Der ganze Zug ihres Denkens führte sie von dem fort, was sie umgab: Das war nicht aus ihrer Zeit, sie lebten ja in einem vergangenen Jahrtausend. Aus diesem heraus wollten sie jenes belehren: Wenn die Schätze der Gelehrsamkeit der Kunst zuflössen, so könnte die Zeit erscheinen, daß der Maler eine Ode ebensogut als eine Tragödie schildern könnte. Man lese nach, was Winckelmann unter diesem Wunsche den Künstlern zu bilden empfahl; wie er sie durch Regeln und Beispiele belehren wollte; was er noch in Rom als den besten Weg zur Betrachtung der Kunstwerke anpries, jetzt seit er mit Eifer selbst dieser oblag. Die spätere klassizistische Zeit hat sich ihren Winckelmann zurechtgebaut, wie sie ihn wünschte. Ich glaube, daß man dem Mann gerechter würde, wenn man ihn nicht als Anfang einer neuen Zeit, sondern als Ende einer alten betrachtet, als Sohn des klassizistisch gewordenen Barocks, als Jünger seines Lehrers Oeser, des Oeser, der auch Goethe die Anfänge der Kunst oder doch die Anfangsgründe lehrte.

Mengs und Reynolds finden wenigstens in etwa Gurlitts Anerkennung, weil sie ihm als Künstler »lebenswärmer« erschienen als in ihren Theorien, die ihm schrecklich vorkamen — wie übrigens auch uns heute, da solche Art von Theorien zum Beispiel zur sklavischen Anwendung des Rasters in der Architektur führte, nachdem große Leute es erfunden hatten.

Was *Mengs* in seinen damals so laut gefeierten »Gedanken über die Schönheit« vorbrachte, ist im Grunde das Evangelium, welches schon die Carracci im 17. Jahrhundert verkündet hatten: Man solle in der Natur die Schönheit suchen, wie es die Alten taten. Es wird uns leichter gelingen, zum Ziele zu kommen, als ihnen, da sie uns den rechten Weg, wie es zu tun sei, bereits gewiesen haben. Wir handeln als Toren, wollten wir uns nicht der von ihnen gebotenen Handreichung bedienen; wir handeln vermessen, wenn wir uns über die Größten zu erheben suchen und eigenwillig andere Wege gehen. Wohl aber haben auch die Größten Mängel. Diese zu vermeiden, bietet uns die Kenntnis von vielerlei Kunst Gelegenheit. Wir sollen die Lücke in der Meisterschaft eines Künstlers durch jene eines anderen ergänzen lernen, um so zur Vollendung zu gelangen.
So etwa lehrten die großen Praktiker des 18. Jahrhunderts, Mengs, Reynolds u. a. So hatte das 16. Jahrhundert gelehrt, Basari, Lomazzo. Basaris Ansicht war, daß ein Meister sein Können mehre durch Nachahmung des andern; Dürer, ja selbst Tizian sei nur deshalb nicht zu dem gelangt, was Basari für die höchste Kunst hielt, weil ihnen die Kenntnis von Rom, von Rafael, von Michelangelo fehlte.

Das ist unzählige Male mit Hinblick auf andere wiederholt. Reynolds glaubt, wenn Jan Steen der Unterweisung Michelangelos sich hätte erfreuen können, wenn er so erkennen gelernt hätte, was in der Natur groß und erhaben sei, wenn er in Rom statt in Leyden geboren wäre, dann würde auch der niederländische Sittenmaler sich eine erhabenere Art angewöhnt haben. Ähnlich urteilte man über Rembrandt. Im Grunde waren diese Maler in ihrem Streben der ganzen Zeit rätselhaft, namentlich durch die Anziehungskraft, die sie trotz der ästhetischen Verurteilung ausübten.

Schon längst wies man dem Geschmack eine starke Rolle zu.

Dem neuen Künstler stehen nun zwei Wege frei, zum guten Geschmack zu kommen: das Vollendete selbst in der Natur zu suchen oder es von den alten Meistern zu entnehmen. Das erstere sei das Schwerere; aber auch die Meister müssen durch Nachdenken beurteilt werden, wolle man nicht an der Schale kauen, wolle man nicht die Ursache der Schönheit ihrer Werke wirklich begreifen und erfolgreich für sich verwerten. Jedenfalls sei aber der Schüler nicht imstande, vor der Natur mit Erfolg und Geschmack zu wählen. Er würde, unvorbereitet vor die härteste Speise, die Natur, gesetzt, irrig und dumm oder hochmütig. Mengs Abhandlung über die Schönheit und über den Geschmack in der Malerei erschien in Zürich 1762 und war Winckelmann gewidmet; zwei Jahre darauf erschien Lessings Laokoon; nach fünf weiteren Jahren hielt Reynolds, als Präsident der eben gegründeten Londoner Akademie, die erste seiner berühmten Reden, die, gesammelt, schon 1781 in Dresden in deutscher Übersetzung erschienen. Sicher waren sie hier schon vorher den leitenden Köpfen bekannt. Schadow erwähnt sie mehrfach. Die nach Belehrung durch die Künstler so durstigen Kunstrichter fanden in ihr neuen Stoff zum Verarbeiten in ihre Systeme.

Der folgende Abschnitt handelt über den Wandel des Geschmacks in der Baukunst und mündet in ein Lob der englischen Kunsterneuerung in der zweiten Hälfte des 18. Jahrhunderts. Da zu gleicher Zeit wie Gurlitt Hermann Muthesius den englischen Hausbau in der zweiten Hälfte des 19. Jahrhunderts als Vorbild hinstellt, wird das Bauen in England also gleich zweimal, jeweils in der zweiten Hälfte zweier aufeinanderfolgender Jahrhunderte, zum Anführer der jeweiligen Moderne erhoben.

Gerade in der Baukunst ist der Wandel des Geschmackes am auffälligsten. Zwei Hauptströmungen, die alte barocke Neigung nach Eigenartigem und das klassizistische Gewissen, das auf Regelrichtiges drängte, sind seit den Anfängen der Renaissance und der Bekanntschaft mit Vitruv im Kampf. Langsam, erst nach verschiedenen siegreichen Vorstößen der Eigenwilligkeit, siegte die Regel. Seit unter Ludwig XV. das Rokoko als mit dem »großen« Geschmack unvereinbar

befunden worden war, unter der Pompadour Schutz man die edle Einfachheit zu pflegen begann, drängte alles zum Siege der Regel. England hatte die Führung übernommen. Dort war der klassische Geist mit Leidenschaft aufgenommen, von den Vornehmen mit stürmischer Begeisterung gepflegt worden. Er begegnete sich mit dem Sinn für das bürgerlich Einfache. Es ist kein Zufall, daß die Engländer, vorher die eifrigsten Pfleger der Lehre Palladios, nun die eigentlichen Entdecker der Altertümer von Athen wurden. Wood, Adam, Stuart und Revett gaben ihre berühmten Werke über die Antike heraus, die Europa lehrten, wie die Tempel der Blütezeit hellenischer Kunst eigentlich beschaffen waren: Die Beweiskraft der Wirklichkeit gegenüber den aus Vitruv erklügelten Systemen der Alten war unwiderstehlich: die Baukünstler begriffen rasch, daß sie ihre Kunst auf neue Grundlagen stellen müssen, wollten sie wirklich klassisch sein. Die Strenge blieb die gleiche, nur das Ziel der Strenge, das Gesetz, nach dem man urteilte, hatte sich geändert: Den palladianischen Geschmack löste der hellenische ab.
Auf Reynolds folgte die Blüte des englischen Schaffens. Dort konnten zu Goethes Zeit ein Morland, ein Turner zur höchsten Anerkennung kommen, zwei Künstler, die so wenig denkende in Goethes Sinn waren, wie etwa Brouwer oder Hals es gewesen sind: Männer mit schaffenden Sinnen. Die trotz aller ihrer Schwäche echt künstlerische Ästhetik des Londoner Akademiepräsidenten hatte die Nation aufs Verstehen hingelenkt; diese selbst begann plötzlich und mit wunderbarer Kraft in Kunstwerken zu reden.
In Deutschland waren auf Oeser und Mengs Winckelmann und Lessing gefolgt, und auf sie die Erkenntnis bei den Gebildeten, daß man über die Kunst gelesen haben müsse, um ihre Werke zu verstehen. Das war kein neuer Gedanke gewesen; in Frankreich hatte er das achtzehnte Jahrhundert beherrscht. Bei uns blieb er im neunzehnten mächtig. Wir bekamen eine philosophische Kunst, die freilich Kunst nur insoweit blieb, als sie der Philosophie sich zu erwehren vermochte.

Aus dem zweiten Kapitel
»Die Klassiker«

Hat sich schon bis hierher die Parteinahme Gurlitts gegen »die Klassiker« deutlich gezeigt, so kann uns die Kühle nicht überraschen, mit der Gurlitt nun Schinkel entgegentritt — nicht nur jenem Schinkel, den wir selbst erst spät genug wiederentdeckten und als Ahnherrn von Walter Gropius und Ludwig Mies van der Rohe verehren, sondern auch dem Schöpfer des so »funktionell« aufgebauten Entwurfs für das »Landhaus von vier Freunden an einem See bei Potsdam«, in dem vom Hühnerhof bis zu den Beleuchtungskörpern alles »funktionell« geplant ist (laut Originaltext) und der, von Oud oder Dudok entworfen, auch aus den zwanziger Jahren unseres Jahrhunderts stammen könnte.
Gurlitts abschließenden Worten über Thorwaldsen — geradezu weisen Formulierungen — können wir dann wieder um so rückhaltloser zustimmen.

Wir suchen jetzt weniger das Göttliche in der Kunst, als das gesteigert Menschliche. Wir fordern daher von der Kunst überhaupt nicht mehr eine reine Vollendung, sondern eine aus den Bedingungen sich ergebende erhöhte Eigenart. Wir können die Schwächen eines Werkes erkennen, ohne es darum für schwach halten zu müssen. Denn wir bescheiden uns, glauben nicht einmal mehr an die Untrüglichkeit unseres eigenen Urteils, das ja auch nur ein Ergebnis aus Zeit, Schulung und eigener Begabung ist. Die Zeit stürzt alle Größe. Nicht weil sie wirklich besser wird, wie sie selbst stets glaubt; sondern nur weil sie anders ist.
Gurlitt fährt fort:
Nur *einer* konnte mit Thorwaldsen als gefeierter Träger der klassischen Gedanken in der Anerkennung der Gebildeten wetteifern, und das ist der Architekt *Karl Friedrich Schinkel.* Auch er war in seiner Jugend in Rom; 1803—1805 hatte er Italien bereist, ohne aus der Begegnung mit den deutschen Künstlern eine merkliche Anregung zu erhalten, ebensowenig wie Italien selbst besonders stark auf ihn wirkte. Er kam im wesentlichen als Romantiker nach Berlin zurück.
Die Geschichte der Baukunst in Deutschland in der Zeit unmittelbar vor Schinkel ist leider noch ein ungeschriebenes Buch. Man hat so sehr sich in eine Begeisterung für die Klassizisten hineingeredet, daß man, um ihr Verdienst ins rechte Licht zu stellen, den Hintergrund, vor dem sie stehen, so dunkel wie möglich färbte.

Eines war ja wohl an diesem schwarz genug. Nämlich der Mangel an großen Aufgaben infolge der staatlichen Mißstände und der kriegerischen Unruhe. Schinkel und sein Nebenbuhler in der Gunst der Zeit, Leo von Klenze, begannen ihre Tätigkeit kurz nach dem Abschluß der Befreiungskriege. Das Menschenalter vorher, also etwa von 1780—1814, ist sehr arm an Bautaten, sehr beschränkt in seinen Mitteln. Wenn man bei manchen Eigentümlichkeiten der Schinkelschen Schöpfungen immer wieder hervorhebt, daß er durch die Ungunst der Verhältnisse zu störendem Zugeständnis gezwungen worden sei, so gilt dies in noch viel höherem Grade von seinen Vorgängern.
Es hatte sich in Berlin eine strenge klassische Schule gebildet, die eine Reihe zum Teil früh verstorbener Künstler vorbereiteten: *Friedrich Gilly* ist um seines Einflusses auf die Träger der Schule willen, auf Schinkel und Klenze hervorzuheben, *Carl Gotthard Langhans* um eigener Bauten willen bemerkenswert. Sein Brandenburger Tor in Berlin ist in seiner schlichten Größe eine Preußen ehrende Tat. Es kam noch aus dem alten Geist, der vom Großen Kurfürsten ausging, über das Bedürfnis hinaus mit Zuversicht für späteres Auswachsen zu arbeiten; es ist wert jenes Fürsten und seiner gewaltigen Voraussicht; denn der plante kurz nach dem Dreißigjährigen Krieg die Straßen Berlins, die auch der Millionenstadt angemessen sind und heute erst vollkommen von deren Leben erfüllt werden. Das Tor ist dorisch in redlicher Absicht auf Strenge, doch noch ohne das volle Vertrauen auf die schönheitliche Wirkung der Ordnungen des Parthenons, noch mit dem vielleicht nicht ganz bewußten Streben, sie nach der Seite des Höfischeren, Hübscheren — und das ist ja dasselbe — zu veredeln.
Es besteht zwischen der Kunst des Langhans und seines größeren Nachfolgers Schinkel ein Unterschied, wie zwischen der Canovas und Thorwaldsens. Vor einem halben Jahrhundert nahm man noch an, beide seien durch ein tiefes Tal getrennt, zwischen ihnen laufe die Grenze einer zu Tode müden und einer in größter Jugendfrische begeisterten Kunst hin, dort, wo es uns heute oft schwer wird, überhaupt Unterschiede zu erkennen. Wohl lag zwischen beiden eine allen Völkern gemeinsame Lebenserfahrung, die wir heute nur geschichtlich nachempfinden können: Die Napoleonischen Kriege, die ein junges tatkräftigeres, rücksichtsloseres, anstrebendes Geschlecht hervorgebracht hatte. Aber die innere Gemeinschaft ist außerordentlich viel größer als das Trennende.
Die Kunst des seiner Zeit weithin berühmten Baumeisters *Friedrich Weinbrenner,* der 1791—97 in Italien studierte, ist zweifellos von geringerem Können in zeichnerischer Beziehung gewesen als jene Schinkels. Sie ging überall infolge des Mangels an Aufträgen, an eigentlich fachmäßiger Beschäftigung stark zurück. Weinbrenners Arbeiten, namentlich die in Karlsruhe, stellen eine eigentümliche Wiederbelebung des Palladianismus dar, der an die englische Auffassung mahnt. Etwas Ähnliches vollzog sich durch *Jussow* in Kassel und auch

sonst noch hier und da. Ehe die Baukunst jener Zeit zum inneren Abschluß kam, brach das Elend der Napoleonischen Kriege herein, ihre Keime vollends vernichtend. Mehr als alle anderen Künstler waren die Architekten auf das Gebiet der Träume verwiesen, wollten sie sich schöpferisch betätigen.

Wie in Kassel, so haben in Hannover englische Einflüsse den französischen die Waage gehalten. Die Höfe dankten ja lange Zeit dem Soldatenhandel mit England ihren Wohlstand; die etwa 140 Millionen, welche für Landeskinder über den Kanal herüberflossen, haben auf den Geschmack einen merklichen Einfluß gehabt.

Laves war es, der dort große Straßen und Plätze schuf, mit kühner Hand, mit weitem Blick dem kleinen Residenzstädtchen von etwa 15 000 Einwohnern die Möglichkeit bot, sich zu dehnen und zu entwickeln. Sein Waterloodenkmal ist eine jener Ehrensäulen, die in England damals allerorten entstanden, sein Schloßbau kaum minder durch die Heimat des neuen Königs Ernst August in den Formen bedingt. Erst im Theater kommen die deutsch-klassischen Gestaltungen bei ihm mehr zum Durchbruch.

Im allgemeinen aber drückte der klassische Idealismus auf allem freieren Schaffen: Die Säule, die Ordnung waren die strengen Herren, gegen die kein Widerspruch denkbar war. Alle Aufgaben mußten sich ihren Forderungen unterwerfen. Der in Rom lebende Maler Koch klagt einmal sehr lustig über diese Verallgemeinerung der Form: Wie sich die Schneider kleiden gleich den Fürsten und die Fürsten gleich den Schneidern, so sind Tempel und Kirchen, Kaffeehäuser und Wachstuben alle in gleichem Schnitt, gleicher Form und Bedeutung oder vielmehr Nichtbedeutung. Man kann nicht unterscheiden, ob ein Tempel dem Jupiter oder dem heiligen Rochus geheiligt ist, ob der Sessel, auf dem der Kunstphilisoph thront, ein kurulischer Sitz oder ein Nachtstuhl sei. Die modernen Bauwerke, obschon sie auf antiken Geschmack Anspruch machen möchten, entfernen sich immer mehr vom Geist guter Antiken! Und er hat selbst Schinkel gegenüber nicht unrecht. Diesem mochte freilich selbst in Italien klargeworden sein, daß die Antike nicht ausreiche, allen Kunstanforderungen der Zeit zu genügen. Seine ersten Vorschläge für Bauten in Berlin waren denn auch gotisch. Wie die meisten regsamen Architekten seiner Zeit hatte er die lange Frist der Beschäftigungslosigkeit während der Kriege dazu benutzt, Prospekte zu malen. Der Gartenbau und das Theater lehrten die Notwendigkeit, die Architektur im Zusammenhange mit der Natur zu empfinden und darzustellen. Im Theater aber, in der Bühnenmalerei, war die Romantik schon seit sehr langer Zeit gepflegt worden. Die lustigsten und kecksten Meister der Barockbühne, die Galli-Bibiena, hatten die Forderungen der Oper befriedigen und neben ihren Prunkgebäuden schauerliche Ruinen, verfallene Schlösser und dgl. schaffen müssen. Schinkel ist der Vermittler zwischen Romantik und Antike auf dem Theater.

Auch in diesem Gebiet hat man Schinkel als einen Anfang, als einen künstlerischen Höhepunkt bezeichnen wollen. Nicht sein Bauen, sondern sein Dichten in Entwürfen hat man den besten Teil seiner Kunst genannt; man hat in ihnen die reichste Blüte seiner klassischen Kunst zu finden geglaubt, das reine Erfassen des Geistes der Alten und das volle Wiedergebären dieses aus deutscher Brust. Wunderlicher Widerspruch! So verwandt wähnte man Schinkel den Hellenen und so deutsch empfand man ihn dabei, daß man zu der Ansicht kam, deutsch und hellenisch sei geistig aufs innigste verwandt. Und wie liebende Mütter immer Ähnlichkeiten ihrer Kinder mit dem Vater entdecken, so waren die Schöpfer und Nährer dieses Gedankens unermüdlich im Verkünden des Satzes: Hellas ist durch Schinkel in Deutschland zum Wiedererstehen gebracht, nach über zweitausend Jahren der Finsternis ist bei uns das Licht der Schönheit wieder erwacht: In Berlin ist es aufgegangen!

Aber jetzt sehen wir doch, seit das Licht wieder im Untergehen, Schinkels Einfluß im Schwinden ist, daß man unrecht tat, ihn aus der Entwicklungsgeschichte herauszureißen und als einen nur am eigenen Verdienst zu messenden zu verehren. Auch er ist weit mehr der Abschluß einer Zeit und eines künstlerischen Gedankens als der Anfang eines Neuen, noch nicht Dagewesenen; sicher aber ist er ein Glied in der sich *stetig* vollziehenden Entwicklung der Baukunst, die, ihrer barocken Eigenwilligkeit entkleidet, in das Joch der Nachahmung, der Stilgerechtigkeit gepreßt war und nun hier und da das Joch in anderer Form zu tragen sich bemühte, wähnend, wenn dies weniger drücke, sei es überwunden. Von Palladio zu den Klassizisten des endenden 18. Jahrhunderts, zu François Mansart, Juvara und Soufflot, zu Wren, Kent, Adam, Soane, zum Empire Frankreichs, zu Schinkel, Klenze und Hansen, den Meistern der Renaissance und der Gotik in neuerer Zeit herrscht ein gleiches Streben, ein gleicher Geist: die Unterordnung unter das Vorbild, jener Geist, den Michelangelo bekämpfte und dem das Barock und Rokoko erlagen. Der Geist des Gesetzes, der Regel, des Wissens im Gegensatz zur rücksichtslosen Selbstbetätigung, freien Darstellung des eigenen Geschmackes. Schinkel half, die Sache Palladios gegen die Michelangelos zum Siege zu bringen. Und wenn heute wieder der gewaltige Florentiner als Sieger in der Kunstauffassung erscheint, so sind doch die letzten Worte im Kampf zwischen den beiden großen Strömungen noch nicht gesprochen!

Schinkel hat mit seinen Vorgängern gemein, daß bei ihm die Säulenordnung noch für vielerlei Arten von Bauten das Ausdrucksmittel hergeben muß: eine dorische Tempelfront für die Hauptwache in Berlin, wie vor dem Schloß Charlottenhof, eine Säulenhalle vor dem Museum. Und man kann alsbald die Kunst seines Mitschülers *Leo von Klenze*, die in München zu so hohen Ehren kam, hinzufügen: ionische Säulen vor der Glyptothek, dorische an den Propyläen, an der bayerischen Ruhmeshalle hinter der Bavaria, ja selbst die Walhalla bei Regens-

Karl Friedrich Schinkel: Berlin, Altes Museum, 1824—1828

burg ist ein dorischer Tempel, also keine Walhalla, sondern ein Pantheon: so wollte es König Ludwig I. anfangs auch nennen. Die Beispiele ließen sich noch außerordentlich vermehren. Wie viel selbständiger ist trotz der wie mit Keulenschlägen geschaffenen Gliederung Soufflots Pariser Pantheon, wie viel ängstlicher halten sich die deutschen Klassizisten an das athenensische Vorbild. Ob, wie am Museum in Berlin, ein zweigeschossiges Gebäude oder ob einheitliche Räume hinter den Säulen stehen, erscheint noch immer nebensächlich: die Schauseite ist ein Ding für sich, sie ist für den Hellenisten nur abhängig von den klassischen Gesetzen reiner Formgebung.

Schinkel änderte im Laufe seines Wirkens seine Ansichten über das Entstehen der Baukunst. Anfangs war er der Meinung, sie sei vom physischen Bedürfnis ausgegangen, habe nach physischer Bequemlichkeit die Baustoffe verbunden, im Streben nach Festigkeit und Dauer: sie habe sich dann erst zu höherer Kunst erhoben, indem sie diese Eigenschaften äußerlich kennzeichnete und die diese Festigkeit bedingenden einzelnen Teile durch Verzierung kräftiger hervorhob.

Das widersprach der Schönheitslehre der Idealisten, und Schinkel, der philosophisch Geschulte, der als Jüngling durch Rom gewandert war, Fichtes Werke in der Tasche, konnte dieser dauernd nicht Widerstand leisten. Die Baukunst, verbesserte er sich in seinen Niederschriften selbst, ging gleich von der Idee aus, unterschied zwischen praktischem Bedürfnis und dieser. Das Bedürfnis steigerte sich langsam durch Jahrtausende zum Ideal, die Idee hatten sie unmittelbar vor Augen. Die rohen Völker bauten für die Idee: die aufgerichteten Steine, Pyramiden, Grabmäler bezeichnen bloße Gefühle. Aber Schinkel blieb doch der Ansicht, daß das Ideal der Baukunst im geistigen und physischen Entsprechen aller Teile mit ihren Zwecken liege, daß daher jede Zeit mit neuen Anforderungen auch neue Ideale haben müsse. Alte Kunst liege den neuen Anforderungen oft fern; neue Empfindungen seien daher notwendig: ein wahrhaft geschichtliches Werk dürfe nicht geschichtlich Abgeschlossenes wiederholen, sondern müsse eine Fortsetzung der Geschichte darstellen. Die altgriechische Baukunst in ihrem geistigen Inhalt festzuhalten, bis auf den Bedingungen der neuen Zeit zu erweitern, das Beste aus den Zwischenzeiten mit ihr zu verschmelzen, schien ihm die Aufgabe des vom Himmel beglückten Künstlergeistes. So werde man aus den lange abgenützten neuitalienischen und neufranzösischen Grundanschauungen, durch die soviel Heuchelei und Langeweile erzeugt sei, zur Kunst eigener Zeit kommen.

Die neuere Zeit wirft Schinkel vor, seine Werke seien langweilig; dasselbe warf Schinkel seinem Vorgänger, dem Rokoko, vor. Es ist aus seinen Reisebeschreibungen ersichtlich, wie wenig ihn selbst Palladio berührte. Kein Wort der freudigen Erhebung vor seinen Werken in Vicenza, in Venedig; keine herzliche Zeile für Perraults Louvrefassade, der Schinkel für seinen Museumsentwurf so viel verdankt! All das war ihm Zopf, ebenso wie der Klassizismus der Engländer, das Pantheon in Paris. Sein Auge war ganz verzaubert auf Athen gerichtet, auf die hellenische Baukunst, deren Werke er doch selbst nie gesehen hatte. Wohl kannte er Paestum, die dorischen Bauten Siziliens: seine Reisebücher erzählen von diesen. Er hat die Denkmäler Polas, einiges in Rom, Taormina, Girgenti u. a. mehr gezeichnet. Aber auch diese Werke beschäftigten seinen Geist nicht eigentlich. Den dorischen Stil in seiner Frühzeit, in seiner derben Urgestalt konnte so wenig er wie die Renaissance für die vielgegliederten Forderungen seiner Zeit verwenden; er scheute sich vor der grausamen Folgerichtigkeit, mit der die Franzosen sich während der Revolution dieser Form bemächtigt hatten; der römische Stil erschien ihm bereits als Verfall, als ein gefährlicher Verführer ins Gebiet des gefürchteten Zopfes. Die gedruckten Quellen, aus denen Schinkel wenigstens für die erste Zeit seines Schaffens entlehnen, sich belehren konnte, waren außerordentlich arm. Und doch waren sie ihm Leitziel und letzter Inhalt seiner formalen Bestrebungen. Es ist erstaunlich, wie er das Wenige, was er kannte, zu beleben verstand; wie er mit dem wenigen Weine, der ihm zur Verfügung stand, immer neue Krüge zu füllen wußte.

Dies Wuchern mit seinem Pfunde ist sicher eine große künstlerische Tat. Seit dem Bau der Louvrefassade, seit Perrault und dessen Nachahmern, wie z. B. in Berlin Knobelsdorff einer war, ist in Deutschland keine Säule geschaffen worden von so feinem Maßempfinden wie jene Schinkels; keine Giebelfront von so völlig harmonischer Wirkung, von so sorgfältiger Durchbildung in den Einzelheiten und so genauer Berechnung der Wirkung durch die Verhältnisse. Es ist auch nie gelungen, die starre Form des Giebeldreiecks so wohltuend mit dem Bau zu verbinden, den es deckt, die Einheit zwischen Wand und Säulenvorbau so widerspruchslos zu erreichen wie etwa am Berliner Schauspielhaus und außerdem an Klenzes Glyptothek. Nicht die Fülle schöpferischer Gedanken macht Schinkel zu einem großen Meister, sondern der feine Sinn für Verhältnisse, die wohlgebildete Form, die gesellschaftliche Anmut, die auch den Mann im Verkehr auszeichnete. Er war und blieb zwar sein ganzes Leben lang preußischer Geheimrat. Das ist eine Würde, von der viele zu starke, viele zu geringe Achtung haben. Im Geheimrat steckt ein starkes Stück Beschränkung des Menschen, Verzicht auf die äußere Kraftentwicklung, Verschleierung der gesunden Lebensäußerungen. Aber im Werden der Nation hat er seine Stellung, seine unleugbar hohe Bedeutung. Er ist in seiner Pflichterfüllung und in dem selbstentsagenden Genügen in dieser ein Stück praktischen Kantschen Geistes. Nicht im Gehorsam äußert dieses sich, nicht in kämpfender Tatkraft, sondern in der Erkenntnis der Notwendigkeit, dem gemeinen Ganzen zu dienen. Friedrich der Große spricht sein Wort mit hinein. Und so sind denn Schinkels Bauten nicht nur in der Absicht geschaffen, das Schöne zu leisten, sondern auch dem Volk Anregung zu bieten, zu nützen, zu dienen, die Pflicht des Künstlers als Volkslehrer zu erfüllen, woran das 18. Jahrhundert nur selten gedacht hatte. Und wenn die Pflichterfüllung auch nicht das Höchste in der Welt ist, so haben wir ihr doch alle das Wiedererstehen unseres Volkstums zu danken. Schinkel ist somit ein Befreier, trotz eigener Gebundenheit; ein Mitarbeiter am Werk der geistigen Vertiefung der Nation, die durch strenge Zucht gehen mußte, um sich ihrer selbst zu erinnern.

So sind namentlich die über das formal Schöne hinausgehenden Bemühungen Schinkels von hohem Segen begleitet gewesen. Ist es nicht ein Segen, wenn ein halbes Jahrhundert hindurch ein anstrebendes Volk oder doch ein großer, dies Fortschreiten in sich tragender Teil für ein vornehmes geistiges Gebiet in einem Manne die Vollendung erlangt zu haben glaubt, jene, in der Wollen und Vollbringen sich decken. So war von Altpreußen, von Berlin für die Baukunst das Verhältnis zu Schinkel und zu seiner Schule. Der Umstand, daß das Wollen sich später änderte und daß mithin das Vollbringen sich nicht mehr mit ihm deckte, kann den geschichtlichen Wert des Kunstabschnittes nicht beeinträchtigen. Schinkel ahnte diese Zukunft! Nur seine Schüler haben sich in dem Wahn gewiegt,

das dauernd Treffliche zu besitzen, vor allem seit durch Bötticher seine Lehre aus einer lebendigen zu einer wissenschaftlichen geworden war. Schinkel erwies sich als belebende Kraft am meisten dann, wenn er sich genötigt sah, außerhalb der klassischen Form zu schaffen. Am wenigsten erfolgreich war er in der Gotik, wie an anderer Stelle zu besprechen sein wird. Aber sein Versuch mit dem Backsteinbau, wie er an der Bauschule in Berlin, der späteren Bauakademie, dem so oft gehöhnten »roten Kasten« durchgeführt wurde, ist eine Vorahnung dessen, was das Jahrhundert noch oft beschäftigen sollte; sie ist ein Streben nach selbständiger Form, die in Anlehnung an Altes und in Verwendung neuer Baustoffe den Ausdruck für neue Bedürfnisse und neue Forderungen suchte. Schon an den starken Gegensätzen, in denen sich das Urteil über diesen Bau äußerte, kann man sehen, daß etwas Besonderes in ihm verborgen steckt. Der Münchener Friedrich Pecht hat recht, daß dieser Versuch Schinkels, einen eigenartigen Stil zu finden, an einem verfehlten Bau gemacht wurde, der einförmig, nüchtern, trocken, mehr einer Kaserne als einer Schule ähnlich, von schlechter Raumverteilung, von tödlicher Eintönigkeit sei; man kann ihm nicht widersprechen, wenn er sich zu dem Ausruf versteigt, daß das Werk der Erfindung eines Korporals Ehre machen würde. Und doch ruht immer noch mehr Schöpferkraft darin als in vielen anderen Bauten, die einst gerade um dieser willen das höchste Lob erfuhren. Pecht nennt als leuchtendes Gegenstück Ferstels Österreichisches Museum in Wien. Aber wie rasch hat dies seinen Ruhm eingebüßt, ist die Erkenntnis gekommen, daß das Gute an ihm nicht neu und des Neuen herzlich wenig ist, namentlich der neuen schöpferischen Gedanken. Denn die Kraft zum Schaffen ist doch ein Eigenes, was man selbst besitzen muß, nicht sich leihen kann. Bei Schinkel war sie preußisch in ihrer Geradlinigkeit, Regelrichtigkeit! Gerade deshalb steckt in ihr, sowohl der Gotik wie der Antike gegenüber, viel mehr Selbständigkeit als in der ganz entlehnten Renaissance Ferstels. Nicht die Frage, ob die Alten dies oder jenes gemacht haben, entschied bei Schinkel für oder wider die Annahme eines Gedankens, sondern er forschte danach, wie jene, in gleicher Lage wie Schinkel, selbst die vorliegende Aufgabe gelöst hätten. Es war der Stolz, und es erwies sich endlich als die Schwäche des Berliner Hellenentums, daß es nicht von Berlin, sondern von Hellas seinen Weg anzutreten wähnte. Aber es wollte doch vorwärts, es sah seine weit hinausgesteckten Ziele nicht im Fertigen, sondern im neu zu Schaffenden. Nur sollte mit rückwärts gewendetem Auge und Herzen weitergeschritten werden!
Die Bauschule war ein erster solcher stilistischer Versuch. Wie verkehrt ist Pechts verdammendes Urteil über sie. Von ihr geht eine erneute Achtung vor dem Baustoff aus, und sei es vor einem so wenig geschätzten wie dem Backstein. Es gehörte ein feiner Blick dazu, jene Größe der Auffassung, die bisher für häßlich Gehaltenes als schön empfinden lehrt, daß Schinkel aus der Not des Bauens mit

Karl Friedrich Schinkel: Berlin, Bauakademie, 1832—1835

Ziegel eine Tugend machte. Mit einem gewissen unbeabsichtigten Selbstspott nannte man die von ihm dem Mittelalter entlehnte Weise »Backstein*roh*bau«. Man hätte sie »Backstein*fein*bau« taufen sollen. Denn der rohe Stoff sollte eben verfeinert werden und wurde es an der Bauschule durch Wiederaufnahme der Glasur an einigen Schichten, durch Brennen in Ton modellierter größerer Stücke. Schinkels Irrtum war, daß er sich zu sehr auf die Wirkung des mit entzückend feinem Strich gezeichneten Ornamentes verließ und auf große Gliederungen des ganzen Baues verzichten zu können glaubte. Seine Schüler übertrieben auch hier sein Streben. Denn Schinkel hatte unverkennbar beobachtet, daß der Ziegelbau große Gefahren in sich birgt. Der Beschauer will nicht sehen, daß ein mächtiges Werk aus kleinen Steinchen mühsam zusammengeschichtet ist. Das nimmt dem Werke die Würde, den Anschein der Dauer. Soll also der Ziegelbau groß wirken, so muß die Masse groß sein, so daß die Einheit des Steinchens in der Wucht der Fläche verschwindet. Die Niederländer stellen die Bauglieder in Haustein dar und nur die Flächen in Ziegel: sie haben jene Wirkung begriffen. Vor dem Schloß zu Ferrara kann man einsehen lernen, wie Ziegel behandelt werden muß; ebenso vor den Strebepfeilern einer nordischen Backsteinkirche: Die Masse muß wirken, da es der einzelne Stein nicht tut. Die Masse wächst aber an Wirkung neben der feinen Einzelheit. Die Kunst des Kontrastes, auf der soviel von der Wirkung gerade der älteren deutschen Bauten beruht, war verlorengegangen bei dem Streben nach Einheit. Schinkel suchte ihn wieder, wenn auch mit bescheidenem Gelingen; über dieses zu lächeln will sich für die auf seinen Schultern Stehenden nicht gut schicken.

Die Ehrlichkeit gegen den Baustoff ist eine der leitenden Beweggründe beim Entwurf gewesen. Schinkel wurde es schwer, hierin folgerichtig zu bleiben. Durch die ärmlichen Verhältnisse der Zeit wurde er oft gezwungen, im Putz Ersatz für Stein zu suchen; doch kam er nicht zu der Erkenntnis, daß auch der Putz ein echter Stoff sei, daß er eben nur durch seine Verwendung an Stelle des Steins zu einem unechten werde. Der formale Idealismus war in Schinkel noch so stark, daß er die Wahrheit mehr in der richtigen Verwendung antiker Steinformen als in der bei anderem Stoffe nötigen Umgestaltung der Form erblickte, außer eben beim Ziegelbau. Und es ist bezeichnend, daß fast das ganze Jahrhundert hindurch die deutsche Baukunst an der Stelle stehenblieb, an der Schinkels architektonische Wahrheitsliebe scheiterte. Ziegel werden vermauert, indem man sie an fünf Seiten mit Kalk bestreicht. Man tut aus praktischen Gründen gut, auch die sechste Seite nachträglich mit diesem Stoff zu überziehen. Man tut auch aus künstlerischen Gründen gut, weil man eben dadurch an Stelle der vielen Steine und lästigen Fugen eine Fläche bekommt, wie ja auch die Griechen ihre Marmorblöcke aufeinanderschliffen, damit Säulen und Wände als ein Ganzes erscheinen möchten. Nun aber gilt es, den Putz als Überzug, als Verkleidung zu kennzeichnen. Das deutsche Rokoko hat dies meisterhaft und mit der Wahrheitsliebe von Grübelei freier, natürlicher Verständigkeit getan, indem es die Flächen durch Umrahmungen, durch Relief, durch Malerei gliederte. Schinkel baute ein Palais am Wilhelmsplatz in Berlin um. Es blieb Putzbau. Wie klug und geschickt hatte der Rokokomeister diesen künstlerisch verwertet, wie unwahr wurde er durch Schinkels den Quaderbau nachahmende Anordnungen. Der Rückschritt gegen das 18. Jahrhundert im einfach Verständigen in der Kunst ist schwerlich irgendwo auffälliger.

Die Berliner Schule war stolz auf ihr sinngemäßes Schaffen. Es beruhte dies auf Schinkels Vorbild und auf *Böttichers* Lehre, die dieser seit 1843 in einem Buch niederlegte: der Tektonik der Hellenen. Beide Künstler haben nur einmal über die Gesetze der Kunst miteinander gesprochen. Aber Gedanken brauchen nicht durch das Wort mitgeteilt zu werden, sie liegen in der Luft. Wenn Schinkel zu der Ansicht kam, daß die Architektur in unmittelbarer Anschauung der Idee entstanden sei, so ist Bötticher der Ausführer dieses Gedankens geworden, obgleich er schwerlich des Baukünstlers Aufzeichnungen kannte.

Böttichers Ziel war, die von den Griechen in die Form gelegten Grundsätze aufzuklären. Er ging dabei von der Voraussetzung aus, daß der griechische Tempelbau eine reine Erfindung hellenischen Geistes, von vornherein für Stein erdacht sei und daß die Bemalung überall den Inhalt der Formen erläutert habe, wo die plastische Gliederung fehle. Er schuf seine Lehre, ohne Griechenland gesehen zu haben; er gründete sie auf die zeichnerischen Aufnahmen von Bauten, deren Zahl sich zwar gegen die Zeit Schinkels vermehrt hatte, immer aber noch sehr bescheiden war; er setzte voraus, daß sehr früh, nachdem die hellenische Kunst als ein Fertiges vom Volke Griechenlands geboren war, der Verfall eingetreten sei. Diese Lehre konnte er nur dadurch durchführen, daß er alles, was nicht in sie hineinpassen wollte, für unfertig, verderbt oder für schlechte Zeit erklärte. Die Schulfuchserei des Idealismus der Zeit wurde durch ihn auf den Höhepunkt gebracht: Es gab für ihn überhaupt in der ganzen Welt nur ein paar Bauten, die »gut« seien.

Die griechische Form ist für Bötticher die Verkörperung oder bildnerische Darstellung eines inneren Begriffes im Raum. Das ist jedenfalls tiefer gefaßt als die ältere Ansicht, daß die Architekturform, ich möchte sagen der Stummel einer früheren Zweckform sei, daß sich also der Fuß einer Säule zur Wurzel eines Baumstammes annähernd verhalte wie die Brustwarze des Mannes zur milchspendenden der Frau. Architektonische Kernform nennt Bötticher jene, die in ihrer Nacktheit die ihr zugewiesene Aufgabe im Bau erledigt, also die eigentlichen Zwecke des Tragens, Stützens usw. erfüllt. Um diese Kernform müsse sich aber eine Hülle, ein schmückende Bekleidung und äußere Darstellung (charakteristische Attribution) legen, die den Zweck hat, die vom Kern verrichtete Arbeit zu versinnlichen.

Die schmückende Hülle kann entweder bildnerisch oder malerisch hergestellt werden. Sie ist nie willkürliche Verbrämung; nie von fremden Völkern erborgt, künstlich erklügelt; nie, wie Vitruv lehrt, vom Holzbau entlehnt, sondern durch den Zweck gesetzlich bestimmt nach dem gesunden, scharfen und natürlichen Darstellungsvermögen der Hellenen; sie ist daher alsbald jedem mit den Sinnen der Hellenen Schauenden als Sinnbild für das Tragen, Stützen, Sicherheben, Absinken, Freienden, das Heften oder Verknüpfen, das Freischweben erkennbar gewesen.

Denn die Form selbst sei weder schön oder unschön; sie werde es erst dadurch, daß sie den Begriff wahr und schlagend darstelle. Eine schöne Form schafft man nach Bötticher also dadurch, daß man ihr Schema technisch plastisch vollkommen für ihren Begriff entwickelt. So werde die Formbildung der Willkür entrissen und zur allgemein gültigen, unantastbaren Wahrheit erhoben.

Ein Rausch der Begeisterung, aufrichtiger ehrlicher Bewunderung zog durch die Bauwelt und auch durch die Ästhetik. Endlich hatte man sie gefunden, die langgesuchte Wahrheit; das Wesen der Schönheit war in der bisher der philosophischen Zergliederung gegenüber sprödesten Kunst klargelegt! Es ist leicht, sich heute darüber zu wundern, daß Bötticher nicht mehr Einwände fand. Einer liegt uns heute zunächst: Schön ist nach Bötticher nur die Form, die man versteht; vor Bötticher verstand man sie nicht, selbst nicht im Rom des Augustus; also war vor ihm die hellenische Kunst nicht schön; man täuschte sich damals einfach darin, wenn man sie schön fand, denn das war theoretisch nicht möglich, da man sie ja falsch verstand!

Aber nicht solche Erwägungen stürzten Böttichers Lehre, sondern die Erkenntnis der Archäologen, daß alle Voraussetzungen seines feinsinnigen Gemächtes falsch seien: Es wurde mit aller Sicherheit durch die Spatenarbeit des von Schliemann eingeleiteten neuen Aufschwunges der Altertumswissenschaft tatsächlich erwiesen, daß die Griechen von anderen Völkern ihre Formen entlehnten; daß den Steinformen der Holzbau vorbereitend voranging; die von Bötticher als notwendig erklärte Malerei fehlt an sehr vielen Stellen; es erweist sich, daß der von der archäologischen Besserwisserei nachgerade zum Trottel heruntergeurteilte Vitruv mehr von der Sache verstand als der Berliner Geheimrat, wenn dieser auch gegen die Nichtswisser wetterte, die gegen ihn aufzutreten sich erlaubten.

Seine Lehre ist begraben, beigesetzt zur Seite jener seiner Vorgänger.

Bötticher war in seiner nüchternen und dabei anmaßenden Lehre von dem Glauben ausgegangen, die Hellenen seien eine erste Auflage seiner Berliner gewesen. Er dachte sich den Iktinos oder sonst die griechischen Meister als eine geistige Vorausnahme Schinkels. Auch sie müßten philosophisch, hegelisch gebildet gewesen sein, um so tief ästhetische Werte zu erfinden. Um sie drängte sich nach Böttichers Ansicht ein Volk, das ihre Lehre, die fertig geborene, alsbald verstand, von der plötzlichen Reife nicht überrascht, ihr alsbald reif gegenübertrat: Lauter kluge, feinsinnige Denker, die sich mit den Fragen der Funktion der architektonischen Formen beschäftigten. Vom Wesen des Schaffens, von dem Gebären aus der Dumpfheit der Empfindung durfte man in Berlin nicht laut sprechen, ohne für einen Unaufgeklärten, Ungebildeten zu gelten. Alles war jetzt erhellt, nirgends ein Zweifel über Absicht und Ansicht der griechischen Formenfinder. Wo sie einen Geist verspüren, sagte einmal Friedrich Schlegel, da wandelt sie Gespensterfurcht an.

Anders der Klassizismus in München. Klenze hat ein Buch veröffentlicht, das seine Eindrücke auf einer griechischen Reise enthält. Er hatte Griechenland gesehen, hatte für Athen unter dem Bayernkönig Otto geplant und gebaut, während Bötticher das Land seiner Lehre erst sah, als diese längst gedruckt und verkündet war. An Gelehrsamkeit gab der nach München versetzte Obersachse dem Berliner nichts nach. Man findet mühsam aus seinem 750 Seiten starken Buch die eigentlichen Reiseeindrücke heraus, die sich überall hinter einem Schwall von wissenschaftlicher Untersuchung verstecken. Und das Ergebnis der Eindrücke? Klenze kam mit der Ansicht, daß die Akropolis der große Prüfstein klassischen

Kunstsinnes sei, daß, wer hier nicht geheilt werde von »individuellen und topisch nationalen Aberrationen«, wer hier nicht den individuellen Augenreiz großen Kunstgesetzen unterwerfe, gerichtet sei vor dem Areopagos der Nachwelt.
Und daher habe König Ludwig I. und sein neuer Günstling Gärtner doch unrecht, wenn sie nicht ganz München nach seinem Rat antik bauten, sondern es mit allen möglichen anderen Stilen versuchten.
Lange Zeit waren in der Kritik Vergleiche zwischen Schinkel und Klenze an der Tagesordnung. Man kam zu dem Ergebnis, daß der Berliner größere Feinheit, der Münchener mehr Schwung besessen habe. Aber damit ist Klenzes künstlerischer Rang noch nicht festgestellt. Auch sein Schaffen ist vorzugsweise entlehnt, außer in der Raumbildung, in der Behandlung der Massen. Hierin ist er zweifellos sicherer, steht er fester auf der zu Fleisch und Blut gewordenen Überlieferung. Trotz der in der Kunstgeschichte zu Gunsten Berlins durchgeführten Fälschung stehen eben die Münchener Meister, die noch in Weinbrenners Richtung schufen, höher als die gleichzeitigen Berliner. Das Nationaltheater bildet einen sehr achtenswerten Übergang vom 18. zum 19. Jahrhundert, die Einrichtung der Reichen Zimmer in der Residenz zeigt noch eine Höhe des technischen Könnens und einen Geschmack, von dessen Vorhandensein Klenze für seine Zwecke Nutzen hätte ziehen können. Aber welcher Unterschied zwischen diesen Zimmern und jenen in Klenzes Festsaalbau! Dem Äußern dieser riesigen Anlage warf Franz Reber noch 1876 Palladianismus vor: das heißt, er merkte, daß hier die Verbindung mit der Vergangenheit stärker erhalten war als bei Schinkel. Das Innere ist aber von einer so gewaltigen Langweiligkeit, wie sie nur das gelehrte 19. Jahrhundert zu zeitigen vermochte. Ich denke noch mit Schrecken an den Tag, an dem ich mit einer Herde anderer Neugieriger durch diese Säle getrieben wurde. Der Führer nannte viel berühmte und unberühmte Namen von Künstlern, die hier gearbeitet haben. Ich muß zu meiner Schande gestehen, daß ich nicht eines ihrer gewiß sehr vielsagenden Bilder mir ansah. Geblendet verweilt der Geist an den riesigen leeren Wänden, an dem sperrigen Schmuck, an den erschrecklich häßlichen Farben, an den protzigen Vergoldungen, nur mit der Frage beschäftigt, ob es wirklich möglich sei, daß man vor zwei Menschenleben diese Armseligkeiten für einen Fortschritt gehalten gegenüber der aufjubelnden Pracht des Zopfes, des verachteten Perücken- und Haarbeutelstiles. Wer die Schwankungen des Schönheitsgefühles und die Wertlosigkeit zeitgenössischen Urteils erkennen lernen will, der gehe in die Residenz zu München!
Die Antike hat in Bayern nicht Wurzel zu schlagen vermocht wie in Berlin. Sie fand dort keinen Boden. Der gebildete Berliner war töricht genug, sich für einen Spree-Athener zu halten: der ungebildete Altbayer war zu vernünftig, um nicht über ein Isar-Athen zu lächeln. Nur der König in seiner Sehnsucht nach reiner Schönheit und seinem stilistischen Sammeleifer konnte hoffen, das bayerische

Volk für sich und für den Plan zu gewinnen, das Land zu einem kunstgeschichtlichen Museum für Baukunst zu machen. Am 18. Oktober 1830 wurde der Grundstein zur Walhalla gelegt, dem Ort ewiger Seligkeit nach der Anschauung unserer Vorvordern, hier gedacht als ein Ort des Andenkens an berühmte deutsche Männer und Frauen. Der Tag mahnte an jenen des Sieges bei Leipzig. Am 18. Oktober 1842 war sie vollendet.

Der Verfertiger der aufgestellten Büsten, der Bildhauer Arnold Hermann Lossow, der als der beste, genialste Schüler Schwanthalers galt, hatte sich, um die sooft wiederholte Aufgabe sich zu erleichtern, einen Normalkopf gebildet, dem nach Bedarf verschiedene Nasen angepappt wurden. So wenigstens schilderte sein Sohn Karl Lossow den Betrieb. Während die gebildeten Deutschen über den ästhetischen und nationalen Wert dieser Bauten stritten, während die Altbayern in ihrer sonderbaren Tracht zu dem neuartigen Fest staunend zusammenkamen, saß ein englischer Maler an der Landstraße und malte den Sonnennebel, den Staub, die strömende bunte Menge und im Hintergrund auch den bayerisch-griechischen Tempel mit dem nordischen Namen und dem Zweck, eine nicht vorhandene Einheit zu feiern. Er sah die Schönheit nicht in der Idee und nicht in der klassischen Form, sondern in dem farbigen Eindruck des Lichtes, in den Stimmungswerten. Es war Turner. Hätte er sein Bild in Deutschland ausgestellt, alle Kunstweisen hätten über den verrückten Kerl laut aufgelacht!

Es blieb in München nicht bei der Antike. Klenze selbst wurde vom König gezwungen, äußerlich den Königsbau unmittelbar dem Palazzo Pitti in Florenz nachzuformen. Obgleich von Haustein und in den Abmessungen jenem wenig nachstehend, bleibt er doch so gar arg hinter ihm an Wirkung zurück, daß man sich unwillkürlich nach dem Warum fragt. Es ist sicher nicht nur die andere Lage; gewiß macht der ansteigende Vorplatz den Pitti trotz seiner Breite hoch erscheinend. Aber am Münchener Max-Josef-Platz ist durch das Heranrücken anderer kleiner Bauten den riesigen Verhältnissen ein Maßstab gegeben, der die Wirkung gleichfalls steigert. Der wahre Grund der geringen Wirkung ist aber wohl der, daß überall der Naturkraft des Florentiner Baues Zwang angetan ist. Dort eine wuchtige Rüstung, hier ein sauber aufgeputztes Gewand um den Leib des Helden. Die Kraft des Pitti ist hier gebrochen durch die akademische Formenbehandlung, durch eine im einzelnen nicht auffällige, den ganzen Bau aber durchdringende Wohlerzogenheit der Gliederung. Jener ist geboren, dieser gebildet; jener trotzig, dieser akademisch. Ist's recht, daß ich dies Wort gebrauche, das auch Klenze anzuwenden liebt? Nach ihm hat beispielsweise Michelangelos Moses eine nichtssagende akademisch verdrehte Stellung, einen Satyrkopf mit Lockenhaar und einen Bart, der an das Zerrbild grenzt und dazu die Tracht eines römischen Bäckergesellen. Wie sollen wir Nachgeborenen Klenzes Ziele verstehen können, wenn wir sein Urteil so ganz und gar für verkehrt halten!

Leo von Klenze: Regensburg, Walhalla, 1830—1842

Wir würden uns auch verwundert genug ansehen, wenn es möglich wäre, in einen Kreis von Berliner Architekten aus der Schule Schinkels einzutreten. Welch andere Bestrebungen, welch andere Sprache als heute! Es gab in Berlin viele lebhaft anstrebende und bedeutende Baumeister; die wollten die Lehre in künstlerisches Leben umsetzen und nun ihrerseits den an sich toten Stoff durch aus der Natur entlehnte, gleichsam angeheftete Vergleichsbilder, Sinnbilder beleben; die waren sich darüber im klaren, daß jedes Glied einen Sinn haben müsse und daß dieser Sinn nur dann verständlich sei, wenn er auf bekannten struktiven Begriffen sich aufbaue. Die jüngeren Architekten Berlins, begeisterte Schüler Schinkels, selbst wenn dessen Art auch erst aus zweiter Hand ihnen zufloß, bildeten das Geschlecht, das diese Vergleichsbilder wirklich verstand. Was konnten sie dafür, wenn das Volk, wenn selbst die Gebildeten aller anderen Städte und Länder nicht auf gleicher Höhe der Erkenntnis standen! Sie redeten eine offene Sprache, ihr Wunsch war es, sie aller Welt zur Belehrung zu reden. Verschloß sich die Welt in ihrer Unfähigkeit, hellenischen Geist aus den Bechern ihrer Lehrer zu trinken, vor der Wahrheit, so waren nicht sie schuld, daß ihre Sprache, die man unter dem Begriff sinngemäßes Schaffen zusammenfaßte und als das Ideal harmonischen Menschentums pflegte, eine geheime, ein Kauderwelsch nur für Berliner Architekten wurde. Eine Art Weltflucht, sagt Hans Schliepmann, der Aachener Architekt, der wohl selbst noch in Böttichers Lehre erzogen wurde, eine Art Weltflucht beherrschte die Geister. Die rauhe Wirklichkeit durfte in die heiteren Gefilde, wo die reinen Formen wohnen, nicht störend eindringen. Aber man floh nicht, um die Welt zu verleugnen, sondern um ihr eine schöne Scheingestalt zu geben, sie in ein Reich absoluter Ästhetik umzugestalten, wie es Hegel philosophisch festlegen, wie es Goethe olympisch schaffen wollte. Diese Zeit kannte daher nicht das Wort modern; sie haßte es. Was ihr am Herzen lag, war das Klassische, die absolute Kunst! Schinkel und Bötticher hatten ihr den Stein des Weisen verliehen!

Und Schliepmann fährt fort: Für uns Nachgeborene ist es billig, hierüber zu lächeln! Schufen doch jene Männer als echte Künstler nicht für uns, sondern für die Besten ihrer Zeit. Und daß sie genug für alle Zeiten taten, das beweist die jubelnde Zustimmung, die sie fanden. Den Berliner Künstlern aber konnte auf die Dauer nicht verschlossen bleiben, daß die neue Zeit neue Anforderungen an die Kunst stellte und daß diese auf Erfüllung in Form drängten.

Zunächst wurden diese Fragen angeregt durch die neuen Arten der Deckenbildung. Man konnte sich der Notwendigkeit, das Eisen auch im Kunstbau zu verwenden, auf die Dauer nicht entziehen. Man konnte bei dem Gedanken, daß die hellenische Deckenbildung, die aus Steinbalken, wenigstens in den äußeren Formen aufrecht erhalten bleiben müßte, nicht verharren. Wohl rühmte man sie um ihrer ausgezeichneten Eigenschaften willen nicht nur in Berlin. Auch Klenze stellte sie dem Gewölbe gegenüber, das infolge seines seitlichen Druckes die Bedingungen der Zerstörung in sich trage, während der Druck der Steinbalken die Standhaftigkeit der Stützen nur erhöhe; wohl hatte man ein starkes Gefühl dafür, daß im hellenischen Bau Lasten und Tragen aufgehoben, in der gotischen Konstruktion beide zum sichtbaren Ausdruck gebracht, dort also die dem Denkmal würdige Ruhe, hier ein bewegtes Ringen der Kräfte sich äußere. Man erkannte sehr wohl, daß die hellenische Kunst der römischen an tektonischen Werten unendlich überlegen sei, daß in Rom die hellenischen Formen, als eine fertige Sprache für gewisse bauliche Aufgaben verwendet, nicht mehr das Wesen des Baues ausmachen, sondern mehr ein Schmuck seiner Massen wurden; daß es auch dort nicht gelungen sei, für das Gewölbe selbständig redende Vergleichsbilder zu schaffen; daß also nur zwei Grundgestaltungen für die Decken sich bisher gegenüberstehen: der Steinbalkenbau und das Rippengewölbe der Gotik.

Es ist ein überaus bezeichnender Vorgang, daß es möglich war, das Berliner Schauspielhaus, das Schinkel, der Not gehorchend, in Putz hatte ausführen lassen müssen, vor einigen Jahren in Sandstein herzustellen. Es war eben einfach in Stein gedacht, denn in Putz zu denken war Schinkel versagt. Bötticher hatte dazu noch gelehrt, daß für die Formengebung der Baustoff von ganz nebensäch-

licher Bedeutung sei. Sind die Formen doch stets entlehnte Sinnbilder, Übertragungen von einem Stoff in den andern. Die Aufgabe der »Tektoniker« schien es daher, nicht dem Stoff angemessene Formen zu finden, sondern vielmehr dem Zwecke des Baugliedes im Rahmen des Ganzen Ausdruck zu verleihen. So handelte Schinkels einflußreicher Schüler *Stüler* bei der vielbewunderten Deckenbildung für sein Treppenhaus im Neuen Museum. Es war dieser Raum der eigentliche künstlerische Gipfel der ganzen Anlage, sollte ein Denkmal des Könnens der Zeit werden. Er ist nur ein Beweis dafür geworden, wie wenig sicher man damals in Berlin in der Kunst der Raumverteilung war, denn trotz der ansehnlichen Verhältnisse ist es im Raum überall zu eng. Die Decke ist ein offener Dachstuhl in einfachem Holzverband. Man sieht die tragenden Bauteile, es wurde versucht, das Holz monumental auszugestalten, nach dem Vorgang altchristlicher Basiliken. Das ist sicher ein Verdienst; es ist so recht im Sinn der Berliner Schule, daß auf das Verstehen des inneren Zusammenhanges ein großes Gewicht gelegt wurde. Stüler wollte jenen Balken als absteifend, diesen als tragend, jenen als schwebend durch die Form kennzeichnen. Die Kennzeichnung aber sollte nicht erfolgen durch möglichst strenges Festhalten und Darstellen der Eigentümlichkeiten des Holzes, sondern dadurch, daß man dieses in Schmuckformen hüllte, die anderwärts, an anderen Stoffen, die betreffenden Funktionen erfüllten. Der Erfolg war aber gering. Ich wenigstens weiß nicht, was die in den Zwickeln des Dachstuhles stehenden vergoldeten Greifen sagen sollen. Sie sind trotz der tektonischen Absicht rein dekorativ. In einem anderen Saal versuchte Stüler die auseinandertreibenden Kräfte eines flach gespannten Gewölbes dadurch aufzuheben, daß er eiserne Anker einzog und diese, nicht wie bisher so oft als Notbehelf, sondern als einen Teil der künstlerischen Anordnung behandelte. Bötticher verteidigte diese Anordnung in einer besonderen Rede. Sie schaffe dem Gewölbe die Ruhe eines in sich abgeschlossenen Baugliedes, so daß es als Ganzes, nach Aufhebung des Schubes, balkenartig auf den Wänden ruhe. Freilich, die Bestrebungen, die Wirkungen der Kräfte und der raumbildenden Gedanken kunstvoll zu versinnlichen, gelang wieder nicht. Die Formen sind nicht mehr als eine für das Verständnis der Bauart entbehrliche Zutat.
Es ist einer der Nägel am Sarg der tektonischen Bauschule gewesen, daß sie eben die Form als etwas in sich Geschlossenes nahm, das unabhängig vom Baustoff sei. Mit diesen Grundsätzen mußte sie in Widerstreit mit den Fortschritten der Technik kommen. Und diese waren im 19. Jahrhundert zu gewaltig, als daß sie durch Lehre, und sei sie auch noch so geistreich, hätten aufgehalten werden können.
Ein zweiter Gegner erwuchs dem Hellenismus aus der nicht zu überwindenden Empfindung des Volkes, daß dieser im Widerspruch mit gewissen baulichen Aufgaben stehe. Viele von den vornehmen Herren Norddeutschlands wollten sich

nicht dazu bequemen, ihre Landsitze griechisch bauen zu lassen, wenn die Architekten auch noch so eifrig in sie hineinredeten, daß dies aus Gründen der Schönheit nötig sei. Sie fühlten sich nicht als Griechen, sondern als preußische, mecklenburgische Edelleute. Sie suchten ihre Vorbilder nicht im Athen des Perikles, sondern, nachdem der französische Adel durch die Revolution zu Fall gekommen war, im englischen Adel und seiner in Wellington verkörperten Auffassung der geschichtlichen Bedeutung konservativer Mächte.

Der Adel beugte sich dem Berlinertum nicht, sondern suchte, selbst völlig ohne künstlerische Schaffenskraft, außer Landes Hilfe, da er im Lande nichts ihm Entsprechendes fand. Die Schlösser wurden in englischer Gotik gebaut und in französischem Geschmack eingerichtet. Schinkels und seiner Schule Bestrebungen, das Kunstgewerbe zu heben, blieben ohne Erfolg, da die Reichen oder doch die Vornehmen dieses zur Antike erhobene Kunstgewerbe nicht haben wollten. Der König hielt es für seine Pflicht, hier und dort die als wertvoll anerkannten Bestrebungen zu unterstützen, sein Hof ließ ihn aber im Stich. Selbst Prinz Wilhelm ließ Schloß Babelsberg von Schinkel in englischer Gotik errichten.

Im Kirchenbau stand es nicht anders. Schinkel hatte es mit der Gotik versucht. Er hatte seine Pläne nicht durchzusetzen vermocht. Das lag nicht nur am Mangel von Mitteln in Preußen, sondern mehr am Mangel kirchlichen Lebens. Man wollte zwar nach den Befreiungskriegen hier, wie in England, da das Nichts zu totenkopfartig zum Fenster hereingrinste, die alte christliche Frömmigkeit erwecken; man quälte sich, den Glauben und in ihm die Wahrheit zu finden, man strengte sich aus Wahrheitsliebe an zu lügen. So erzählt in seiner köstlichen Weise Paul de Lagarde. Der König hatte bereits 1814 sich öffentlich für die Hebung des kirchlichen Lebens ausgesprochen, 1817 den bekannten Aufruf zur Einigkeit als schönste Dreijahrhundertfeier von Luthers Thesenanschlag erlassen: Union der Lutherischen und Reformierten. Nicht sollte eine Kirche in die andere übergehen, sondern beide *eine* neubelebte evangelische christliche Kirche werden.

Es war kein Wunder, daß diese Absichten auch im Kirchenbau sich äußerten, daß man nach Normalbildern für ihn rief, daß man die Angelegenheiten auch der kirchlichen Kunst von oben herab zu regeln trachtete, mit väterlicher Fürsorge, nicht mit Zwang. Die Kirchenbaukunst im Lande sollte aus Berlin, von Schinkel bezogen werden.

Schon 1787 schrieb der Rektor G. N. Fischer über Kirchenbau, und zwar in der von der Kunstakademie herausgegebenen Monatsschrift; ihm folgte 1815 der Baumeister L. Catel. Die Ansichten hatten sich nicht wesentlich geändert: Man suchte sehr verständig die baulichen Formen in Grund- und Aufriß aus dem Bedürfnis zu entwickeln. Daß Fischer dabei nur an Gestaltungen im antiken Stil dachte, ist selbstverständlich; aber auch Catel sprach sich gegen die altdeutsch-

katholische Bauart aus. Er wendete sich hierbei gegen Schinkels Entwurf eines gotischen Domes, wenngleich in versteckter Weise. Denn er verstand die Gotik nur aus dem Grunde des Schauerlichen; ihm war sie noch vorwiegend Ruinenkunst, deren Zweck es sei, sanfte Schwermut zu wecken.
Der Gedanke, der ihn leitete, war nicht neu. Er wollte Altar, Kanzel und Taufstein in die Achse der Kirche rücken, wie dies das 17. und 18. Jahrhundert in der protestantischen Kirche so oft getan. Damit wurde den Andächtigen ein einheitliches Ziel für ihre Aufmerksamkeit gegeben, der Bau für seinen Zweck besonders geeignet ausgestaltet. Er schuf einen Kuppelbau über vier kurzen Kreuzarmen und eine Chorrundung an einem dieser. Schinkel nahm, nachdem er seine romantischen Anwandlungen überwunden hatte, diesen Plan in der Nikolaikirche in Potsdam (seit 1830) auf, dem größten preußischen Kirchenbau jener Zeit. Da nun außerdem die Kuppelanlage fast ängstlich sich an jene Reihe von ähnlichen vorbildlichen Bauten anschließt, an St. Paul in London, das Pantheon in Paris, St. Isaak in Petersburg — so bleibt nur der Hellenismus der Form Schinkels eigenes Verdienst. Denn selbst in der Massigkeit des Unterbaues unter der Kuppel, der erschrecklich rohen Folgerichtigkeit, mit der die leeren Mauermassen als solche behandelt werden, folgt Schinkel Soufflots Pariser Vorbild. Der Innenraum wirkt groß und bedeutend, trotz der Leerheit in seiner Ausschmückung. Aber das Wichtigste, die Brauchbarkeit für den eigentlichen Zweck, namentlich für die Predigt, ist der schlechten Hörbarkeit wegen ungenügend erreicht.
Besser gelang es Schinkel mit anderen Nachahmungen. An der Werderkirche griff er auf die Madeleine in Paris zurück, ebenso wie dies Klenze an seiner Hofkirche in München tat: Flachkuppeln über nach innen gezogenen Wandpfeilern, also ein römischer Formgedanke. Auch dieser führte ihn bald wieder der Behandlung der Gewölbe in gotischen Formen und der Umgestaltung des ganzen Baus nach dieser Richtung zu. An anderen Bauten sollte nur zu oft der griechische Tempelgiebel nun auch für das christliche Gotteshaus die Form hergeben, ein Mißgriff, vor dem die Romantik den Katholizismus glücklich bewahrte. Man wird an ihnen vergeblich nach neuen Gedanken suchen, die jene Catels an Tiefe übertreffen, es seien denn solche hinsichtlich der Form. Die eigentlich kirchlichen Gedanken in Schinkels Bauten sind verschwommene Reste der großen Zeit des protestantischen Kirchenbaues in der ersten Hälfte des 18. Jahrhunderts, jener Zeit, in der man die liturgischen Anforderungen künstlerisch zu lösen, nicht bloß mit ihnen sich abzufinden suchte. Neu sind an Schinkels Entwürfen die Übertragungen aus fremden Bauarten, gemacht zur formalen Bereicherung des seinem Wert nach nicht erkannten protestantischen Programms. Und wenn K. E. O. Fritsch in seinem sonst so trefflichen Buch »Der Kirchenbau des Protestantismus« noch 1893 versuchte, Schinkels Schätzung als Kirchenbaumeister aufrechtzuer-

halten, so konnte dies nur geschehen, weil er selbst noch unter dem Einfluß jener formalen Schule stand. Denn diese errichtet das Bauwerk nicht um des Zweckes, sondern zugleich um eines außerhalb dieses liegenden Schönheitszieles willen; sie möchte die Kirche zum Denkmalsbau machen, wie dies Schinkel stets im Sinn lag. Sie kennt die Kirchlichkeit nur als ein ästhetisches Gefühl!

Aus dem dritten Kapitel
»Die alten Schulen«

Dieses Kapitel, in der Hauptsache der Malerei gewidmet, enthält gleich zu Anfang ein amüsantes Beispiel von Architekturstreit.

Lange Zeit galt der Satz, nur in Sachsen könne ein Mann von Geschmack leben, galt Dresden als die hohe Schule der Kunst.
So in der Baukunst. Seit Pöppelmann den Zwinger gebaut hatte in einem Barock, das so deutsch ist, daß es in jedem anderen Lande alsbald als fremdartig auffiele, hatten zwei Künstler, die in Paris ihre Studien gemacht hatten, den Umschwung zu strengeren Formen gebracht: Bodt und Longuelune. Sie gingen den allgemeinen Weg der Entwicklung, die auf vornehme Einfachheit wies.
Ein Schüler von ihnen war Krubsacius, der schon den vom Straßburger Münster begeisterten jungen Goethe als »witzigen Schwätzer« zurechtwies. Er verdankte ihnen die Lehre von der edlen Einfachheit. Er huldigte den alten Lehrmeistern der Baukunst, Vitruv und Palladio, hielt die Natur für die beste Lehrerin auch der Baukunst und fand diese in den Säulenordnungen der Griechen. Der mächtige Riß, der zwischen Natur und Ordnung klafft, wurde mit einigen Redensarten überkleistert.
Er fühlte sich in vollem Gegensatz zum alten Barock, der die eigentlich städtischen Meister beherrschte, und es kam dabei zu einem Kampf mit der schlichten Zielstrebigkeit, die der alten Kunst eigen war.
Die Kreuzkirche in Dresden wurde zum Zankapfel. Hier der Ratszimmermeister I. G. Schmidt, der eine protestantische Kirche bauen wollte; dort die Kritik des Krubsacius und seiner Schule, die architektonische Grundsätze durchzuführen beabsichtigten. Hier der früher nie ausgesprochene, weil selbstverständliche Gedanke, daß ein guter Bau vor allem seinen besonderen Zweck erfüllen müsse, um schön sein zu können; dort eine volle Klarheit über die schöne Form und deren Regeln, die im Streben nach der Erreichung ihrer Ziele ganz vergißt, daß diese nur Mittel zum Zweck sind.

Aus dem vierten Kapitel
»Die Landschaft«

Nicht England, sondern Schottland ist es, das für Europa die Beispiele eines neuen Gartenbaus setzt und die Gartengestaltung revolutioniert. Die vorbildlichen Interpreten der neuen Richtung aber sind dann wieder die Engländer.

Es gab noch ein zweites Land außer Italien, in dem eine echte große Landschaftsmalerei möglich war: Schottland. Keiner von den deutschen Freunden, die sich in Rom versammelten, war je in Schottland gewesen. Nie vorher hatte Schottland in der Kunst ein Wort mitgesprochen, seine Geschichte war nie von einem tiefer eingreifenden Einfluß gewesen. Wie kam man auf das ferne Land? Es war der Gartenbau und die ihn in Schottland beherrschende Romantik, die sich hier im Kunsturteil bemerkbar machen. Stimmungen in der Landschaft zu entdecken, war zum Prüfstein für eine schöne Seele geworden. Abgeschlossenheit, Stille, Dämmerung, Einsamkeit machten die Natur, namentlich aber auch die Gärten sanft schwermütig. Sie gewährte dafür Vergessen der Sorge, heimliche Herzenszärtlichkeit, Sammlung der geistigen Kräfte. Wer sollte so wenig Weltweiser oder Freund von sich selbst sein, daß er nicht in seinem ausgedehnten und heiteren Garten eine sanft schwermütige Gegend für sich erbaute?
Das Romantische oder Bezaubernde, dem man sich so gern hingab, entsprang aber für jene Zeit aus dem Außerordentlichen und Seltsamen der Formen, der Gegenüberstellungen und Beziehungen: Rauhe, finstere Wildnis, gepaart mit glänzenden Blumen, ein Waldstrom über grünenden Sträuchern, kahle Felsspitzen über schöner Waldung erweckten Verwunderung, Überraschung, Staunen, Versenken in sich selbst, in die Vergänglichkeit der Welt.
Die feierliche, königliche, ernsthafte, erhabene Landschaft, wie sie vor allem in Italien zu finden sei, zu der gehören Berge und Meere, feuerspeiende Abgründe, Inseln und Ströme — diese kann man nur in klassischen Ländern erwarten, die steht außerhalb des Willens im Gartenbau. Aber das Romantische und Schwermütige, diese beiden Formen des Naturempfindens, kann man bei Geschick sich selbst schaffen. Und diese künstlerische Tat zu tun, haben die Briten den Deutschen gelehrt.
Wie dies zu machen sei, dafür hat zuerst Schottland die Beispiele geliefert. Schon die Architekten William Adam und Robert Morris bauten dort Schlösser, große

Herrensitze in gotischem Stil. Douglas Castle und Inveraray Castle (1744—1761) sind noch heute Zeugen dieser ins Große gehenden, ernsten Romantik. Nicht die tiefere Kenntnis der alten Formen entscheidet für ihren kunstgeschichtlichen Wert. Die aus dem Klassizismus stammenden Meister konnten nicht ohne weiteres das Mittelalter in seinem ganzen Umfang verstehen. Der Schwerpunkt liegt vielmehr in der Absicht, die auf das Wiederaufleben der verachteten heimischen Kunst ausging. Mit nur geringem Formvorrat wurde lange Zeit diese Absicht erfüllt. Noch bis in die Mitte des 19. Jahrhunderts hinein baute man in Deutschland, sowie man romantische Werke schaffen wollte, fast ausschließlich in den Formen der Schotten, ohne sich viel um deutsches Mittelalter zu kümmern. Die Buchweisheit herrschte überall, und so lernten die Architekten, selbst Schinkel, der Douglas Castle besuchte, viel eifriger in den die Gotik behandelnden englischen Druckwerken als an den heimischen Bauten. Adam hat den Stil des gotischen Herrensitzes für fast ein Jahrhundert festgestellt. Der auf unmittelbares Lernen am Alten, auf Messen und Zeichnen der Denkmale ausgehende Eifer der britischen Baukünstler jener Zeit gibt ihnen ihre hohe Bedeutung. Sie folgten nicht zufälligen Launen, sondern einer bestimmten, ihre Heimat beherrschenden Geistesrichtung. Schon 1724 begann Allan Ramsay die schlichten, feierlichen alten Gesänge seiner Heimat zu sammeln und herauszugeben.
Die Dichter vertieften sich mit frommem Sinn in die Beschreibung der Natur, bis es endlich James Macpherson 1760 gelang, mit bewundernswerter Sachkenntnis den Ossian zu dichten, ihn als eine Übersetzung altgälischer Lieder auszugeben und im Sturmlauf die Welt zu erobern: Hie Ossian, hie Homer! So klingt es schon in Werthers Leiden auf deutschem Boden wieder.
Schon die Stellung, welche Hogarth 1753 der Gotik gegenüber einnahm, ist bezeichnend. Er wünscht für die Bauten größere Mannigfaltigkeit; denn Kirchen und Paläste, Krankenhäuser und Gefängnisse, Stadt- und Landhäuser, also Bauten von verschiedenster Art, in Lappland und Westindien — alle baue man jetzt nach einer Ordnung; überall sei Palladio der Führer, und man traue sich nicht einen Schritt von dessen Buch abzuweichen. Haben nicht viel gotische Gebäude dauernde Schönheit in sich? fragt er dagegen. Es herrsche ein solcher Durst nach Mannigfaltigkeit, daß sogar elende Nachahmungen chinesischer Gebäude der Neuheit wegen vielfach im Gebrauch seien.
England folgte dem nordischen Nachbarn Schottland, und in Deutschland begann der Sieg der englischen Gärten über die französischen durch das Buch des Kieler Professors *Hirschfeld:* »Theorie der Gartenkunst.« Dieses erschien seit 1777, nachdem schon einige Jahre früher vorbereitende Arbeiten von ihm gedruckt worden waren. Gartenkalender, Gartenalmanache kamen nun in großer Zahl heraus, verbreiteten die englischen Gedanken, erfaßten die erwachende Empfindsamkeit des Naturgefühles im deutschen Volk und lenkten sie auf ein

Gebiet, in dem jeder, der wollte, ohne Vorbildung selbstschöpferisch wirken konnte.

Der französische Garten war in der Absicht entstanden, die Natur als dem Willen ihres Ordners untertan darzustellen. Das ist Lenôtres großes Ziel. So weit der Blick reicht, eine klare Beherrschung der Laubmassen, der Flächen, des Pflanzenwuchses. Der Natur ihre Willkür, ihre Zufälligkeiten zu nehmen, war die selbstherrliche Kunstabsicht des Fürsten. Man wollte sie in engen Bezug zu dem Schloß setzen, so daß, wohin der Blick auch falle, überall die Oberherrlichkeit von dessen Besitzer über das umliegende Land augenfällig werde. Kunst sollte dies vollkommen durchdringen, kein Fleck von ihr unberührt bleiben, keine Spur des Ungehorsams im Umkreis des großen Herrn die Einheit der Stimmung stören.

Die Engländer hatten diesem Gartenbau die Empfindung für die Schönheit der unberührten, der vom Menschen noch nicht ihrer Jugendfrische beraubten Landschaft entgegengesetzt. Das war eine bürgerliche Kunst, obgleich sie von den Großen des Landes aufgenommen und gepflegt wurde; ein Sieg des demokratischen Geistes, selbst über jenen an Geld und Macht unerschöpflich reichen Adel der Zeit der George.

Home, dieser ausgezeichnete, in Deutschland viel zu wenig beachtete, der Zweckerfüllung dienende Denker sagt, gotische Ruinen stellen einen Sieg der Zeit über die Stärke, griechische einen solchen der Roheit über den Geschmack dar; jene geben einen schwermütigen, aber nicht unangenehmen, diese einen finsteren und niederschlagenden Gedanken. Glücklich also, wer wirklich echte Ruinen besaß, auf dessen Grund die Sträucher zwischen alten Grabsteinen der Mönche und einstürzenden Pforten alter Ritterburgen sprossen, an der Stätte der verwüstung neues Leben emporquoll: wo ist es leichter, in feierliche Schwermut sich zu versenken?

Aber der englische Gartenbau war keineswegs durchweg romantisch, empfindsam. Er war ebensosehr idealistisch.

Der gefeiertste Künstler jener Zeit war zweifellos William Kent und nach ihm die beiden Söhne des William Adam, Robert und James. Sie brachten den Stil zur Vollendung, den man in Deutschland sehr ungeschickterweise »Empire« zu nennen pflegt. Kent hat auf Deutschland durch seine klassische Strenge, die lediglich auf einfachste Form ausgehende Bauabsicht, durch die Vorliebe für harte Linien, kahle Flächen, durch das Hinwirken allein auf *eine* große Wirkung einen Einfluß ausgeübt wie kaum ein Franzose des vorhergehenden Zeitabschnittes, François Mansart vielleicht ausgenommen.

Man schickte den jungen Architekten, den man für die Zukunft heranbildete, nicht mehr nach Paris und Rom, sondern nach England.

In ganz Deutschland herrschte die Leidenschaft für den Gartenbau. Auch Goethe erfaßte sie. Das Ilmthal wurde zum Park, die großen Stichworte der Zeit fanden dort ihren baulich landschaftlichen Ausdruck. Das Bretterhäuschen ist die idyllische Einfachheit, das römische Haus die klassische Größe, die Ruine die romantische Stimmung. Tempel irgendwelcher Tugenden, Inschriften fehlten nicht. Weimar stand mitten in der ganz Deutschland erfassenden Begeisterung, die in wesentlich bescheidenerem Maße Frankreich erfaßte. Hier war der englische Gedanke durch Rousseau vertreten worden, der in Ermenonville, als Gast des Besitzers des Parkes, des Gartenkünstlers Marquis de Girardin, sein Grab auf einer romantischen Pappelinsel fand.

In diesem Kapitel findet sich an späterer Stelle eine sehr anschauliche Schilderung der Kunstkritik und ihrer Probleme in den Jahren um 1830. Gurlitt gibt diese Schilderung in völlig naiver Subjektivität und in einem geradezu Fontaneschen Stil.

Die in Rom lebenden Künstler konnten sich trotz ihres idealistischen Strebens der Kritik nur mit Mühe erwehren. Sie saßen an einem sehr ausgesetzten Posten. Waren die nordischen Künstler übersehen, kaum genannt worden, so wetzten an jenen in Rom die ästhetischen Schulen ihre Messer. Werkstättenbesuche gehörten damals zum guten Ton in der vornehmen Gesellschaft, und die in der ewigen Stadt lebenden Kunstgelehrten waren als Führer und Erklärer von dieser stark in Anspruch genommen; natürlich umwarben sie auch die Künstler, die ihre Werke zu verkaufen besorgt sein mußten. Koch erzählt sehr lustig, wie ihn der gelehrte Staatsmann Niebuhr durch sein Kunstgeschwätz belästigt habe. Er flüchtete beim Nahen des Besuches und suchte beim Rauchen seiner Pfeife Geduld, während jener stundenlang an die Frau des Malers seine guten Lehren ablud. Zu dieser Flucht vor der Gelehrsamkeit gehörte ein gewisser Mut, denn Niebuhr vertrat Preußen am päpstlichen Hofe. Daß sich die Maler mit leidenschaftlichem Eifer gegen die Kunstschreiber auflehnten, ist ein Zeichen für den nachgerade unerträglich werdenden Druck, den die Kritik auf die Künstler ausübte.

Die Lügen im Süden, sagt Koch, sind das Lesefutter für den Pöbel des Nordens. Durch das häufige Wiederkäuen ihrer Begriffe von Ideal und Schönheit werden sie verdächtig, so daß klug wie dumm sich ihres Lobes schämen. Solche Kunstdeklamatoren seien, auf das Empfinden und Tränenvergießen abgerichtet wie Hunde aufs Tanzen, empfindsame Dampfmaschinen. Die Kunstintoleranz der Gelehrten sei ebenso giftig und unversöhnlich wie die religiöse und politische. Ihr Einfluß auf die bildende Kunst und das moderne Leben führe zur sklavischen Nachahmung der äußeren Form. Koch ist ein viel zu dichterisch angelegter Mensch, um nicht Goethe zu verstehen und zu würdigen. Aber gerade daß die

geistreichste Feder der ödesten Kunst das Wort reden muß, hat ihn sein ganzes Leben hindurch in Zorn erhalten.
Namentlich Goethes Eintreten für Hackert und Zahn erbitterte die Römer. Zahns Nachbildungen antiker Malereien aus Pompeji und Herculaneum hatten 1830 eine glänzende Besprechung gefunden, als seien sie nicht bloß eine wissenschaftliche, sondern auch eine künstlerische Tat. Koch poltert mächtig gegen die Überschätzung der Kopistenarbeit, gegen den Pausenmacher, den hohlen Zahn, der Kommissionsreisen nach Griechenland und Ägypten mache und selbst ganz Indien durchzupausen drohe. Er geht in seiner Grobheit immer zu weit ... Aber wer vom Lesen des endlosen Süßholzgeraspels der Idealisten kommt, dem tut der fröhlich-grimmige Bauernton Kochs in tiefster Seele wohl.
Den Zorn der Römer hatte das Kunstblatt der »Augsburger Allgemeinen Zeitung« und dessen Kritiker, Dr. J. K. L. *Schorn*, vorzugsweise erweckt. Man war zu jener Zeit gedruckte Aburteilung weniger gewöhnt als heute, es wirkte mithin das einzelne Urteil anders als jetzt. Denn während jetzt, was gestern die Zeitung brachte, morgen vergessen ist, war damals noch ein Aufsatz in den Hauptblättern ein vielbesprochenes Ereignis für das ganze gebildete Deutschland. Man bedenke wohl, wie zudem die ästhetische Auffassung jener Zeit lag. Kant hatte als Grundsatz festgestellt, daß es ein Urteil *a priori* sei, einen Gegenstand schön zu finden; das heißt, daß man dieses Wohlgefallen jedermann als notwendig ansinnen dürfe. Und daraus folgerte z. B. Wilhelm Traugott Krug in seiner Geschmackslehre, daß klassisch jenes Werk sei, auf das die Übereinstimmung in der Beurteilung aller Gebildeten zutreffe. Daraus ergab sich weiter, daß ein widersprechendes Urteil von Gewicht dem Werk diese Klassizität nahm.
Sieht man Schorns Kritik durch, so könnte man kaum in ihr einen gerechten Anlaß zum Zorn finden, wenn es sich hierbei um einen Kampf Gleichbewaffneter gehandelt hätte. Kritik ist doch wohl das Messen der in gemalten oder gemeißelten Werken dargelegten Grundanschauungen des Künstlers mit denjenigen des Urteilenden. Beide halten ihre »ewigen« Gesetze der Kunst für richtig. Eine höhere Entscheidung wird dem Leser zugewiesen, dem doch das Recht des Urteils auch über das Urteil zusteht. Nun redet der schreibende Kämpfer immer oder doch zumeist in einer Form, die dem bildenden zu antworten unmöglich macht. Der Leser liest die kritische Ansicht, sieht aber die gemalte und modellierte nicht, kann also nicht gerecht entscheiden.
Die Kunstschreiber der Folgezeit haben mit Eifer Schorns Partei ergriffen, denn es war naturgemäß die ihrige. Er habe ja Lob und Tadel verteilt, so daß man ihm nicht den Vorwurf der Gehässigkeit machen könne.
Am ergötzlichsten tat dies in neuerer Zeit (1887) Adolf Rosenberg gegenüber dem Sendschreiben, welches Koch, Catel, die beiden Riepenhausen, v. Rohden, Thorwaldsen und Philipp Veit gegen Schorn gerichtet hatten. Die Unterzeichner

hätten, sagt er, in ihrer Mehrzahl gewiß nicht geglaubt, daß ihre Namen nur durch die angefeindeten Kunstschreiber der Nachwelt überliefert würden; mit Ausnahme Thorwaldsens sei es keinem von ihnen gelungen, dauernden Ruhm zu erlangen. Denn wie konnte auch aus einem Künstler etwas werden, der sich gegen die in Schorn vertretene gewappnete Ästhetik auflehnte.
Die Werke der Unterzeichner jenes Künstlerbriefes stehen und hängen heute noch in unseren öffentlichen Sammlungen; ihnen danken sie, daß man sie heute noch nennt, und aus ihnen ziehen die Kunstschreiber den Stoff für ihre Arbeit, wenn diese eine ehrliche ist. Sie waren keine Alexander in ihrer Kunst, selbst Thorwaldsen nicht. Aber wer ist Schorn?
Die deutsche Kritik tat aber das, was sie in solchen Fällen immer tut. Sie wurde entrüstet über den unwirschen Ton, in dem man sie anfuhr, und strafte diesen mit der feigen Waffe des Schweigens.

Aber auch der »romantische« Kritiker bekommt sein Teil:

»Es ist etwas Wesentliches«, sagte 1836 Fahne, ein Düsseldorfer Kritiker, »was die neueren Landschaftsmaler vor den älteren — das sind die Niederländer — voraushaben. Unter ihrem Pinsel hat die Natur ein erhabenes Wesen angenommen, sie ist als eine tätige, wirkende aufgefaßt; der Kunst des Landschaftsmalers ist dadurch eine weit höhere Stufe angewiesen als seither.
Wenn Lessing seine öden Gegenden malt, so stellt er den Klosterbruder hinein, der das Grab gräbt; und mit dem wilden Sturm, mit der grauen Ferne verbindet er den erschlagenen Mann, die niedergebrannte Hütte mit den kümmerlich hinlebenden Bergschluchten.
Wenn Achenbach seine nordischen Granitblöcke aufeinandertürmt und die weite See dahinbrausen läßt, so gewahrt man ein zerrissenes Lämmchen auf schroffem Gestein und den kreisenden Aar mit der Brut in der Nähe.«
Das ist also dem romantischen Kritiker die höhere Kunst. Fehlte das Lämmchen und der Aar, so wäre das Bild noch auf den Tiefstand des alten Everdingen oder Ruysdael zu verweisen.
Mein Vater hatte einmal eine Abendlandschaft an einen fernwohnenden Kenner verkauft. Welcher Schreck, als die große Kiste mit dem Bild nach einigen Wochen wieder als Frachtgut ankam! Der begleitende Brief beruhigte ihn. Der Käufer fand, daß es ungleich poetischer wäre, wenn die Bauern, die als Staffage im Bild saßen, einen Gesang aufführten. Und da machte mein Vater denn jedem ein dunkles Pünktchen in das winzige Gesicht, dort wo etwa der Mund sich öffnet, und sandte das Bild wieder ab. Der geistreiche Besitzer war hoch beglückt und erklärte, das Bild habe durch dieses Einflechten des Lyrischen so gewonnen, daß er sich freue, die Frachtkosten seinem Wunsche geopfert zu haben.

Aus dem fünften Kapitel
»Die Romantiker«

Die Vorgänge in Weimar, die Gurlitt in der Einleitung zu diesem Kapitel schildert, sind typisch für jeden Umbruch. Man könnte statt »Goethe« auch »Muthesius 1912« oder »Mies van der Rohe 1962« setzen.

Während sich die Ästhetik selbst immer mehr in die Überzeugung einwiegte, die Künste in ein festes Gesetz gebracht zu haben und somit zum sicheren Gedeihen aus dem Verstande heraus führen zu können, entstand plötzlich diesem Verstande selbst ein unerwarteter Gegner, ein solcher, den die Aufklärung längst glaubte in seine Schranken gewiesen zu haben: die Mystik und in ihrem Hintergrund der Glaube.

Daß dieser Gegner auftrat, daß er die Geister eroberte, war nicht die Frucht bestimmter Taten eines Schwärmers. Er erschien in der ganzen Welt fast gleichzeitig als der tiefgehende Widerspruch gegen die Dürre der Allerweltsweisheit. Erstaunt sah man im Rate der Kunstfreunde in Weimar, daß es Menschen gab, die mit den redlichen, wohlüberlegten Absichten Goethes unzufrieden waren; daß die Belehrungen, die man von dort ausstreute, geradezu als Benachteiligungen der Kunst erklärt wurden; daß Leute auftraten, die überhaupt bezweifelten, die Kunst könne durch Wissen gefördert werden, verständige Leute! Es gibt ein totes Wissen, sagte der gelehrte Dresdner Arzt Carus, ein Wissen des Buchstaben und nicht des Lebens: dies ist der Mehltau für die Künstlernatur; damit verschone man sie auf alle Weise! Ähnlich äußerten sich die Künstler über die Akademien. Und andere traten auf, die geradezu den Kunstfreunden die Schuld für den Niedergang der Kunst zuschoben. Die Zeit, sagte Görres 1808, sieht jedem Neuen, kräftig Auftretenden gegenüber nach jenen, die sich als Wortführer aufwarfen und die nun selbst in Dünkel, Hoffart und Parteigeist sich so in sich selbst verzwickt und verrenkt und verschoben haben, daß sie wie jene scharfgeschliffenen Spiegel aus der Fratze ein gewöhnliches Bild zusammenschieben, das lieblich hold ihre Eitelkeit anlächelt, und die schöne Form in Fratze umkehren. Jedermann, der dies las, wußte, daß es auf Goethe ziele.

Auch die Weimarischen Kunstfreunde mußten anerkennen, daß es den meisten zeitgenössischen Kunsterzeugnissen am Natürlichen, Innigen, Gemütlichen und Zartempfundeneren mangle. Sie verstanden, weshalb die Neigung zur ur-

tümlichen Einfalt der florentinischen Meister erwachte, ja fortdauerte. Aber einen Nutzen für die Kunst sahen sie nicht darin, weil diese rohe Unschuld mit den sonst vom Künstler geforderten schönen Formen, mit edlen Menschen und mit dem gebildeten Geschmack unvereinbar sei. Sie sahen wohl den Geschmackswandel selbst in der Beurteilung der Alten.
Rafael trat hinter Leonardo und Michelangelo zurück; ja, Rafaels Jugendwerke wurden über die reifen gestellt wegen ihrer zarten, innigen Empfindung, der anspruchslosen, unübertrefflichen Wahrheit der Darstellung.
Und doch konnte man sich in Weimar nicht wohl vorstellen und überall ebensowenig dort, wo sonst gelehrte Ästhetiker saßen, daß die Welt einen Schritt nach rückwärts tun werde; daß sie nach Dingen greife, die der gebildetere Geschmack, wenn nicht verabscheue, doch belächele. Hatte sich bei Goethe selbst die Begeisterung für das Eigenartige abgeklärt, so mußte der Alternde vom Volke gleiche Weisheit erhoffen. Wer alle die Eroberungen geringschätzt, sagt er, die mächtiger Geister unsägliches Forschen und denkender Fleiß für das Gebiet der Kunst gemacht; wer bloß aus einem verworren gefühlten Bedürfnis von Einfalt und Naivität in den mehr oder minder rohen Anfängen der Kunst die ganze Kunst schon vollendet erblicken will und durch Annäherung an die alten Maler das Rechte zu erfassen glaubt, der kennt ihren wahren Geist, sein besseres, weiter gestecktes Ziel noch nicht!
Daß die Kunst sich an Vorbilder halten müsse, daß sie der Vorarbeit früherer Meister sich zu bedienen habe, war ihm klar. Er sah den Beweis des Steigens in der Kunst darin, daß sie eine unendliche Vollkommenheit erstrebe, des Sinkens, daß sie bedingte Muster nachahme.
Es begegnete ihm also das Unglück, in dem, was die Jüngeren für Aufschwung hielten, den Niedergang zu erkennen.
Namentlich aber wünschte er Frieden unter den Künstlern selbst. Mit Ungeduld sahen die Weimaraner das Heraufdringen immer neuer Parteien unter den Künstlern. Diese bekämpften sich mit bitterem Haß, Schmähungen, Ungerechtigkeiten. Das kränkte jene im Sinne des gesunden Menschenverstandes. Schönheit und Wahrheit gibt es notwendigerweise nur *eine*. Sie waren nach reiflicher Erwägung zu der Klarheit gekommen, daß sie die ästhetische Wahrheit und die aus ihr sich ergebende Schönheit kannten: Sie fühlten sich einig mit allen großen Denkern; sie hatten in Kant einen neuen Rückhalt gefunden. Warum nahmen nun die jungen Künstler die von ihnen gern gebotene Erkenntnis nicht an? Warum bekämpften sie sich in Fragen, die nach ihrer gereiften Erkenntnis gar nicht Kernpunkte der Kunst seien?
Eine Verständigung mit den Jungen, den nach Neuem Strebenden, war nicht möglich. Überall stießen die Meinungen hart aufeinander, seit die Kunst in den Romantikern neue Verteidiger gefunden hatte.

Gurlitt kombiniert solchen Umbruch mit dem Rhythmus, in dem die Mode wechselt. Wir könnten das heute sogar auf den Städtebau ausdehnen: Die Mode im Theater, so wissen wir inzwischen, braucht zum Beispiel zwanzig Jahre, die in der Architektur vierzig Jahre und die im Städtebau sechzig Jahre — von 1905 bis 1965 —, bis das Pendel eine volle Amplitude durcheilt hat und zurückzuschwingen beginnt.

Es war freilich der Antike gelungen, Mode zu werden. Sie durchdrang die Wohnungen mit ihren steifen, geradlinigen Erzeugnissen, sie nistete sich in die Kleidung der Frauen ein.

Man hat den Begriff der Mode in späterer Zeit in einen starken Gegensatz zum Stil gebracht. Dieser ist das nach den Kunstgesetzen Berechtigte, jene die Laune des Unverstandes. Das ist bequem, um sich mit der Mode abzufinden, durch Schimpfen sich der Verantwortung für ihre Launen zu erledigen. Tatsächlich gibt aber die Mode den besten Maßstab für die künstlerischen Ziele einer Zeit; die Kleidung ist die Kunst, an der die Mitarbeit der Völker am regsten und daher deren Stimmung am klarsten ausgesprochen ist. Die Revolution hatte den Frauen das antike Kleid, so gut man es eben verstand, gebracht. Die Kleider mußten den Regeln der einfachen Natur untergeordnet sein, und diese besaßen vor allem die Griechen. Das Schnürleib verfiel dem Gelächter; der Reifrock wurde über Bord geworfen. Höhnend erzählte man von jener biederen Orientalin des Harems, die eine europäische Frau im Reifrock besucht habe: »Bist das alles du?« habe sie gefragt. Nun fiel all die faltige Schneiderkunst, die die Reize verhüllende Stoffmenge; die Frauen wollten, von allem Irdischen befreit, Kleider tragen, die dem gewebten Nebel in der Farbe der Morgenröte gleichen. In einer Leipziger Modezeitung von 1807 bot ein Geschäftsmann seine Hemdkleider an, die diesem Wunsch entsprachen. Trägt eine Dame, so heißt es in der Anzeige, ein solches Hemd, so braucht sie kein weiteres Kleid und erreicht den höchsten Grad von Eleganz. Man sieht, die Frauen nahmen es ernst mit dem Gedanken, daß Simplizität das Reizendste sei; daß man im Negligé, als dem anerkannten Gesellschaftskleid, morgenfrisch erscheine, duftig, ohne Entstellung des Körpers durch einengende Fesseln.

Die Männer haben diese klassischen Anwandlungen nicht in gleichem Maße mitgemacht. Nur der Kampf gegen den Zopf ist eine ihrer Äußerungen. Natürliches Haar zu tragen war ein Zeugnis der Libertins, der Stürmer. Man nannte sie Sauvages, man fühlte sich römisch im Tituskopf.

Der Männer Zeit kam erst mit den Freiheitskriegen. Die jungen Löwen der Gesellschaft begannen sich selbst Kleidungen zu erfinden. Das flatternde Haar, der offene, nicht von der Binde eingeschnürte Hemdkragen, das Barett mit der Feder, die Puffen an den Ärmeln, die Schnüre an den Röcken waren Zeugnis dafür,

daß man im Altdeutschen die Befreiung suchte. Träger des Geschmackes war aber das Theater und Vorbild des deutschen Theaters wieder einmal das englische. Die jungen Männer in ihren romantischen Kleidern sahen wie englische Schauspieler einer zwanzig, dreißig Jahre zurückliegenden Zeit aus. Unserem Volke Eigentümliches zeigte sich nur in der Entwicklung der preußischen Uniform und deren Nachahmungen.
Für die jungen Künstler der Zeit war die altdeutsche Tracht Ausdruck ihrer selbst. Sie fühlten sich verhätschelt von den Dichtern, durch die Teilnahme der Größten an ihrem Schaffen in ihrer Stimmung gehoben, durch das Stichwort geschmeichelt, in ihnen liege die eigentliche Vollendung des Menschentums. Aber sie waren zumeist arme Schlucker, aus den Handwerkerkreisen hervorgegangen, weltfremd und ebenso im Grunde der Seele bescheiden wie von den Vornehmen mißachtet. Man sehe selbst Goethes Verhältnis zu den Künstlern.
Wie konnte er sich zu einer neuen Sekte hingezogen fühlen, die nach seinem Ermessen des folgerichtigen Denkens ganz entbehrte, die der Kunst-Meyer die atomistische nannte, zu Leuten, die ihr Schaffen auf die kleinsten Teile der Natur mehr als auf die Anschauung des Ganzen richteten.
Diese Atomisten waren plötzlich da, überall. Der erwachende Realismus äußert sich in ihnen. Sie wollten der Natur näher an den Leib und glaubten dies am besten durch die zeichnerische Genauigkeit zu erreichen. Dadurch, daß sie den Gegenstand mit aller Sorgfalt so darstellten, wie sie ihn sahen, in allen seinen Nebenformen, vor allem mit den verpönten Zufälligkeiten, absichtlich mit diesen, im Gegensatz zur Kunstlehre der Zeit. Ihnen wurde plötzlich klar, daß es einer großen geistigen Sammlung bedürfte, um die Natur festzuhalten, einer größeren, als dazu nötig sei, ein ungefähres ideales Bild von ihr zu geben.
Solche Männer, die über die Kunst nicht logisch denken, sondern die sie seelisch, grübelnd empfinden, sind selbst bei bescheidener eigner Leistung zu allen Zeiten starke Anreger gewesen; sie führen zur Erkenntnis des künstlerisch Wahren, und das ist stets ein eigentümlich Wahres, weil es den Eindruck der Natur auf eine empfängliche Menschenseele zur Aufgabe hat.

Auch bei der Wiederentdeckung der Gotik bilden die Engländer die Vorhut. Ob es nun um Klassik, Gartenkunst oder Gotik geht — immer ist es die im Reichtum der von ihr eroberten Welt situierte aristokratisch-bürgerliche Gesellschaft, die kulturelle Neugier erzeugt und kulturellen Wechsel produziert.
Die Wiedererweckung der Gotik in Deutschland schildert Gurlitt in seiner plastischen Art, die noch auf direkter Quellenkenntnis gründet. Er weiß wunderbar anschaulich Geschichte und Geschichten zu erzählen.

Seit Goethes Trompetenstoß für das Straßburger Münster war auch die Begei-

sterung für die mittelalterliche Baukunst bald hier und da wieder aufgetreten. Als Georg Forster den Kölner Dom 1790 betrat, überwältigte ihn der Eindruck einer majestätischen Einfalt, die alle Vorstellungen übertreffe. Ein wunderlicher Ausspruch! Sah Forster wirklich Einfalt in der Gotik, deren Vielförmigkeit damals die Welt noch abstieß? Oder hatte der Klang des Wortes ihm nur das Ohr berührt, während der Geist die Formel nicht fand, um das Entzücken des Auges zu erklären? Läßt sich das Unermeßliche des Weltalls nicht im beschränkten Raum versinnlichen, sagt er dann weiter, so liegt in dem kühnen Emporstreben des Baues doch das Unaufhaltsame, das die Einbildungskraft so leicht in das Grenzenlose verlängert. Er fand hier das Zeugnis dafür, daß die schöpferische Kraft im Menschen, die einen einzelnen Gedanken bis auf das Äußere verfolgt, auch auf diesem maßlosen Wege das Erhabene zu erreichen weiß. Ihm drängt sich die Antike alsbald als Vergleichsgegenstand vor die Augen: Sie ist ihm kurzweg das Schöne; die Gotik ist ihm ein Werk des Übermutes künstlerischen Beginnens, also eine Verirrung; doch eine so große, daß sie erhaben wirke.
Es war dies ein anderer Ton, wie der von den »Geschmäcklern« angeschlagene, die in der Gotik im Grunde nur eine Art Naturgemächte sahen, gerade gut, neben Felsen, Bäumen und Sträuchern an der Erweckung schwermütiger Empfindungen mitzuwirken. Racknitz hat in seiner Geschichte des Geschmackes die Gotik noch im Grunde in der gleichen Weise behandelt wie den Geschmack von China oder Kamtschatka: als eine fremdartige und darum für die Betrachtung lehrreiche Form. Doch erkannte er die größere malerische Wirkung der gotischen Gebäude gegenüber der kastenförmigen Ansicht der nach griechischem Stil errichteten an, wenn ihn gleich die unerträglichen Verschnörkelungen und Grotesken im einzelnen abstießen, ebenso wie das Streben, den Gliedern mehr Leichtigkeit als Stärke zu geben. Dennoch empfiehlt er schon die Gotik als für den protestantischen Kirchenbau geeigneter als die Antike und führt als Beweis hierfür *Johann Carl Friedrich Dauthes* seit 1784 erfolgten Umbau der Nikolaikirche in Leipzig an. Dies Werk ist denn auch in hohem Grade beachtenswert. Denn es ist fast das einzige in Deutschland, das Ernst mit dem Gedanken macht, den damals alle, auch Goethe und Forster, mit der Gotik verbanden: daß nämlich das Innere der mit Netzgewölben überdeckten Kirchen einen idealisierten Wald darstelle. In ungeheurer Länge stehen im Kölner Dom, sagt Forster, die Gruppen schlanker Säulen da, wie die Bäume eines uralten Forstes; nur am höchsten Gipfel sind sie in eine Krone von Ästen gespalten, die sich mit ihren Nachbarn zu spitzen Bogen wölbt und dem Auge, das ihnen folgen will, fast unerreichbar sind! Dauthe hatte die Pfeiler der spätgotischen Hallenkirche in Säulen umgestaltet, das reiche Rippenwerk aber mit Palmenwedeln aus Gips bekleidet und so dem Gedanken der Zeit über die gedankliche Unterlage der Gotik in einer entschiedeneren, klareren Weise zum Ausdruck gebracht, als dies dem dunklen

Mittelalter möglich gewesen wäre. So hatte er die Gotik mit dem Grundsatze, daß wahre Schönheit nur in der deutlichen Ausgestaltung eines Gedankens zu suchen sei, versöhnt.

Seit dem neuen Jahrhundert mehrten sich die Zeugnisse einer unmittelbaren Begeisterung für die gotischen Dome. Die Seelen waren auf das Ergriffenwerden gestimmt, fanden es unter den Spitzbogen der alten Kirchen und suchten nach der Formel zur Erklärung des geheimnisvollen Vorganges.

Eine weit ausgedehnte englische Literatur über alte Baukunst war der deutschen vorausgegangen: Hall, Warton, Bentham, Grose, Milner, Whittington, Hawkins und vor allem John Britton hatten sich der Erforschung der heimischen Altertümer gewidmet. Der Steindruck wurde in England früh herangezogen, um die Aufnahmen der Reisenden zu vervielfältigen. Dazu kam, daß sie eine zwar nicht an künstlerischen Ergebnissen, wohl aber an Umfang reiche Bautätigkeit entwickelten. Schon griffen die Forscher nach Frankreich hinüber, fanden in der Normandie die Quellen des eigenen Mittelalters, suchten Verbindungen von Land zu Land.

Altertumsforscher, Sammlungen überall, eine Freude am Geschichtlichen, ein Vertiefen in das Werden des eigenen Volkes!

Auch in Deutschland ähnliche Bestrebungen, ein Versenken in die Bauten: *Friedrich Gilly* zeichnete 1794 die Marienburg und gab darüber ein Werk heraus. Ihn faßte eine tiefe Begeisterung für das Schloß christlicher Ritter. Ähnliche Arbeiten mehrten sich bald. Neben der zeichnerischen Darstellung suchte man nach schönheitlicher Würdigung. Man erkannte, daß der Zweck der alten Künstler nicht war, durch nette, schmucke Verzierungen zu belustigen. Sie wollten, so heißt es, nicht Heiterkeit und Wollust wie die Griechen, die in allen ihren Musenkünsten keinen ernsthaften Zweck kannten, deren Gottesdienst eine Reihe von Spielen machte und die ihre Andacht in Tanz, Musik und Gesang setzten, sondern sie wollten feierliche Rührung und Andacht erwecken. Der Betende sollte sich in den gotischen Domen der Gottheit näher gerückt glauben, die er hier verehrte. Denn die Bauleute von damals kannten den mächtigen Einfluß der Baukunst zur Erregung sittlicher Gefühle und zugleich die über alles große Wirkung der Natur zur Hervorbringung erhabener Eindrücke zu gut, als daß sie die christlichen Tempel den Wäldern nicht hätten ähnlich machen sollen, in denen auch schon unsere Vorfahren das Wesen aller Wesen verehrt hatten. A. W. Schlegel erkannte der gotischen Baukunst die höchste Bedeutung zu. Wenn sich die Malerei nur mit schwachen, unbestimmten, mißverständlichen Andeutungen des Göttlichen begnügen müsse, so könne die Baukunst das Unendliche gleichsam unmittelbar darstellen und vergegenwärtigen, durch die bloße Nachbildung der Naturfülle auch ohne Anspielung auf den Gedanken und die Geheimnisse des Christentums. J. C. Costenoble, als der erste, der ein Lehrbuch der Gotik herausgab, tat dies in der Erkenntnis, daß man bisher im reinen Stil der Gotik nicht einmal das kleinste Gebäude zu schaffen wisse. Man habe über die Kunst der ganzen Welt genaue Kenntnis, nur nicht von der des eigenen Volkes. Galt es doch vor allem dem Worte die höhnende Bedeutung des Rohen zu nehmen. Man mache, sagt Sulzer, einen im niedrigen Stande geborenen und unter dem Pöbel aufgewachsenen Menschen auf einmal groß und reich, so wird er, wenn er in Kleidung, in Sitten, in seinen Häusern und Gärten und in seiner Lebensart die feinere Welt nachahmt, in allen diesen Dingen gotisch sein. Diesem Ästhetiker war die Gotik also noch lediglich eine roh aufwendige Kunst, der es am Schönen, am Angenehmen und Feinen fehle. Noch Schiller gebrauchte das Wort »gotisch« im Sinne von ungeheuerlich. Nun, nach Costenobles Vorgang, galt es die Denkmale selbst zu fragen, durch Vergleichen und Messen sie auf ihre Gesetze zu prüfen. C. L. Stieglitz, der Leipziger Gelehrte, führte diese Arbeit 1820 durch ein zweites, mehr geschichtlich und auf größere Denkmalkenntnis begründetes Lehrbuch Altdeutscher Baukunst weiter.

Stimmen diese Angaben auch nicht mit den später erwiesenen Tatsachen, so führten doch Costenobles und Stieglitzens Untersuchungen zu einer besseren geschichtlichen Auffassung der Bauformen. Die so beliebten Vergleiche mit dem Walde hörten bald auf. Noch Tieck kämpfte mit dieser Ansicht vom Wesen der Gotik, indem er einen tieferen Sinn suchte. Er ist kein Baum, sagte er vor dem Straßburger Münster, kein Wald! Nein, diese allmächtigen, unendlich wiederholten Steinmassen drücken etwas Erhabeneres, ungleich Idealischeres aus! Es ist der Geist des Menschen selbst, seine Mannigfaltigkeit zur sichtbaren Einheit verbunden, sein kühnes Riesenstreben zum Himmel, seine riesige Dauer und Unbegreiflichkeit! Ein bezeichnender Ausspruch: Diese Steinmassen sind für Tieck allmächtig, unendlich! Der Turm des Münsters ist nach nüchternen Messungen 142 Meter hoch. So klein stellt sich Tieck die Unendlichkeit vor, oder so groß ist bei ihm die Unklarheit der Redensart!

Man nannte die gotischen Türme Springbrunnen in Stein, man fand vor allem für die gesamte Richtung des mittelalterlichen Bauwesens das Wort »himmelanstrebend«! Es ist vorzüglich gewählt und hat doch wahre Verwüstungen angerichtet. Die Gotik weist nach oben; oben ist Gott; also weist die Gotik auf Gott; mithin ist sie fromm; ist sie in der Form kirchlich, selbst wo sie nicht Kirchen baut. Durch diese Gedankenreihe allein hat die himmelanstrebende Gotik die Gemüter gepackt, lange Zeit. Dieser eine formensinnbildliche Gedanke entschädigte für alle Leerheit und Dürftigkeit der Ausführung. Es schien, als habe man den Bau nicht geradezu angesehen, sondern nur mit nach oben gerichteten Augen. Verzückung statt Urteil; eine Verzückung, der mit so wenig Kunst gedient war.

Einen weiteren besonderen Wert gab der Begeisterung für die Gotik seit dem

neuen Jahrhundert die Erkenntnis, daß sie der deutsche Stil sei. Es hat dabei wenig zu besagen, ob diese Erkenntnis richtig oder falsch sei, ob wirklich Deutsche die Erfinder der Gotik waren, ob sie, wie man damals noch annahm, aus dem Orient stamme, oder ob sie, wie wir heute lehren, in der Umgegend von Paris ihre Heimat hat. Das Bezeichnende bleibt, daß die jungen Künstler, alle jene, die sich über den Friedensschluß hinaus die Begeisterung des Befreiungskampfes wahrten, das Andenken an die Erhebung des Volkes in gotischen Bauwerken zu feiern gedachten. So wollte Karl Sievekind 1815 einen deutschen Dom auf dem Schlachtfeld von Leipzig erbauen, wahrlich ein Gedanke, der dem geschichtlichen Gang der Befreiung der Nation entsprach. *Ernst Moritz Arndt* erließ 1814 in den »Deutschen Blättern« einen Aufruf dazu: Ein kleines unscheinbares Denkmal tue es nicht; nicht ein solches in der Stadt Leipzig selbst; es müsse draußen stehen, wo soviel Blut floß; es müsse groß und herrlich sein, wie ein Koloß, eine Pyramide, ein Dom in Köln; einfach, wobei die Kunst keine Äffereien anbringen und gegen das der nordische, allen Denkmälern so feindselige Himmel nichts ausrichten könne. Ein Erdhügel von 200 Fuß Höhe, Feldsteine darauf gewälzt, ein riesiges eisernes Kreuz darüber, das Zeichen des Heils und der Herrscher des neuen Erdballes; auf dem Kreuz eine goldene Kuppel, die in die Ferne leuchtet. Das Land rings um den Hügel solle für geheiligt erklärt, umwallt, mit Eichen bepflanzt werden, ein Kirchhof sein für deutsche Männer, auf dem das Vaterland geliebter Helden Leichen begrabe.
Ein Freiherr Adolf von Seckendorf forderte zu Beiträgen auf, das Werk zu errichten. Es gingen zehn Taler ein. Reichlicher waren die eingehenden Vorschläge über Gestalt des Denkmals und dafür, wie Mittel zu beschaffen wären. Der Architekt Weinbrenner trat der Frage nahe. Er wollte über einer Festung, deren Wände Flachbilder zieren, einen würfelförmigen Bau, darauf eine Pyramide, die Viktoria mit dem Viergespann. Der Gedanke fand noch weniger Beifall als der für das Denkmal zu Waterloo, auf dem Blücher und Wellington zur Seite der höher gestellten Europa angeordnet waren. Witzige Köpfe freuten sich darüber, daß die Siegerin auf ihrem Ochsen dahergeritten kam. Kotzebue wollte eine unweit Reichenbach im Odenwald liegende zehn Meter hohe Granitsäule, angeblich Römerwerk, bei Leipzig aufrichten, den ersten wie den letzten Unterjochern Deutschlands zum Trotz. Aber 1818 sagte Arndt: Jetzt ist die Zeit wohl schon vergangen; ein Gedanke treibt den anderen und eine Woge wälzt die andere vor sich her mit einer Geschwindigkeit, daß, was jetzt nicht bald wird, nie wird!
Görres höhnte über diese Pläne alle. Wir sollen Hand an uns selbst legen, rief er den Deutschen zu, und wenn wir uns zu einer rechten Gestalt gebracht haben, in einem rechten Willen aneinanderschließen, dann ist unser Volk selber eine leuchtende Ehrensäule, wie noch keine in der Geschichte gestanden hat. Er nannte dagegen den Ausbau des Kölner Doms als das echteste Denkmal

wiedererstandenen Deutschtums. König Friedrich Wilhelm III. wollte in Berlin ein Denkmal der Befreiung schaffen. Schinkel beabsichtigte zwar zunächst einen antiken obeliskartigen Bau, kam aber bei dem 1818—1821 ausgeführten Denkmal auf dem Tempelhofer Berg zu einem leider in Gußeisen hergestellten Aufbau nach Art des Schönen Brunnens in Nürnberg, zu einem gotischen Turm. Schon wesentlich früher, 1810, also vor der Erhebung, schlug Schinkel für den Bau der Begräbniskapelle für die Königin Louise den altdeutschen Stil vor, in dem ihm der Gedanke der Erhabenheit, der Entwicklung und des Strebens nach der Höhe, der Feierlichkeit und vor allem des inneren, tiefen, geistigen organischen Zusammenhangs, der Vollendung ausgedrückt schien. Hier erst werde die Wirkung und der unmittelbare Einfluß jeden einzelnen Teiles eines Werkes auf das ganze übrige Werk und umgekehrt sichtbar und darstellbar; während gerade dies der Antike völlig abgehe, deren Zusammenhang bloß Zusammenstellung physischer Bedürfnisse sei, bei der die eigentliche geistige Verschmelzung aller Teile in das Ganze fehle. Auch die Pläne für einen Dom als Denkmal für die Befreiungskriege, die er 1819 für den Leipziger Platz in Berlin ausarbeitete, waren gotisch, dem ausgesprochenen Wunsche des Königs gemäß; freilich in einer Gotik, die noch eine bescheidene Kenntnis der geschichtlichen Formen und dafür das Bestreben bekundet, diese durch ein hellenisch geschultes Empfinden für Verhältnisse zu klären und zu veredeln. Diese Bestrebungen traten stärker noch hervor in den Entwürfen für den Wiederaufbau der Petrikirche in Berlin 1811.
Man hat darauf hingewiesen, daß Schinkel von der malerischen Empfindung auf die Gotik zugeführt wurde. In zahlreichen Studienblättern und landschaftlichen Entwürfen zeigt er seinen Sinn für gerade diese. Alles weist deutlich darauf, daß der Gartenbau als der Vermittler des landschaftlichen Verständnisses und der Einheit zwischen dem Bauwerk und dessen landschaftlicher Umgebung ihn leitete und anregte. Er hat diese Herkunft seiner romantischen Stimmung später überwunden, seiner ganzen Natur nach auch in gotischen Formen den Bau zum Denkmal auszugestalten verstanden und in klassischen Entwürfen, wie dem für das Schloß Orianda in der Krim, die Verbindung mit der Natur besonders reizvoll erdacht. Aber er ist in seiner Formenkenntnis der Gotik nie über das hinausgekommen, was in England vor ihm geschaffen worden war. Mit der Abneigung aber, mit der die ganze Zeit ihr Verhältnis zu dem Vorhergehenden, ihre Abhängigkeit vom Überwundenen betrachtete, hat er sich auf seinen Reisen in England und Schottland gerade dem ihm am nächsten Stehenden feindlich gegenübergestellt. In seinen erstaunlich nüchternen Reiseberichten findet sich kaum ein warmes Wort für die Werke, von denen er, vielfach unbewußterweise, das meiste gelernt und geschöpft hatte. Nicht dem Soane und nicht dem James Wyatt, seinen eigentlichen Vorläufern, vermochte er ein Verständnis abzugewinnen; man kann nicht ohne Verwunderung sehen, wie eng begrenzt sein Schön-

heitsempfinden den gleichzeitigen Engländern gegenüber war; wie er im Grunde genommen alle ihm fremden Kunstformen, seien es die des Orients oder des frühen Mittelalters, die der Renaissance oder der jüngsten Zeit, ablehnte, ganz befangen von seiner Auffassung der Antike. Ihm sind die Engländer wie die Franzosen »trivial«. In der neuen Zeit, sagt er, gibt es ganze Völker, die auf der sogenannten höchsten Bildung stehen, in denen jedoch kein Kunstideal hervorleuchtet, die in betreff der Kunst nur gemeine Täuschung, Natürlichkeit, wie sie der Zufall gibt, Sauberkeit des Handwerks verlangen. Hier diene die Kunst zum gemeinen Zeitvertreib, werde eine Äfferei und zuletzt ein Stück Unsittlichkeit in einer Form, die kaum wieder zu verbannen ist. Die volle Überzeugung, daß die deutsche Kunst durch ihre Idealität, durch ihre Erkenntnis, sich selbst Zweck zu sein, die Künste aller anderen Völker übertreffe, spricht sich klar aus diesen Worten. Schinkel ging auf königlichen Befehl nach Paris und London, um die Einrichtung der Museen kennenzulernen; er ging mit dem Bewußtsein, daß er dort für sein bestes Teil, für sein ideales Schaffen, nichts lernen könne.
Wenn Schinkel die romantischen Bauten Englands langweilig fand, so sind es seine uns nicht minder. Es gähnt uns die volle Öde des Zopfes entgegen, die gerade Schinkel überwunden zu haben glaubte; die Herrschaft des Lineals, des verschluckten Ladstockes, um mit Heine zu sprechen. Es wird schwer, an die Ehrlichkeit jener zu glauben, die auch diese Werke für Zeugnisse des Genius ausschrien.
Und doch! Noch 1873 fragte Richard Lucae, der Berliner Baumeister, der mehr als andere den Abfall des Nachwuchses von Schinkels Lehre vorbereitete, diejenigen, die Schinkels Werke langweilig und reizlos finden, was er anders hätte tun sollen oder können? Ihm sei es nicht versagt gewesen, trotz seiner der Antike zugewendeten Natur, in das Wesen der übrigen Stile einzudringen. Das beweisen seine Theaterentwürfe, seine Bilder und Zeichnungen, seine Pläne zum Siegesdom. Ja, Lucae ruft aus, Er — er schreibt *er* mit großem Anfangsbuchstaben —, Er beherrschte die ganze Formenwelt der Architektur mit Geist und Hand so, wie es heute wohl selbst die geübtesten Meister nicht von sich rühmen können.
Man merke wohl: Das ist 1873 gesagt, in einer Zeit, wo schon die gotischen Schulen am Rhein, in Hannover, in Wien blühten, die Renaissance ihren Siegeszug begann. So geblendet von Schinkels Ruhm war einer der Klarsten damals in Berlin! Es dauerte nur noch zwölf Jahre, bis der Münchner Friedrich Pecht in seinem Buche »Deutsche Künstler« Schinkel als Beispiel dafür aufführte, daß man oft bei einem willensstarken Mann dessen Bildung, Geist, Verstand, Tatkraft und Rührigkeit für Geist nehme, während er nach Pechts Anschauung ein nüchterner, des eigentlichen Könnens entbehrender Baumeister war, aus dem nie das Werk in freiem Strom hervorquelle, sondern der es verstandesmäßig und kalten Herzens aus stilistischen Regeln zusammenbacke.

Auch hier tut man gut, nicht, wie es Pecht gefiel, den Geschmack seiner Zeit zum Maßstab für fremde Kunst zu wählen, sondern den ihrer Zeit. Der preußische Staat war eben nicht der rechte Boden für die Romantik, zum mindesten nicht Berlin.
Anders stand es am Rhein. Der dort zu einem tief die Massen erregenden Wunsch gewordene Gedanke der Erneuerung des Kölner Domes kam nicht zur Ruhe. Von A. W. Schlegel angeregt, hatte die zähe Arbeitskraft des *Sulpiz Boisserée* die Leitung in dieser Angelegenheit übernommen. Seit 1807 drängte er darauf hin, die Ruinen zu neuem Leben erstehen zu lassen. Napoleon I., Goethe, der Kronprinz Friedrich Wilhelm von Preußen wurden nacheinander zur Förderung herangezogen; Görres weckte 1814 durch seine flammenden Schriften die helle Begeisterung dafür, den Dom als Dankopfer für die Befreiung des deutschen Volkes aus französischer Knechtschaft aufzurichten. Man könne nicht mit Ehren ein anderes prunkendes Werk beginnen, bis man dieses zu seinem Ende gebracht. Ein ewiger Vorwurf, stehe der Dom vor unseren Augen. Als seine Bauleute sich verliefen, habe Deutschland der Fluch der Schande und Erniedrigung getroffen. In seiner trümmerhaften Unvollendung sei er ein Bild deutscher Verwirrung. Stürmischer Beifall von allen Seiten!
Aber es dauerte eine Reihe von Jahren, ehe tatsächlich begonnen wurde. Die »Bulle de salute animarum« (1821), die das Kölner Erzbistum wiedererrichtete und den Dom seiner Bestimmung zurückgab, hat kräftiger gewirkt als all das Dichten und Schwärmen. Denn endlich hatte dieses Zweck und wirkliche Ziele. Und wenngleich draußen die Romantik, noch lange mit der Stange im Nebel herumfahrend, glaubte, es handle sich hier in erster Linie um ein künstlerisches und vaterländisches Unternehmen, war die Geistlichkeit klareren Sinnes nicht im Zweifel darüber, daß es sich um ein kirchlich-katholisches handle.
Man entschloß sich somit zur Wiederaufnahme des Kölner Dombaues. Der alte Kran auf dem Turmstummel, der die Jahrhunderte als eine Mahnung überdauert hatte, wurde wieder in Bewegung gesetzt. Aber so sehr man den alten Bau anschwärmte, so wenig war man geneigt, sich unbedingt seinen künstlerischen Forderungen zu unterwerfen. Der Schülergeist der Zeit äußerte sich in kindlicher Besserwisserei.
Den Anfängen der Romantik im Bauwesen waren zwei Umstände besonders schädlich: die geringe Kenntnis der alten Formen und die trotz allen Anschwärmens des Mittelalters doch rein antike oder doch rein in der alten antikisierenden Richtung sich bewegende Formenempfindung. Nach Reichensperger war Schinkels Schützling, der erste Dombaumeister *Ahlert*, ein starrköpfiger Baumandarin. Ohne den geringsten Beruf zu seiner Aufgabe habe er den herrlichen Chor gründlich durch allerlei Änderungen zerstört; er sei daher ohne Sang und Klang von der Bildfläche verschwunden. Der geborene Märker und Protestant fand nie

rechten Boden am Rhein. Für ihn war von Anfang an kein Zweifel darüber, daß man schon der Kosten wegen nicht genau in den Formen des alten Baues fortschaffen könne; daß man auch hier einer edleren Einfachheit nachgehen müsse. Besser ging es Schinkels Schüler *Ernst Friedrich Zwirner*. Seine größere Sorgfalt, sein genaueres Eingehen auf die stilistischen Eigentümlichkeiten des Domes, sein Bemühen, an diesem eine Bauhütte zu schaffen, das alte handwerkliche Geschick wiederherzustellen, sind gewiß hoch zu loben. Aber auch er war vom Scheitel zur Sohle königlich preußischer Baurat, von jener vollkommenen Unantastbarkeit und Tüchtigkeit, jener gesteigerten Würde, die der Werkstättenwitz Bau-Baurat nennt. Auch er hatte durch Lernen an der Gotik ergründet, wie die alten Meister sie besser gemacht hätten, wären auch sie kunstgebildete königliche Bauräte gewesen. Jenes kurze Gedärm, das heute lehrt, was es gestern lernte, war ihm in hohem Grade eigen; es ist ja einer der weitestverbreiteten Leibesschäden der Restauratoren. Nur auf Reichenspergers dringende Bitten wurde *ein* Pfeiler der Außenseite des Chores genau nach der ursprünglichen Weise erneuert. Überall sonst wählte man Formen, die der alten Meister Willkürlichkeiten beseitigten; überall wurden sie aus der Gesamtansicht darüber, wie gute Gotik beschaffen sein müsse, durch edlere Formen ersetzt. Und zwar ging man namentlich den älteren Teilen zu Leibe, jener Gotik, wie sie sich im 12. Jahrhundert aus der rein französischen in den Grenzländern entwickelt hatte, um der Kunst zu dienen, die im 13. und 14. Jahrhundert herrschte; die Gotik von saftiger Fülle und sprossendem Leben wurde zugunsten jener beseitigt, die gleich den modernen Eisenbauten das Ergebnis einer geometrisch-rechnerischen Arbeit zu sein scheint. Das mit dem Zirkel und Winkel zu Konstruierende siegte über das frei Erfundene, zeichnerisch zu Schaffende.
Gesetz und Regel, die beiden Feinde der Phantasie, wurden auch in der Gotik gesucht. Man war beglückt, als man sie im Handwerklichen gefunden hatte. Ellenlang hing den Gotikern die akademische Schleppe nach, so daß sie keinen Grund hatten, den Klassizisten gram zu sein. Zwirners Hauptwerk, die Apollinariskirche in Remagen, wurde zwar zu einer zweiten Lehrstätte gotischer Kunst am Rhein, bot der Düsseldorfer Schule Gelegenheit, ihren kirchlichen Zielen auch in der Malerei zu dienen; aber einen Fortschritt der Baukunst stellte sie nicht dar. Sie ist eine freie Nachbildung alter Kirchenbauten, ernüchtert durch Regelmäßigkeit, leblos in ihrer akademischen Würde, langweilig in der auch dem Laien augenfälligen Entlehnung, dem Zusammentragen schon vor Jahrhunderten abgestandener Formen; sie ist armseliger als selbst die trockenste Stilmalerei, weil in die Baukunst kein Hauch von Natur zu dringen vermochte; jene aber zwang immer wieder das künstlerische Ich zur Betätigung, selbst wo es sich zu verleugnen eifrig bemüht war. Man muß diese Frühschöpfungen des wiedererstarkenden Katholizismus mit der zwei Jahrhunderte älteren Jesuitenkirche in

Köln vergleichen, die noch vor dem Dreißigjährigen Krieg in gleicher Absicht entstand, um zu erkennen, welche Schäden die akademische Stilgerechtigkeit dem Schaffen zugefügt hatte: dort eine mit Renaissance reichlich verquickte, aber mit der Kraft selbsteigener Schöpfungen wirkende, vollsaftige, raumschöne Gestaltung; hier eine Schularbeit, zusammengetragen aus den fleißig erlernten Vorbildern, ängstlich, beengt, gedankenarm, aber stolz auf die Lehre. Auch Zwirner blieb bei der Domerneuerung in den Fußtapfen Ahlerts. Das Strebesystem des Domes mußte nach seinen edleren Entwürfen umgebildet, die kräftigere Frühgotik durch den trockenen, aber mit dem Zirkel als richtig zu beweisenden guten Stil verdrängt werden.

Der Berliner Baumeister Anton Hallmann brach aus Dresden, wo er damals lebte, über den Dom und die Walhalla in den Ruf aus: Oh, daß ich es aussprechen muß! Zwei Grabmonumente des eigentlichen Lebens, zwei unumstößliche Herkulessäulen entmutigender Kunstrichtungen, Zeichen einer beispiellosen Selbstverleugnung in der Geschichte oder vielmehr einer unwürdigen Schwäche der Gegenwart, einer geistigen Bankerotterklärung einer sich so geistreich wähnenden Zeit! Seinen älteren Ruf: Wagen wir es, wir selbst zu sein! den neuen, eigenen Stil zu erfinden, hatte er völlig unbeachtet verhallen hören.

Endlich brachte das Jahr 1863 den Abbruch der Mauer, die den alten Chor vom neuen Langhaus trennte. Karl Simrock feierte das Ereignis in einer begeisterten Ode. Man ging an den Bau der Türme. Der dritte Baumeister am Kölner Dom, K. E. R. *Voigtel*, vollendete sie 1880 und erntete somit die Lorbeeren seiner Vorgänger. Das Geld dazu brachte eine von den Bankiers Mevissen und Oppenheim geleitete Dombau-Lotterie, die 1865–1884 über elf Millionen eintrug. Was im 14. und 15. Jahrhundert die Butterbriefe und der Ablaß nicht vollenden konnten, das schuf jetzt der im Ankauf von Lotterielosen sich äußernde sogenannte Kunstsinn zum Ruhme des deutschen Volkes.

Wieviel mehr aber hat der Staat Preußen als der römische Papst für diesen Bau getan! Wo ist der Dom, den der Kunstsinn der Kirche in unserem Jahrhundert in Rom geschaffen hätte, selbst solange Rom einen selbständigen Staat beherrschte? Es tut gut, festzustellen, daß sich der Erzbischof von Köln den Opfersinn des Volkes gefallen ließ, durch welche Mittel dieser auch gereizt wurde; daß aber nicht er den Kölner Dom baute, sondern das deutsche Volk in seinem romantischen Schaffensdrang, der nicht danach fragte, wem der Vorteil aus diesem Bauen zufiel!

Die Ansicht, daß die Gotik der kirchliche Stil, der katholische Stil sei, hat sich am Rhein wie auch sonst allgemein festgesetzt. Keiner vertrat sie leidenschaftlicher wie *August Reichensperger* während seines ganzen langen Lebens und öffentlichen Wirkens. Man kann sich des geradsinnigen Polterers in seiner zweifellosen Aufrichtigkeit nur freuen: er ist herzlich einseitig, aber er ist herzlich.

Das Ergebnis der romantischen Begeisterung war, daß die katholische Kirche in Deutschland und Österreich fast ausschließlich in mittelalterlichem Stil baute, daß ihre Vertreter in der Kritik und Kunstwissenschaft an dem Grundsatz festhielten, dieser sei der eigentlich kirchliche, und die heidnische Antike wie die ungläubige Renaissance seien für das katholische Gotteshaus nicht geeignet. Sie tat dies mit einem gewissen Recht, solange sie sich gegen die Antike allein zu wenden hatte. Denn solange man vom Künstler forderte, daß er aus dem Geist der Alten schaffe, mußte man auch vom Bau erwarten, daß er dieses Geistes voll werde. Die Zeit der Aufklärung hatte Tempel gebaut, Tempel des Schönen dargebracht am Altar Gottes. Das Schönste war eben gut genug für den höchsten Zweck der Baukunst. Das Schönste aber war ihr der griechische Tempel. Daher hatte der Künstler diesen zu wiederholen, wollte er eine vollendete Kirche schaffen. Die Madeleine in Paris ist ein Zeugnis dieses Idealismus, dieser stärksten Hingabe der Kunst an die Schönheit. Wenn die Börsenmänner in Paris nun auch für ihr Haus künstlerische Vollendung forderten, so ergab sich, daß Börse und Kirche äußerlich dieselbe Form erhielten. Demgegenüber, um diesen Erscheinungen des klassischen Geistes auch im Kirchenbau zu widerstreiten, taten die Katholiken recht, im Mittelalter Hilfe zu suchen. Dort fanden sie einen klar und verständig aus den gottesdienstlichen Forderungen entwickelten Grundriß; fanden sie Formen, die zwar zunächst als minder rein, minder vollendet, als menschlicher empfunden wurden, die aber rasch die Gemüter der Gebildeten für sich einnahmen. Wohl war die Antike bei den Kennern und durch diese in den Massen zur Mode geworden, hatte sich der Volksgeschmack mit ihr ausgesöhnt, so daß bis in die Tiefen, mindestens bis in den Kleinbürgerstand, antike Formen geliebt und geschaffen wurden. So tief hat die Neugotik nie im deutschen Volke Wurzel gefaßt. Die Bemerkung Sempers, daß das deutsche Bauernhaus keine Spuren von gotischer Kunst an sich trägt, ist durch eingehendere Forschungen nur bestätigt worden. Es hat sich durch die Neugotik noch weniger beirren lassen. Denn diese blieb ins Jagdschloß der Adligen, in die Gärten romantisch gestimmter Bürger und in die Kirchen gebannt, trotz aller Bemühungen tüchtiger Künstler; man empfand sie in allen deutschen Landen, vielleicht mit einziger Ausnahme von Hannover, als geschichtlich, als altertümlich; sie wuchs bei uns nie und nirgends zum Volksgeschmack aus wie in England. Der Idealismus der Zeit machte sich damals und macht sich noch heute als beschränkender Geist geltend: Wie nur ein bestimmter Stil des Mittelalters, und zwar der trockenste und regelrechteste und selbst aus diesem nur bestimmte zirkelgerechte Formen auf den Thron des als vollendet zu Verehrenden gehoben wurden, so wurde auch eine bestimmte Grundrißanordnung als die richtige, als die zu erstrebende bezeichnet. Diese Einseitigkeit des schönheitlichen Empfindens ist nicht neu: jeder in ihren rückwärts liegenden Zielen abgeschlossenen Zeit ist sie eigentümlich. Die Zweischlächtigkeit zwischen Antike und Gotik ist eine Schwäche des ganzen Jahrhunderts gegenüber Zeiten, die nur *ein*, aber ein vorwärts liegendes Ziel vor Augen hatten. Das zeigte sich namentlich in München. Die dortige Romantik war mit der Auswahl zwischen zwei Stilen noch keineswegs befriedigt. *König Ludwig I.* war hier der treibende Geist. Bei ihm war das Gegenteil von künstlerischer Einseitigkeit; bei ihm verband sich die Ader des Kunstgelehrten, dessen Aufgabe es ist, in vielerlei Schönes sich liebend zu versenken, mit der des Liebhabers, der das Schöne auch besitzen möchte. Wenn Kant gerade darin das Wesen des Schönen fand, daß es nicht zum Besitz reize, so ist Ludwig I. ein sonderbarer Gegenbeweis. Mit der Begehrlichkeit des Kindes und mit dem stetigen Eifer eines starken Mannes führte er durch, daß München von all dem, was ihn am tiefsten in der Kunst ergriffen hatte, mindestens eine Nachbildung erlange. Vieles ist archäologische Spielerei geblieben. Wenn er Leo von Klenze zwang, die Allerheiligen-Hofkirche nach der Capella palatina in Palermo zu bauen, einem an sich höchst reizvollen Gemisch byzantinischer, maurischer und nordischer Formgedanken; wenn er Ziebland die altchristliche Basilika zum Vorbild für die Bonifazius-Basilika gab, so waren dies ebensosehr Launen ohne weitere Folgen, als wenn Gärtner eine Halle nach der Loggia dei Lanci in Florenz aufführte oder der König von Württemberg sich sein Schloß Wilhelma in Cannstatt maurisch errichten ließ. Es war all dies viel mehr angewandte Kunstgeschichte als wirkliche Kunst. Auch Ohlmüllers gotische Pfarrkirche in der Au ist nur als ein erster Versuch im alten Stil beachtenswert. Auch hier, wie bei den rheinischen Bauten, fehlt die eigentliche künstlerische Belebung.

Bedeutender ist *Friedrich Gärtners* Eingreifen, der als Rheinländer mit einem rheinischen Stil beim Kirchenbau einsetzen wollte, mit dem romanischen. Des Königs italienische Leidenschaften redeten ihm aber stark dazwischen. Die St.-Ludwigs-Pfarrkirche (seit 1830) mußte die lombardischen Baugedanken mehr als ihr gut war aufnehmen. Nicht minder italienisch sind die Staatsbauten, die er ausführte: deutsche Einzelheiten an Werken, die den Trotz italienisch-mittelalterlichen Herrentums darstellen sollten; das gewaltige Aufhäufen von Steinmassen, das am Palozzo Pitti in Florenz seinen Höhepunkt erreicht hatte. Aber wenn die Steine aus Putz nachgemacht werden müssen, so fällt die ganze Herrlichkeit in Öde und Leere zusammen; der auf dem Reißbrett mit Zirkel und Lineal hergerichtete Trotz bedroht den Beschauer nicht. Die Bauten sind wieder einmal zu schön, um eine wirklich künstlerische Bedeutung zu haben; zu untadelhaft in ihrem Aussehen; nicht menschlich, sondern akademisch.

Der künstlerische Vorteil für Deutschland, der sich aus Ludwigs I. an sich so rühmlichem Tun ergab, war der, daß überhaupt etwas geschaffen wurde, daß die Hände Arbeit fanden, daß ihnen Gelegenheit geboten wurde, sich zu üben.

Leo von Klenze: Kelheim, Befreiungshalle, 1842—1863

Seine Stilmischerei war dazu gut, den im klassischen Idealismus steif gewordenen Fingern wieder eine gewisse Beweglichkeit zu geben.
Die Kehrseite trat aber bald in Sicht: Die Münchener Bauleute wurden sich nun bewußt, daß sie alle Stile der Welt beherrschten. Das Empfinden, die schönheitliche Bildung, die Vertrautheit mit den höchsten Gesetzen der Kunst gebe ihnen über alle vorhergehenden Zeiten ein starkes Übergewicht, brachte auch sie, wie die Kölner Dombaumeister, bald zu der Ansicht, sie seien befähigt, die eben erlernten Stile auch alsbald zu verbessern.

Es ist für uns heute überraschend, daß die großartige städtebaulich ästhetische Leistung, die Ludwig I. in München vollbrachte — und die uns heute als »Kunstwerk« immer wieder fasziniert und von deren Anziehungskraft auf die Welt-Touristik München heute zu einem guten Teil lebt —, von Gurlitt überhaupt nicht erwähnt wird. Er hat sie damals noch nicht gesehen oder nicht beachtet; sie interessierte ihn offensichtlich nicht.
Um so schärfer faßt Gurlitt, der Wiederentdecker des Barock, die Zerstörungen ins Auge, die eine mißverstandene Denkmalpflege während des ganzen 19. Jahrhunderts anrichtete. Für ihn ist das Ausmaß dieser Zerstörungen noch weit größer als das der Bilderstürmerei.
In diesem Zusammenhang beweist er exakt, warum eine »stilvolle Erneuerung« faktisch unmöglich ist.

Ludwig I. begann eine lebhafte Tätigkeit im Wiederherstellen »verzopfter« alter Kirchen. So am Dom zu Bamberg. Was der Haarbeutelstil, der Perückenstil, der altfranzösische Stil geschaffen hatte, was altfränkisch aussah — man spürte nicht den Hohn, obgleich Bamberg in Franken liegt —, all das mußte zur Kirche hinaus. Der Kaufmann Stuttgarter in Fürth kaufte für 8193 Gulden 147 Zentner Kupfer und Bronze von abgebrochenen Altären und Denkmälern; die Altäre selbst gingen im »Verstrich« für einige 40 bis 60 Gulden fort; die 13 Zentner schweren Bronzekandelaber von 1616 für 36 Kreuzer das Pfund. All das entsprach nicht dem geläuterten Geschmack der Zeit, störte die Einheit der Kirche; der erhabene Tempel sollte nach des Königs Befehl im ursprünglichen Stil wiederhergestellt werden. Erst war die Leitung Heideloff, später Gärtner unterstellt; man hatte also Fachleute ersten Ranges berufen, die verstanden, was edel und was schlecht sei, und die auch den heiligen Ernst hatten, das Schlechte rücksichtslos den Trödlern zu überantworten. Und diese kauften eifrig; fing man doch in England schon zu sammeln an, fand sich doch oft ein spleeniges Beef in grauem hohem Hut und schottischem Plaid, das für den geschmacklosesten Plunder im Perückenstil lächerliche Preise zahlte; begannen doch die Franzosen in ihrer Hohlheit und Nichtigkeit den Stil Ludwig XIV. und XV. wieder nachzuahmen, seit die Restauration nicht nur den Thron Frankreichs, sondern auch die alten Thronsäle umfaßte, in denen das Königstum geglänzt hatte. Wir aber in Deutschland wußten, was edle Kunst sei und dachten zu ernst über deren Wert, als daß wir die falsche, gleißnerische, verlogene Schönheit des Perückenstils eines Blickes gewürdigt hätten. Nicht den einzelnen Männern ist ein Vorwurf zu machen, wohl aber der künstlerischen Urteilslosigkeit und Roheit des Idealismus. Mein Vater erzählte mir, Cornelius habe, wenn ich nicht irre, zur Feier der Einweihung der neuen Pinakothek die herrlichsten getriebenen Renaissancehelme umgekehrt, auf Pfähle nageln und als Pechpfannen benutzen lassen zu Ehren der neuerstandenen echten Kunst! Das Schlechte mußte verachtet, der Zopf abgeschnitten werden!

Der Dom zu Bamberg blieb nicht der einzige Kirchenbau, der in die Stilreinheit zurückversetzt wurde. Ich ziehe ihn hier nur als frühes Beispiel an. Sein Gegenstück ist der Dom zu Speyer. Dort handelt es sich um ein Werk, das sehr schwere Schicksale durchgemacht hat: 1689 hatten ihn die Franzosen niedergebrannt, nachdem das Feuer schon 1450 vieles vom alten Kaiserbau zerstört hatte; 1772–1784 hatte J. F. Neumann den Dom wiederaufgebaut, in einem verwunderlichen, aber geistreichen späten Rokoko; 1794 hatten die Franzosen ihn wieder in Brand gesteckt. Seit 1845 ließ König Ludwig I. durch den Baumeister Hübsch die Wiederherstellung beginnen. Man untersuchte den Bau auf seine ältesten Bestandteile und trachtete ihn auf Grund dieser in seine ursprüngliche Form zurückzuversetzen. Dort, wo sichere Anknüpfungspunkte darüber fehlten, welche Absichten der erste Baumeister hatte, trat die frei schaffende Arbeit des letzten seiner Nachfolger in ihr Recht. Dieser hatte sich nur recht tief in den Geist des elften Jahrhunderts zu versetzen und aus jenem Geist heraus etwas zu schaffen, was dem Geschmack des neunzehnten Jahrhunderts nicht widersprach. Man scheint aber doch, nachdem man alle störenden Einbauten zunächst aus dem Innern des Domes entfernt hatte, über die Nüchternheit des Baurestes erschrocken zu sein. Daher ordnete der König an, daß der Dom ausgemalt werde. Zwei Dinge wurden somit erreicht: Der Dom wurde ein Denkmal seiner Geschichte, dadurch, daß man die wichtigsten Ereignisse, die auf ihn Bezug hatten, zur Darstellung brachte; und zweitens wurden der Kunst große Aufgaben gegeben, an der sie sich immer mehr vervollkommnen konnte. In Speyer malte *Johann Schraudolph* lange Jahre. Bald folgten ähnliche Aufgaben. Das Ausmalen alter Kirchen und Schlösser wurde eine der künstlerischen Forderungen der Zeit. Kaum ein deutscher Staat, der nicht solchen Arbeiten seine Mittel zur Verfügung stellte; Arbeiten, denen vom ersten Tag an der Stempel des inneren Mißlingens auf die Stirn gedrückt war; und zwar um so mehr, als das stilistische Empfinden durch kunstgeschichtliche Kenntnis gesteigert war.

Auch in den früheren Jahrhunderten waren alte Kirchen ausgemalt worden. Es geschah, um ihnen den Eindruck der Neuheit zu geben. Jetzt malte man sie neu, um sie alt erscheinen zu lassen. Es kam ein schwerer Zwiespalt in die Bauten. Sollte der Maler in seinen Bildern gleich dem Baumeister versuchen, in alter Weise zu schaffen? Sollte er die kindlich und steif erscheinende romanische Weise nachahmen? Es wäre die Vernichtung des eigenen Ich in seinem Werk gewesen. Es blieb ihm nur übrig, die Gegenstände womöglich so zu wählen, daß sie in den alten Bau paßten. Aber sooft Geschichte aus dem Mittelalter in größter Echtheit in die alten Kirchen gemalt wurde — immer sah man an der inneren Stillosigkeit des Geschaffenen bald ein, daß nicht der Gegenstand, sondern die Auffassung das Bild machte. Selbst die Darstellungen ältester Heiligengeschichte, selbst der mit dem Bau gleichzeitigen Vorgänge ergaben doch immer nur moderne Kunstwerke. Je freier, je ernster der Künstler schuf, je tiefer er sich in Vergangenes versetzte, um so klarer mußte ihm werden, daß er etwas viel Fremderes in den Bau einfüge als das im Laufe der Zeiten in ihm Gewordene. Jenes hatte langsam umbildend aus der Zeit heraus geschaffen, er griff mit plumper Hand in eine vergangene Zeit hinein.

Bamberg und Speyer ergänzen sich als Beispiele einer künstlerischen Tätigkeit, die nun bald eine der hervorragendsten der Romantik wurde: des Restaurierens. Es gibt jetzt, zu Ende des Jahrhunderts, nicht mehr viel Kirchen, die noch nicht restauriert sind; ich kenne solche, die schon dreimal anders stilgerecht wiederhergestellt wurden. Es betreten Pfarrer, Kirchenvorstand und Baumeister die Kirche; sie stellen fest, was in ihr künstlerisch wertlos sei und deshalb »raus« müsse; tauschen ihre Meinung über neue Bedürfnisse aus, und wenn dann die Genehmigung von den Oberbehörden eingeholt ist, wird dem Innern und Äußern der Kirche eine zweckmäßige und stilvolle Gestaltung gegeben. In anderen Fällen ist es ein Dombauverein, der die Stelle des Anregers, des Bauherrn vertritt; oder ein Fürst, dessen Bildung und Schönheitssinn die verunstaltete Kirche nicht zu ertragen vermag.

Dieser Vorgang ist etwas tatsächlich Neues, nur dem kunstgeschichtlichen neunzehnten Jahrhundert Eigenes. Zu allen Zeiten hat man unfertige Kirchen ausgebaut; solche, die mißfielen, verändert. Man tat dies, indem man das Alte dem neuen Geschmack anpaßte, nicht indem man das Neue dem alten Geschmack anpaßte. Mir sind nur wenige die Regel bestätigende Ausnahmen von dieser Art des Umbauens bekannt. Zur Zeit der Renaissance baute man im Geist der Alten, man lernte fleißig an den Denkmälern Roms. Aber man überließ dies den Architekten und hieß sie neue Bauten schaffen und sich Steine von den alten holen, nicht aber die alten Bauten wiederherstellen. Denn die Baukunst wurde damals ohne vielen Aufwand von Ästhetik durch den Zweck bestimmt. Man baute, um Kirchen, Paläste zu haben; man ließ sie ausmalen, damit sie geschmückt seien; man dachte nicht daran, daß man der Bildung, der Volkserziehung diene, daß man schönheitliche Pflichten erfülle. Man tat es mit der Unschuld, mit der man das einfach Verständige eben macht, ohne es sich als Verdienst anzurechnen. Jede Zeit gab ihr Bestes in der festen Überzeugung, daß das Ihrige das Beste sei. Nun war es zum Lehrsatz geworden, das Alte, Vergangene sei das Gute, wir können nur durch dieses zum Besseren gelangen. Alle Kraft des Könnens wurde dem Alten, dessen Erhaltung, dem Streben gewidmet, etwas zu erzeugen, das so aussah, als sei es nicht von uns, sondern von unseren Ahnen vor sieben, acht Jahrhunderten geschaffen worden.

Unser Jahrhundert, das so Großes leistete in der Erforschung der Geschichte, das so ungeheure Mittel aufwendete zur Erhaltung der Kunstdenkmäler — kein zweites hat eine ideale Aufgabe darin gesucht, nur um der Denkmäler, nicht um ihrer Benutzung willen große Kosten zu verwenden — unser Jahrhundert, das mit so eisernem Fleiß am Alten lernte, den Künstlern vergangener Zeiten jede Einzelheit ihrer Schaffensart absah, das Können der Jahrtausende auf sich zu häufen suchte, es sorgfältig in Büchern und Mappen zu sammeln bestrebt war, ist trotzdem wohl dasjenige gewesen, das neben den Zeiten der Bilderstürmerei die meisten Kunstwerke zerstörte. Und zwar geschah dies nicht, um gegen einen wirklichen oder vermeintlichen Mißbrauch der Kunst wie die Bilderstürmer anzugehen, sondern aus Kunstbegeisterung, im Namen der Kunst, freilich aus gelehrt-kritischer Begeisterung und daraus erprießender Unfähigkeit zu einfach sinnlichem Genuß. Vielleicht wird die Zukunft die schwerste Anklage in künstlerischer Beziehung für unser Jahrhundert mit diesem Vorgange begründen, mit seiner auf Gelehrsamkeit und überwiegender Verstandestätigkeit beruhenden Roheit.

Ein Unterschied hierin besteht nicht zwischen Protestanten und Katholiken. Beide erwiesen sich als gleich roh sowie der schönheitlich stilistische Eifer bei ihnen gereizt war. Bei den Protestanten war aber der Erfolg noch viel trauriger. Sie kamen zu der Überzeugung des eigenen Kunst-Unwertes, sie kamen zu einer wahren Selbstverlästerung! Fielen doch die Jahrhunderte seit Luther alle in die »schlechte« Zeit, glaubten doch selbst die kampflustigen Zionswächter den katholischen Romantikern aufs Wort, daß der Protestantismus nichts für die Kunst geleistet habe. Man frohlockte am Rhein! Zu gleicher Zeit, als der Umbau des Kölner Domes begann, hatte man auch einen Dom für Berlin geplant. Seitdem Görres die Frage besprach, waren zwanzig Jahre vergangen. Der König von Preußen, der fünf bis sechs Millionen katholische und acht bis neun Millionen protestantische Untertanen hatte, wollte die Schmach vom Protestantismus wegnehmen, daß er all die Zeit seiner Dauer hindurch kein nennenswertes Kirchengebäude aufgeführt habe. Die Schmach — wenn sie bestände — wurde erst zu Ende des Jahrhunderts gesühnt. Aber die Protestanten waren hinsichtlich der Schmach ganz Görres' Ansicht: Will man gute Kunst, so muß man sie außerhalb des Protestantismus suchen. Und man tröstete sich mit dem falschen Trost, die Gotik sei christlich, nicht katholisch, beide Kirchen seien aus dem christlichen Mittelalter hervorgegangen; also dürfe auch der Protestantismus die Gotik als eigen genießen.

Die vergangenen Jahrhunderte hatten sich in den alten Kirchen eingerichtet; die katholischen wie die protestantischen. Man brauchte Emporen, man brauchte eine neue Kanzel und um diese sich fügende Sitzplätze. Der Protestantismus brachte neue gottesdienstliche Gewohnheiten und Gesetze, der Katholizismus hatte die seinigen kaum minder geändert. Man gestaltete die Kirchen so um, daß sie dem Geschmack und den Gebrauchsanforderungen der Zeit entsprächen. Man hatte dabei im 16., 17., 18. Jahrhundert die entschiedene Ansicht, daß das Kirchengebäude dem Gottesdienst unterzuordnen sei, und scheute sich nicht vor starken Eingriffen, um es dessen Bedürfnissen gerecht zu machen. In die gotischen Kirchen kam ein fremder Geist, die jungen Zeiten äußerten ihre Lebenskraft; Geschichte, Sinnesart, Geschmack, künstlerische Gestaltungskraft von über drei Jahrhunderten füllten die alten Werke mit ihren Spuren, ihren Bekundungen. Man sieht den alten Werken nun freilich an, daß sie alt sind und daß sich ihr Zweck teilweise geändert hat. Man sieht aber auch, wie die Geschlechter immer wieder aufs neue von dem lieb gewordenen Gotteshaus geistig Besitz nahmen, die große Erbschaft der Väter neu erwarben, um sie mit dem Herzen und in Wahrheit zu besitzen.

Freilich waren die Einbauten nicht stilgerecht, wenigstens nicht in dem Sinn, daß der Meister aus der Zeit Cranachs, Rembrandts oder Schlüters sich mühte, wie ein Michael Wohlgemuth zu schaffen; sich geplagt hätte, mit dem Kopf seines Urgroßvaters zu denken. Die guten Leute von damals waren einfältig genug, einfach ihr Bestes zu geben, ohne Nebenansicht auf den ihnen unbekannten Stilbegriff. Sie hatten ein unbewußtes Gefühl dafür, daß das Neue des Alten Fortbildung sei und daher ihm nicht schönheitlich widerspreche. Und wenn auch in unseren Zeiten Leute, die nicht Ästhetik und Kunstgeschichte erlernten oder solche, die es auf ein paar Minuten vergessen können, daß sie einen geläuterten Geschmack haben, in eine derartig ausgebaute Kirche treten, dann spüren sie eine Stimmung eigner Art: Die Kirche erzählt ihre Geschichte, sie erzählt sie in jenen alten verfallenden und in jenen schmucken und blanken Teilen, in jenen Werken einer redlichen Unbeholfenheit und sachlichen Armut wie in jenen Schöpfungen hochentwickelter oder prunkvoller Kunst. Ein Hauch des Lebens, das sich hier abspielte, ruht über dem alten Gestühl und den verschnörkelten Altären und Betstübchen, ein Hauch von langer Zeit alter Frömmigkeit, von hundert Geschlechtern, die hier Trost im Gebet suchten.

Aber dieser Hauch berührte die Ästhetiker und die Kunstgelehrten so wenig wie ihre Schüler, die stilgerechten Bauleute. Er war in keine philosophische Formel zu fassen und nicht in die Geschichte einzuordnen; also bestand er für die mit Tatsachen arbeitende Wissenschaft nicht, sondern galt als ein Nebel in unreifen Köpfen. Er war auch auf den Reißbrettern nicht zu fassen. Ich erinnere mich, wie auf einem Kongreß des Kunstgewerbevereins in München 1883 *Joh. Nepom. Sepp* sagte, gerade bei Kirchenumbauten werde das meiste verdorben, und wenn wir um die Schätze aus alter Zeit kämen, so trüge niemand mehr daran Schuld als die Künstler! Infolge des gewaltigen »Oho!« seiner zumeist aus Künstlern bestehenden Hörerschaft milderte er im Bericht seine Rede und setzte »Kunstpfuscher« anstatt des Wortes »Künstler«. Er hat damit den trefflichen Sinn seiner Worte völlig entstellt. Gerade das ist das Bezeichnende, daß ernste Künstler, also Männer, die etwas in sich haben, das zu äußerer Ausgestaltung drängt, am meisten ihre Eigenart dem restaurierten Bau aufdrängen. Der gefeiertste Restaurator des ganzen Jahrhunderts ist Viollet le Duc, der Meister von Notre Dame in Paris und zahlloser anderer Werke. Er hat in mehreren Büchern eine erstaunliche Kenntnis des mittelalterlichen Bauwesens in Frankreich niedergelegt. Aber wer Frankreich kennt und dessen Bauten mit Aufmerksamkeit durchwandert, wird mit Schrecken inne, wie einförmig die Kunst unter der Hand selbst dieses vornehmen Fachmannes wurde; wie seine Gelehrsamkeit doch nicht ausreichte, sich in den Geist der verschiedenen Zeiten zu versetzen; wie er in die Werke stets nur den eigenen Geist trug, in dem die Zeiten sich bespiegeln. Und von Jahrzehnt zu Jahrzehnt versichern uns die Restauratoren, sie hätten nun so viel gelernt, daß man ihre Hand am erneuerten Werk gar nicht mehr merken werde, weil sie endlich den Geist des Mittelalters oder, seitdem sich der Sinn für Stileigentümlichkeiten erweiterte, auch anderer Zeiten erfaßt hätten. Und von Jahrzehnt zu Jahrzehnt halten die Bewunderer dieser Meister der Selbstverleugnung ihr Werk für echt, um immer wieder im nächsten Jahrzehnt zu erkennen, daß es nicht echt war. Alle Enttäuschung, aller Ingrimm über verfehlte Erneuerungen haben die Welt noch nicht gelehrt, daß es ganz unmöglich ist, ein Zeitalter richtig zu erfassen, daß es der Geschichtsschreiber so wenig kann wie der Dichter oder der Künstler: denn erstens umfaßt kein Mensch eine ganze Zeit, und zweitens leistet kein Werk dies Wunder. Beide sind an das Auswählen von Teilen gebunden und an das Verbinden dieser Teile nach ihrer Erkenntnis. Sie können nicht eine Zeit, sondern nur deren Schilderung, deren Darstellung geben. Diese aber ist auch in einer Zeit entstanden. Und die Zeit des Schaffenden ist stärker im Werk als das Geschaffene. Schillers Jungfrau von Orleans ist ein Werk von 1800 und nicht von 1431, und Mommsens Römische Geschichte ist nicht im Geist der Triumvirn, sondern in dem des deutschen Liberalismus geschrieben. Wer nicht Schillers Idealismus und Mommsens Ansichten über das Staatswesen hat, wird die Schilderungen beider für falsch halten. In späteren Zeiten wird man sie nur als eine Quelle der Erkenntnis dafür ansehen, wie das 19. Jahrhundert die

Zeiten verstand, nicht aber dafür, wie jene tatsächlich waren. Eine stilvolle Erneuerung ist aus gleichen Gründen noch nie geglückt und wird nie glücken! Ein paar neue altertümelnde Kunstgriffe ändern diese Sache nicht: jede Erneuerung ist Umgestaltung eines Werkes aus einem alten in ein neues Jahrhundert. Denn echt alt kann nur der Alte denken und schaffen; man kann wohl die Rolle, die uns die Gotik zu sprechen gab, vortrefflich schauspielern, so daß alle Zuschauer im Theater des Zeitgenossentums begeistert in die Hände klatschen; aber wenn das Jahrzehnt vorbei, der Vorhang gefallen ist, erwachen wir zur Erkenntnis, daß uns eine Komödie hänselte, falscher Redeschwulst, unwahrer Flitter; daß das einzig Echte verdorben worden ist, was sich wirklich in den Kirchen vorfand, nämlich das Alte.

Einer alten Kirche soll man ansehen, daß sie alt ist: man soll jene, die sie auffrischen wollen, ebenso verlachen wie jene, die ein altes Gesicht jung schminken. Man soll dafür sorgen, daß das Alte nicht verfällt, aber man soll auch endlich die Torheit aufgeben zu glauben, daß man Altes schaffen oder künstlerisch ergänzen könne. Sobald man über das mechanische Ausbessern hinausgeht, kommt man in die Gebiete gefährlicher Selbsttäuschung!

Einen Wandel in diesen Anschauungen versuchte erst seit 1884 der steierische Kunstgelehrte *Johann Graus*, selbst katholischer Geistlicher, durch verschiedene Aufsätze und endlich durch das 1885 erschiene Druckheft »Die katholische Kirche und die Renaissance« herbeizuführen. Er fand nur teilweise Zustimmung, die wichtigste bei den österreichischen Behörden, denen dies Überwachen der Denkmäler oblag. Die Romantiker zu überreden ist ihm aber nicht gelungen. Sein Ziel war die Freiheit der Stile, die Beseitigung der Stilzwangsjacke. Die Kirche sei keine gotische, sondern eine allgemeine, ihr Gebiet müsse das der ganzen Kunst sein. Omnis spiritus laudet Dominum! Seit achtzehn Jahrhunderten, erläutert Graus, gibt es eine christliche Kirche, aber nur etwa von 1200 bis 1500 und eigentlich nur bis 1400 solle sie wahrhaft christkatholische Kunst hervorgebracht haben? Diese drei kurzen Jahrhunderte waren die nachzuahmende Blütezeit für die Romantiker geworden, ebenso wie die Hellenisten in der kurzen Spanne Zeit ihr Ideal erkannten, in der das perikleische Athen blühte. Die Welt hatte umsonst gearbeitet durch die Jahrtausende gegenüber der naschhaften Abschmeckerei der verwöhnten Zeit. Nur ein paar der besten Früchte schienen ihr genießbar, alle anderen wurden verachtet.

Man könnte die selbstgefällige Wiederholung derselben Formen im katholischen Kirchenbau, dies früher nie gesehene Wiederkäuen schon verdauter Kost, ruhig mit ansehen, täte es einem nicht leid dabei um die deutsche Kunst, die so gar zum Stillstand verurteilt wird. Es ist einem so einsichtigen Mann wie dem Mainzer Domkapitular *Friedrich Schneider* nur zu danken, daß er den Versuch machte, die Formen des Grundrisses zu bereichern.

Er weist auf die einschiffigen Bauten der verschiedensten Jahrhunderte, namentlich auf die Südfrankreichs hin. Aber er fand wenig Beifall. Josef Prill, ein Schullehrer, der durch seine Mitwirkung an der Verballhornung der romanischen Kirche zu Wechselburg in Sachsen bekundet hat, daß er in Baufragen mitzureden berufen sei, wies ihm nach, daß man bei der Gotik alter Form zu bleiben habe: nicht nur weil sie den toten Stoff am besten überwinde, sondern weil die dreischiffige Anlage billiger sei. Das ist freilich ein nur zu verständiger Grund!

Aus dem sechsten Kapitel
»Die historische Schule«

Dieses Kapitel wirkt noch anschaulicher als die vorhergehenden: war Gurlitt bisher temperamentvoller Betrachter, so ist er jetzt selbst Mitkämpfer. »Aktuell« ist alles, was hier nun folgt, und die Analogien sind, vorsichtig gesagt, so zahlreich, daß nachempfindende Begeisterung sich am liebsten immer wieder in Zwischenbemerkungen Luft machen möchte. Man muß sich fragen, ob nicht alles »Neue« bereits damals vorhanden oder doch zumindest schon angelegt war, angefangen beim Streit um den Primat von Zweck oder Form bis hin zur Einrichtung einer Architektur-»Firma«, in der der eine Partner für Kunst, der andere für die Kasse oder, was dasselbe ist, für Aufträge und der dritte fürs dichte Dach zu sorgen hat.

Wenn man etwa um 1880 und in der Folgezeit, die Bildnerei betrachtend, aus den Ausstellungssälen von Berlin, München und Dresden in jene von Paris, London oder auch der italienischen Städte kam, so glaubte man, ein paar Jahrzehnte zurückgelegt zu haben. Ein stiller, behäbiger Ton bei uns, eine Reihe von glatten, des eigentlichen Ausdrucks, der seelischen Verfeinerung entbehrenden Büsten, Einzelgestalten und Gruppen griechischen Inhalts. Alle von der gleichen klassischen Rundung der Körper, ohne scharfe Sonderung der Menschenarten oder gar des einzelnen Ichs. Die Kinder wie kleine Männer; die Frauen von jener keuschen Geschlechtslosigkeit, die nur ein Zwitter empfindet; die Männer mit schweren, nur bis zu einer gewissen schönheitlichen Grenze den Knochen- und Muskelbau zeigenden Gliedern; alle in ruhiger Haltung; alle bedeutungsvoll dem Inhalt nach; aber die meisten völlig unverständlich für den, der nicht die Kunstsprache der Griechen zu lesen verstand, oder den, der sich nicht durch die Erklärung im Katalog belehren ließ.

Den Franzosen warf man als ihren Hauptfehler in der Bildnerei vor, daß sie das Machwerk über den eigentlich plastischen Sinn, den Wortschwall über die Empfindung stellen. Man wird selten, sagt Springer, an einer modernen französischen Bildsäule vorübergehen, ohne von ihrem wirkungsvollen Schein getroffen zu werden: sieht man näher zu, so erkennt man statt des gedankentiefen Werkes den hohlen Schwulst. Ähnlich äußert sich Lübke: Der sinnliche Reiz der Erscheinung beherrsche die Kunst, der Realismus spreche allen Gesetzen der Bildnerei

Hohn. England, heute das Vorbild Europas, belächelte man als in der Kunst am tiefsten stehend. Springer, der es kannte, fehlte gänzlich der Blick für seine Eigenart. Frankreich war wenigstens in der modischen Gesellschaft beliebt: Abgüsse und Nachbildungen französischer Werke fanden sich zu Tausenden in Deutschland. Den vornehmen Leuten war die Liebe zu ihnen trotz aller ästhetischer Bußpredigten nicht auszutreiben. Die Blüte der großen Pariser Bronzegießereien Barbedienne, Delafontaine, Susse u. a. ist begründet auf dem Unbehagen jener, die an der Kunst Freude haben wollten, aber bei dem, was die Deutschen boten, bei zu saurem Ernst oder zu süßen Freuden, abgestandenem Griechentum oder überzuckerter Lyrik sie nicht fanden. Auf jeder Kommode in der guten Stube stand eine französische »Pendule« mit zwei Leuchtern — geschaffen eigentlich für den Kamin, aber da dieser fehlte, übertragen auf deutsche Wohnart. Und auf der Pendule ein zierliches Bildwerk in der feinen, lüsternen Art des Clésinger, aber doch in gewissem Sinne frischer als das, was in Hähnels oder Bläsers Werkstätte geschaffen wurde, weil in den Gestalten eine herzhafte Bewegtheit war. Pferde, die sich bissen, frei nach Delacroix, Jagdstücke, Liebespaare, Schäfer fast in der Art des Meißner Porzellans, vergoldet, doch in mehreren Goldtönen auch malerisch behandelt. All das war gemacht mit einem starken Augenblinzeln nach dem Geschmack der blöden Menge. Aber es erschien ihr nicht so unsäglich langweilig wie die Venus, die Amors Flügel beschneidet, und ähnliche klassische Geschichtchen in reizlosem, gänzlich hausbacken gewordenem Idealismus.

Die Schule Rauchs, Rietschels und Hähnels lastete auf ganz Deutschland als eine bleierne, unbewegliche Masse. Man schien sich darein gefunden zu haben, daß die Bildnerei eine Kunst der Langeweile sei.

Begas' großes Verdienst ist sein Bruch mit der alten Schule. Ihren Anschluß fand die Bildnerei nun dadurch, daß sie sich den Bedürfnissen der Zeit einordnete, daß sie wieder zur Gehilfin der Baukunst und des Kunstgewerbes wurde. Wirkung zu erzielen, bewegte Massen von lebhaftem Umriß zu schaffen waren ihre nächsten Ziele. Der wachsende Reichtum wies ihr den Weg auf diese Gebiete, die Wiederaufnahme baulicher Stile, in denen sie eine schmückende Aufgabe zu erfüllen hatte, unterstützte die Wandlung. In raschem Umschwung wurde aus einer Bildnerei, die selbst im Schmuck des Hauses große inhaltsreiche Gedankenreihen geben wollte, eine solche, die Menschenleiber mit Makarts rein schmückender Auffassung verwertete, rasch und sicher schuf, unbesorgter um den Gedanken, vertrauter mit den Formen des Lebens und vor allen mit jenen der vergangenen Stile.

Hervorgegangen aus diesem Suchen nach den Mitteln, aus dem Streben nach erweitertem Können ist auch die kunstgewerbliche Bewegung der siebziger Jahre, eine wesentliche Leistung der Pilotyschule.

Und nun greift Gurlitt selbst ein; wir sind bei der Direkt-Dokumentation:

Ich werde nicht leicht die tolle Nacht vergessen, die ich am 4. September 1883 mit *Lorenz Gedon* durchschwärmte, der so bald darauf sterben mußte. Ich weiß noch den Tag, denn ich hatte den zögernden Münchnern zum Trotz die sofortige Gründung des »Verbandes deutscher Kunstgewerbevereine« am Vormittag durchgedrückt. Man trank mir zu als dem Vater des Verbandes. Das Durchlesen des damals erschienenen Berichts vom zweiten Kongreß hat mir die Verhältnisse wieder voll ins Gedächtnis gebracht. Damals war die deutsche Renaissance in vollster Blüte, Gedon hatte in dem Haus des Grafen Schack in München ein rein malerisches Werk geschaffen, das zwar, wie die »Fliegenden Blätter« es zeichneten, etwas nach dem Pfefferkuchenhäuschen des Märchens aussah, aber doch einmal in der Zeit akademischer Langeweile von einer erfrischenden Fülle der Fehler war. Um ihn und seine Freunde war die Kunst der Raumausschmückung mächtig erblüht. Man liebte den tiefen Ton, den Einklang von Farben, den der persische Teppich lehrte; man liebte die vollen, massigen, wuchtigen Gestaltungen der deutschen Spätrenaissance, die tiefbraunen, reich geschnitzten Eichenmöbel, das bräunliche Altgold der Geräte und Rahmen, die olivengrünen Wandbekleidungen, die behäbige und doch mit ihrem Besitz prunkende Pracht der Ratsstuben des 16. und 17. Jahrhunderts, die Butzenscheiben und bunten Malereien an den Fenstern und die wuchtigen Holzdecken. Gedon war eben auf dem Wege, zum Barock überzuschwenken, indem er in diesem Stil ein paar Türen meisterhaft schnitzte. Ich hatte mit der Herausgabe von Werken des Rokoko begonnen, stand mitten im Studium der Kunst des 17. und 18. Jahrhunderts. Noch war die Begeisterung für den wiederentdeckten Stil ein Gut nicht eben vieler, noch entfernte Geheimrat *Lüders*, der fürsorgliche Leiter der preußischen gewerblichen Schulen, die dem Rokoko angehörigen Blätter aus den den Lehrern zu überweisenden Werken, damit diese nicht auf zopfige Gedanken kämen. Durch die Münchener Werkstätten ging damals die neue Losung. Nicht Paolo Veronese, sondern Tiepolo sei der rechte Mann, von dem man lernen müsse. Feuerbach fand mit einiger Überraschung im Würzburger Schloß die Vorbilder zu vielen bewunderten Vorwürfen aus jenen Tagen, nur mit Hinweglassung von Tiepolos farbenseligem, leichtem Pinsel.

Die Darstellung mündet wieder in Entwicklungsgeschichte ein. Daß Gurlitt in seinem Antihellenentum sogar das Wertvolle an deutscher Klöppelarbeit preist, ist für uns verblüffend, aber aus seiner Sicht logisch.
Sogar ein wenig »Lichtwark« spricht aus seiner Freude über die neue Laienbewegung im Kunstgewerbe, die 1870 deutsche Zimmer zu schmücken begann; und auch das natürlich mit Recht.

Die kunstgewerbliche Bewegung war von Wien ausgegangen. Ursprünglich als ein Werk von Gelehrten; an der Spitze steht *Eitelberger von Edelsberg* und *Armand Freiherr von Dumreicher*, den man jetzt gern in den Hintergrund schiebt. *Jakob Falcke, Bruno Bucher* in Wien, der Bronzegießer *von Miller* in München und andere allerorten nahmen die Gedanken auf, die Wien aus der Weltausstellung von 1867 mit heimgebracht hatte. Das Vorbild hier war London, und in London waren es zwei Deutsche gewesen, die den Gedanken, erzieherisch durch Museen und Schulen auf das Gewerbe zu wirken, angeregt hatten: der Prinzgemahl *Albert* und der politische Flüchtling *Gottfried Semper* — ein ungleiches Gespann. Joh. Wilh. Appell, Bibliothekar am South-Kensington-Museum, erzählte mir von dem Eifer, mit dem die Engländer die deutsche Herkunft ihrer Anstalt vertuschten, wie ungern sie sogar jene der Museumsgegenstände anerkannten, da England selbst so gar bettelarm an alter gewerblicher Kunst ist. Weiter hinauf kann man die Gedanken der staatlichen Fürsorge für kunstgewerblichen Unterricht in Preußen bis auf Schinkel und Beuth verfolgen: in Sachsen und Württemberg waren Industrieschulen schon lange vorhanden. In Wien aber kam zuerst ein frischerer Geist in sie, und zwar, Semper folgend, jener der italienischen Renaissance, die sich auch unter dem Einfluß Ferstels und seiner Schule lange, allzu lange aufrechterhielt. Selbst Makarts schmuckselige Pracht hat die Wiener nicht von ihrer immer nüchterner werdenden Anhänglichkeit an die Florentiner des endenden 15. und die Lombarden und Venetianer des beginnenden 16. Jahrhunderts losreißen können. Die Vorbilder sind gut, sind unvergleichlich; aber das Nachbilden ist nicht gleichwertig. 1873 erschien Wilhelm Lübkes »Geschichte der deutschen Renaissance«. Vorher hatten fast nur Pfnor, ein in Paris lebender Deutscher, durch Aufmessung des Heidelberger Schlosses, und Wilhelm Bäumer, ein Stuttgarter Architekt, auf den Stil hingewiesen, dessen ungeheurer, durch Lübke aufgedeckter Reichtum damals ebensoviel Jubel wie Erstaunen weckte. Man sehe, was beispielsweise Ernst Förster noch 1855 über die deutsche Renaissance sagte: Sie ist eitel Willkür, Mangel an wohlgegliederter Entwicklung und Vorbildung, Bedeutungslosigkeit der Formen, Mißverständnis und Verunstaltung der Antike, Überwucherung durch Schmuckglieder!

Wie in der Malerei, so galt im Kunstgewerbe als erstes Ziel die Eroberung des Handwerklichen. Nicht die Formen waren es, die damals zumeist zur Nachahmung reizten, sondern das aus ihnen herausschauende Können. Gerade daß es nicht große Meister waren im Sinne der nun schon zu reichlichem Überdruß jedem Schuljungen der Kunst vorgehaltenen Führer, sondern daß biedere Handwerksmeister etwas Derbes, Knolliges, Gemütliches, Bürgerliches mit sicherer Faust geschaffen hatten, während es bei den großmögenden Herren an den Akademien gerade hiermit haperte, das schuf der Deutsch-Renaissance die eifrigsten Freunde. Sie war eine weitere Antwort auf die Lehre vom Vorherrschen des Inhalts, der Formgesetze. Die Meister von Nürnberg und Augsburg, von Dresden und Prag hatten diese Gesetze nicht gekannt. Sie hatten einfach etwas Schönes aus dem Stoff machen wollen und gewußt, wie man den Stoff bearbeitet. Hatte man schon aus der Gotik die Glasmalerei aufgenommen, so lernte man den Alten nun ein Gewerbe nach dem anderen ab. Die Frauen von ganz Deutschland arbeiteten mit, stickend, nähend, klöppelnd, knüpfend. Die Sache hatte ihre gute Bedeutung. Damals war der Krieg mit Frankreich eben ausgefochten. Die Grenze starrte von Waffen, die Gedanken zogen nicht mehr so leicht hin und her. Nun galt es den Augenblick benutzen, um einen deutschen Geschmack zu schaffen, den es bisher nicht gab. Wohl rief man von allen Seiten, namentlich seitens der Kunstgelehrten: Die Kunst ist Gemeingut der Welt; das Schöne ist schön für jedes Land; der Chauvinismus, die Deutschtümelei in der Kunst sind eine Roheit. Das sagten namentlich jene, die Griechenland und Altitalien ihre vorbildliche Bedeutung wahren wollten. Die Gotiker schlossen sich ihnen an, ebenso wie jene, die noch unter dem Einfluß Frankreichs standen. Aber doch siegte der Gedanke, daß es nötig sei, an die letzte Blütezeit deutscher Kunst anzuschließen, dort, wo der Dreißigjährige Krieg angeblich das handwerkliche Können vernichtet hatte. Wie früher der Reformation, so wurde jetzt unter dem Einfluß des Kulturkampfes dem großen Glaubenskrieg die Schuld am Niedergang der Kunst beigemessen. Die frühesten Versuche, den Barockstil in Achtung zu setzen, gingen von Dresden aus: Semper selbst in seinem berühmten Werk »Der Stil« war der erste, der in ihm eine klare Absicht, nicht lediglich Willkür sah; A. v. Zahn machte 1873 den ersten Versuch, ihn geschichtlich zu gliedern, nachdem sich A. Springer 1867 mit ihm beschäftigt und H. Hettner 1874 sein Werk über den Zwinger herausgegeben hatte. Doch waren alle diese Arbeiten, wie die Robert Dohmes und Friedrich Adlers und anderer über Schlüter und die Berliner Baukunst des 17. und 18. Jahrhunderts nur kunstgeschichtlicher Art. Auf das tatsächliche Wiederaufnehmen des Stils als eines geschichtlich berechtigten wies Albert Ilg in Wien zuerst mit seinem kleinen Buch über die Zukunft des Barockstils 1880; ich habe seit 1885 durch Veröffentlichungen über den Entwicklungsgang der Zeit und ihre wichtigsten Bauwerke eingegriffen. Solche Arbeiten lagen in der Luft: Dohme und Ebe hatten das Geschick, mir mit Büchern verwandten Inhalts, wie meine lange vorbereitete Geschichte des Barockstils, zuvorzukommen. Dohme in seiner Geschichte der deutschen Baukunst, mit teilweiser Benutzung von mir ihm geliehener Niederschriften. Wer Augen hat zu sehen und Ohren zu hören, schrieb damals Pietsch, muß erkannt haben, daß in Deutschland die Zeit des ausschließlichen Triumphes der neuen Renaissance sich bereits wieder ihrem Ende nähert; Barock und Rokoko seien ihre Erben. So wenig den Klassikern ihr Wehe über das Kommen der Renaissance geholfen hat, so wenig werden sich die Meister dieser des Neuen zu erwehren vermögen. Die Zeit des Hasses gegen die Zeit, die einen Friedrich den Großen gebar, mußte enden, die ungeheure Fülle des in Deutschland im 17. und 18. Jahrhundert, namentlich in den Schmuckkünsten Geleisteten durfte dem Lerndurstigen nicht länger entzogen bleiben.

Diese Bestrebungen, sich an den letztvergangenen Jahrhunderten und ihrer größeren Meisterschaft Rat zu holen, waren vorwiegend von Deutschland ausgegangen. In Frankreich hatte man wohl auch die Schlösser Ludwigs XIV. und XV. nach der Revolution in ihrem Stil erneuert, diesen eine Zeitlang in Schwung gebracht. Damals hatte man in Deutschland kein Verständnis für ihn, ja nicht einmal in Frankreich kam es zu einer ernsten Wiederaufnahme der Formen, denen dort der Sonnenkönig seines Wesens Stempel aufgedrückt hatte. Nur im Gewerbe, nur in der von den Meistern der hohen Kunst unabhängigen Modeentwicklung wurde dem Stil mit bescheidenem Verständnis gehuldigt. Hatten doch Reste des Rokoko überall die klassische Zeit überdauert. Man fand sie an jedem Rahmen, an jeder Sofaschnitzerei in verwilderter Gestalt. Ein ziemlich wüster Naturalismus, ein eigentümliches Versteckenspielen war Gebrauch geworden. Der Schirmständer, der wie ein Pudel aussah, und der Stiefelknecht, den man zur Pistole zusammenklappen konnte: die sogenannten Attrappen waren besonders beliebt. Namentlich herrschte eine Scheu vor der Wahrheit im Stoff. Getragen vom Gedanken, daß neben dem Inhalt nur die Form und die Farbe die Dinge schön mache, war man zur Gleichgültigkeit gegen den Stoff gekommen. Die Schule Schinkels, Berlin, ging hierin am weitesten: jeder Ofen wie ein Marmor-Grabdenkmal; jeder Schrank mit den dem Stein entlehnten Formen, Pilastern und Gebälk geziert; überall weißer, schwarzer Anstrich, Vergoldungen. Die guten alten Mahagonischränke galten für häßlich, weil man ihnen vorwarf, daß sie mit dem Stoff prunkten, also mit einer minderwertigen, nicht formalen Schönheit. Nur in Hannover, wo die Gotik englischer und französischer Herkunft sich begegneten, namentlich unter *Edwin Opplers* Einfluß, hatte man Sinn dafür, daß sich Form und Bau eines Gerätes aus dem Stoff ergeben müssen. Mit der deutschen Renaissance lernte man auf die Durchbildung der Arbeit, auf die sachgemäße Behandlung des Stoffes, auf die ihm abzugewinnenden Reize Wert zu legen. Die meisten Nachbarländer folgten den Deutschen in ihren Bestrebungen. Jedenfalls boten sie den Vorteil, daß unsere Gewerbetreibenden etwas schufen, was *uns* gefiel; daß sich ein volkstümlicher Geschmack bildete. Die Münchener legten das Hauptgewicht auf die vollendete Durchbildung des Einzelstückes, die Sachsen und Rheinländer auf die Schaffung von Massenwaren. Beide Bestrebungen hatten ihre volle Berechtigung, wurden überall gepflegt: die Schweiz, die Niederlande, Skandinavien folgten den von Deutschland gegebenen Anregungen. Das Ergebnis war, daß sich die Zahlen von Ein- und Ausfuhr für Luxuserzeugnisse rasch zugunsten Deutschlands und zum Nachteil Frankreichs veränderten. Die planmäßige Durchbildung des ganzen kunstgewerblichen Unterrichts, wie sie in Sachsen und in Württemberg am glänzendsten erreicht wurde, ist wohl nicht geeignet, stilistische Wandlungen hervorzurufen, eine Mode zu erzeugen — das kann nur eine Reihe ineinandergreifender Verhältnisse und Vorkehrungen —, wohl aber dem Gewerbe Kräfte und Mittel zuzuführen, die ihm im Welthandel den Sieg erleichtern.

Daß Deutschland auf dem Gebiet des Kunstgewerbes überhaupt eine Rolle spielt, hat es nicht zu kleinem Teil der Pilotyschule zu danken, der ersten, die in ihren Bestrebungen die Gesamtheit des Volkes umfaßte. Und wenn uns heute die altdeutschen Bierstuben und die Makartbouquets, die Humpen, aus denen man nicht trinken und die Möbel, die man nicht bewegen kann, die tiefe Stimmung der Zimmer und die Erker und Giebel der Häuser langweilig geworden sind, ja widersinnig erscheinen, so sollen wir nicht vergessen, daß sie seit etwa 1870 in Gebrauch sind, daß sie also fast ein Menschenalter Mode blieben. Und das ist für unser hastendes Leben sehr lange, ja schon zu lange. In dieser Zeit aber brachten sie uns nicht nur Gefallen, sondern die Möglichkeit, ein Volksgewerbe zu schaffen, uns im Geschmack von Frankreich zu sondern und so uns selbst zu finden.

Der Realismus der Pilotyschule lag nicht allein im Hinblick auf die Natur, sondern auch in dem auf die Art der alten Meister. Er wurde deshalb, selbst wo er sachlich sein wollte, in erster Linie farbig, schmückend. Und nach dieser Richtung schlug auch sein stärkster Erfolg aus: im Gewerbe setzte sich seine Kunstart fest, hier wirkte sie mit unvergleichlicher Kraft auf das ganze Volk.

Im Anfang hatte in Deutschland wie in Österreich die Münchener Deutsch-Renaissance starke Gegner unter den Architekten, die auf andere Kunst eingeschworen waren. In Berlin herrschte um 1870 unbedingt die Schule Schinkels. Die romantischen Bestrebungen waren stark zurückgedrängt worden, die Tektoniker im Sinne Böttichers schufen sinnvoll und gemäßigt. Ausschreitungen waren streng verboten. Viel feine Arbeiten wurden geschaffen: Werke, die sorgfältig abgewogen, vornehm in der Empfindung, zierlich in der Gestaltung sind. Es kommt selten mehr zu der großen Auffassung Schinkels, man verliert sich ins Bescheidene, eben Genügende, aber man sieht jeder Linienführung die Liebe an, mit der sie geschaffen wurde. Die älteren Architekten rühmen noch heute *Wilhelm Stier* und *Heinrich Strack* als Lehrer, an deren mit spitzestem Bleistift gezeichnete, außerordentlich zartgefühlte Arbeiten sie sich mit Dank erinnern. Strack ist mein Pate gewesen. Ich habe sein Schaffen aber erst sehr spät verstehen gelernt, lange eine starke Abneigung gegen ihn gehabt. Sei es, weil er mir nie etwas, auch nicht einmal ein Schokoladenplätzchen geschenkt hat, wie es doch einem braven Paten geziemt, sei es, daß ich später als Zimmerlehrling unter jedem Balken zum riesigen Gerüst seiner Nationalgalerie geschwitzt und gestöhnt habe, sei es endlich, weil mir für die Palmetten- und Rankenseligkeit der Berliner Schule noch nicht der Sinn aufgegangen war.

Hier folgt ein Lob der alten Villen im Berliner Tiergartenviertel, die — weil total zerstört — nur uns Älteren heute noch in wehmutsvoller Erinnerung sind. Ein Lob übrigens, das Gurlitt offensichtlich nicht leicht wurde. Er ließ sich dennoch von der liebenswürdigen Qualität dieser Villen zu Fontanescher Beschreibungslust verführen.

Erst in späteren Jahren habe ich mich durch den in meine Jugend fallenden Hohn über die Berliner Hellenen zur Anerkennung, zum Verständnis ihres Strebens durcharbeiten können. Am frischesten war die Kunst *Friedrich Hitzigs*, dessen Landhäuser in der Viktoriastraße das helle Entzücken der Berliner bildeten. Sieht man heute das »Architektonische Skizzenbuch« und ähnliche Veröffentlichungen jener Zeit durch, in denen kleinere Schmuckbauten dargestellt sind, so kann man sich zu der Freude an ihnen bei einigem kunstgeschichtlichen Sinn sehr wohl wieder durcharbeiten. Es steckt wohl noch ein gut Stück Empfindsamkeit in Gedanken und Darstellung. Da sind Lauben und Schattengänge, von denen der Baumeister sehr wohl wußte, daß der Gärtner all das mit zierlich gehandhabten Pinsel dargestellte Laubwerk wohl in Mentone, nicht aber in Rixdorf heranziehen könne; da ist eine Stimmung der Weichheit, der Naturschwärmerei, die etwas Anheimelndes, Liebenswürdiges hat, wenn sie auch nicht sehr echt, sicher nicht der starke, nach Ausdruck drängende Zug des Berliner Lebens ist. So auch jene Villen. Wer heute durch das Tiergartenviertel geht, der bleibt wohl auch vor dem und jenem Häuschen stehen, das, vor dreißig, vierzig Jahren erbaut, in seinen bescheidenen Abmessungen, seinen mit runden Medaillons geschmückten Putzwänden, seinem ionischen Giebel, seinen kleinen Akroterien und Palmetten vor so kurzer Zeit noch den Eindruck des vornehm Ländlichen machte, heute aber, eingepfercht zwischen Protzenbauten, so gar fremd zu uns herüberschaut. Und doch waren diese bürgerlichen Bauten die Grundlage für das gesamte Schaffen Berlins, die Poesie der Hellenen in ihnen am regsten tätig. Die Villen, die der Hof in Potsdam und Umgebung aufbauen ließ, sind nur Vergrößerungen dieser Kleinbauten; wachsen mit der Abmessung nicht im Gedanken; suchen wieder eine am Sinnigen sich erfreuende Schlichtheit; entstanden aus der Empfindung, daß Reichtum nicht glücklich mache; ja, führten nur zu oft zu der Ansicht, daß Armut das Glück in der Kunst sei.

Und nun wieder weiter in der Entwicklungsgeschichte: von Berlin nach Wien mit seinen »Ring«-Bauten.

Wo größere Aufgaben von den Berlinern zu lösen waren, liebte man es, auf Schinkel zurückzugreifen, sich seiner Zustimmung in einem treuen Herzen zu versichern. Gab es doch noch genug begeisterte Leute, die in ihm den Höhepunkt und das einzig mögliche Heil sahen. Stracks Nationalgalerie und seine Siegessäule gehen auf Schinkelsche Gedanken zurück!
Man betrachtete mithin von Berlin aus auch *Theophil Hansen*, den Wiener Hellenen, mit Mißtrauen. Er, der Däne, hatte freilich vor den meisten Berlinern eines voraus: Er kannte Griechenland, hatte bis 1843 in Athen als Lehrer gewirkt, dort für den Baron Sina eine Sternwarte gebaut. Dieser ursprünglich serbische Baron und Bankherr war ein Freund der Wissenschaften und Künste; das heißt, sie waren ihm im Grunde genommen völlig gleichgültig, aber er hielt es für nötig, für Griechenland, wo er Geschäfte machte, etwa zu tun. Er war reich genug, sich solche Ausgaben erlauben zu dürfen. Die Bauherrn in Wien waren eben damals andere als die in Berlin oder sonst in Deutschland. Sie ließen mehr springen. Das bestätigte sich an Hansens ganzer Kunst. Anfangs verwertete er mit vieler Sorgfalt seine Kenntnis des Orients am Arsenal, an einer griechischen Kirche. Aber mit dem Palais Sina übertrug er den bequemeren Hellenismus nach Wien, den er freier, den größeren Ansprüchen der damals einzigen deutschen Weltstadt angemessener, breiter, wuchtiger ausbildete. Der entscheidende Vorgang für Wien war das Auflassen der Glacis 1859 nach der ein Jahr vorher begonnenen Schleifung der aus dem 16. Jahrhundert stammenden Festungswerke. Es war dies ein Ereignis von ganz außerordentlicher Wichtigkeit. Wien hatte um 1800 rund 6700 Häuser und 220 000 Einwohner, 1850 war die Zahl der Häuser auf 8900 gestiegen, die der Einwohner auf 430 000. Das Haus, das um 1800 durchschnittlich etwa 33 Bewohner gehabt hatte, sollte nun deren 49 fassen. Die Wohnungsnot, die Teuerung war durch polizeiliche Beschränkung aufs äußerste gestiegen, bis endlich der Plan *Ludwig Försters* für die Ringstraße und die an sie stoßenden Gelände genehmigt und nun mit größter Hast ein neues Wien gebaut wurde. Schon 1870 zählte es mit den Vororten 900 000 Einwohner, Berlin noch erheblich überragend, das in den Jahren 1800, 1850 und 1870 von 180 000 auf 400 000 und 800 000 Einwohner gestiegen war. In weit höherem Grade überragte aber das öffentliche Leben in Wien jenes in Berlin, das gesellschaftliche wie das geschäftliche. Österreichs herrschende Stellung in der Metternichschen Zeit wirkte nach, ebenso wie der höhere Wohlstand, der in jener Zeit der sich erst entwickelnden Gewerbe im wesentlichen auf der Landwirtschaft beruhte; endlich die Eigenschaft der Kaiserstadt als Vorposten der Gesittung gegen Südosten. Hier liebten es die reichen Bojaren und Fanarioten, die Levantiner und orientalischen Juden, der Adel Ungarns und Böhmens, die großen Geschlechter Oberitaliens, ihr Geld zu verzehren; der Kaiserhof, an dessen Spitze ein lebenslustiger, wohlwollender Fürst, eine schöne kluge Kaiserin standen, bil-

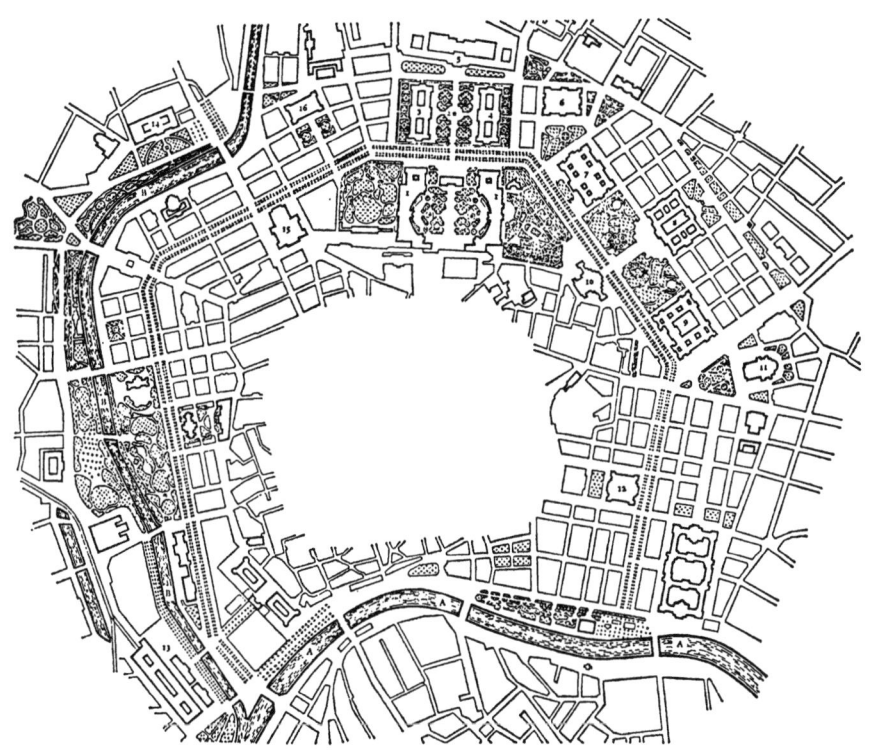

Ludwig Förster: Wien, Projekt der Ringstraße, Plan von 1859

dete einen Mittelpunkt des Glanzes, wie er fast nur vom französischen Hof überboten wurde. Jetzt, seit Pest und Bukarest, Triest und Prag, Athen und Alexandria emporblühten, die Türkei ebenso wie Ägypten eine sichere Wohnstätte für jedermann bietet, ist Wiens Stellung wesentlich anders geworden. Es ist eine Binnenstadt geworden, während es vor dreißig Jahren eine Grenzstadt gegen Südosten war.

Hansen war ein Däne und baute griechisch. Trotzdem ist niemandem, auch ihm selbst nicht, ein Zweifel darüber gekommen, daß seine Kunst deutsch und wienerisch sei. Er gehörte noch zu jenem alten Schlage von Dänen — dem auch Thorwaldsen entsproß —, die ein starkes Zugehörigkeitsgefühl zum deutschen Volk hatte, sicher zu keinem andern mehr als zu diesem. Mit den Berlinern war er einig in der Ansicht, daß kein Volk der Welt durch Eindenken in hellenisches Wesen diesem verwandter geworden sei als die Dänen und wir. Man hat Hansen auch wenig zu entgegnen gehabt. Seine Kunst hat allezeit in Wien volle Anerkennung gefunden. Verstand er es doch, mit einem guten Stamm Grobheit aus-

gestattet, dem dort landesüblichen Tränsen und Ränkeschmieden wacker die Zähne zu zeigen.
Er fand Anfänge vor, um deren Vernichtung durch ihn und seine Ruhmesgenossen Ferstel und Schmidt es wirklich schade war. Die Architekten *van der Nüll* und *Siccard von Siccardsburg* hatten aus Paris die Kenntnis der französischen Renaissance mitgebracht, sie hatten in den französischen Werken dieser Art weitere Aufklärung gesucht. Ihr höchst geistreiches Palais Larisch ist eine feine Arbeit nach dem alten Hotel Voguët in Dijon, echt künstlerisch, voll von sorgfältig ausgereiften Gedanken; ihr Opernhaus ist in allen Einzelheiten eine wohldurchdachte und mit Fleiß gebildete liebenswürdige Leistung; kein großer Wurf wie die Pariser Oper, aber auch ohne jedes Backenaufblasen und Beinespreizen, das mir an der ganzen Architekturbehandlung des Garnier mit jedem neuen Betrachten unangenehmer geworden ist. Man hat die beiden Wiener, die das Zeug in sich hatten, sehr glücklich in die Entwicklung des dortigen Schaffens einzugreifen, mit vorzeitigen kritischen Angriffen zu Tode geärgert. Die Folge war das Aufkommen Hansens und Ludwig Försters, der ein Franke Münchener Schulung war, und des Gotikers Schmidt. Ferstel, ein gebürtiger Wiener, hat das nicht ersetzt, was an seinem Lehrer Siccardsburg verlorenging.
Hansen hat erstaunlich viel gebaut. Vieles erscheint uns jetzt reichlich derb, gedankenarm, undurchgebildet, ja verfehlt. Es wurde auf seiner Werkstatt fleißig mit Reißschiene, Dreieck und Zirkel gearbeitet, der freizeichnenden Hand blieb selten mehr als ein Ornament, ein Säulenknauf, eine tragende Gestalt; sonst ging es scharf nach Graden und Kreisen; man wahrte der Geometrie ihr Vorrecht in der Kunst. Die Grundrisse Hansens gingen aus seiner Hand hervor wie aus der Pistole geschossen. Eine klare Anordnung, vollendete Symmetrie, Achsen durchs ganze Haus. Das ist etwas sehr Schönes: Ein so durchgebildeter Grundriß leuchtet im Entwurf alsbald ein, gibt ein übersichtliches, dem Auge wohltuendes Bild. Er sollte auch schön sein und ist es, soweit für eine geometrische Zeichnung möglich. Alle Mittel wurden auf eine große, einheitliche Wirkung verwendet, jeder Bauteil ins Gesamtbild eingemessen, dadurch zum Glied des Ganzen, daß die Achsen ein vollständiges Vierecknetz über die Anlage bildeten und jedem Raum die Verhältnisse vorschreiben. Nur eines brachte es dabei nicht recht zum Flügelheben: der Geist des einzelnen, des für bestimmte Zwecke dienenden Gelasses, der Gedanke, daß jeder Raum auch für sich ein Dasein führen und daß in einem Hause verschiedenen Bedürfnissen gedient werden soll. So im Reichsratsgebäude in Wien, der großen Hauptschöpfung Hansens, das wohl an Wucht, nicht aber an Gedanken und an Anmut der Durchbildung die Werke Schinkels und Klenzes überbot. Und gerade diese ist ein Haupterfordernis für den Hellenisten, der nur eine so bescheidene Zahl von Formengedanken anzuwenden in der Lage ist. So auch an Hansens Wohnhäusern.

Hier schildert Gurlitt nun ein frühes Beispiel des Jugendstilevangeliums: daß ein Haus bis ins letzte Gerät durchzukomponieren sei. Gleichzeitig spricht er aber auch schon über das Unbehagen des Bauherrn beim Bewohnen eines solchen »Gesamtkunstwerks«, ohne noch die Satire von Adolf Loos auf den armen reichen Mann zu kennen, der um 1900 hingeht und bitterlich weint, weil er die Hausschuhe, die sein Enkelkind ihm bestickt hat, in seinem neuen Schlafzimmer nicht tragen darf. Trotzdem, so möchte der Herausgeber hier anmerken, meidet ein Architekt, der auf sich hält, das Durchexerzieren dieser Antinomie: Architektenstolz und Bauherrnglück — solange er es sich finanziell leisten kann.)

Ich erinnere mich mit Dank der schönen Tage, die ich im Palais des Baron Todesko in Wien verlebte, jenem Bau, dessen Schauseiten Hansens Schwiegervater Förster entwarf, dessen Inneres aber dadurch Bedeutung erhielt, daß es bis auf die letzten Geräte hinab von Hansen gezeichnet und eingerichtet wurde, daß sein Freund Rahl es ausmalte. Man hatte einmal gebrochen mit der Sitte, dem Tapezierer die Räume zu überlassen, der, wenn etwas Hervorragendes geleistet werden sollte, sich Stoffe, Geräte und selbst die Künstler aus Paris kommen ließ. Aber ganz wohl fühlten sich die Wiener Bankherren in diesen feierlichen Sälen nicht, die so fertig aus der Hand des Baumeisters hervorgingen, daß sie selbst nicht wagen durften, irgendwo ihre Eigenwünsche geltend zu machen. So wenig wohl wie der preußische Hof und Adel in den Schinkelschen Räumen, wie der Dresdener Oppenheim in seinem von Semper eingerichteten Haus. Es ist kein Zufall, daß Hermann von Todesko, der Sohn des Erbauers, Gedon nach Wien, und Baron Kaskel, der Erbe Oppenheims, einen Franzosen berief, um sich im Palais traulich künstlerische Winkel herrichten zu lassen, Künstler, die nicht auf das klassische Ideal eingeschworen waren, sondern auf die Lebensart ihrer Auftraggeber achteten, so sehr auch die Kunstgelehrten über die Zerstörung der idealen Werte tobten.

Prunkend und leer sehen uns heute Hansens Fveträume an; die von ihm so gern angewendeten Vergoldungen ganzer Bauglieder helfen dazu mit; die einst gerühmte Farbigkeit ändert diesen Eindruck nicht. Er arbeitet überall mit Massen; man sieht überall die starre Herrschaft der Regel, die Begeisterung für das geometrisch Richtige. Mir will scheinen, als sei der Heinrichshof, jene riesige, 95 Meter lange, 46 breite Gruppe von fünfstöckigen Zinshäusern gegenüber der Oper, sein vornehmstes Werk. Man hat ihn mit den Berliner Bauten der Schinkelschule in ihrer Dürftigkeit zu vergleichen, mit deren Aufeinandersetzen von Geschossen, so daß der Anblick nicht wesentlich an Wert verlöre, wenn über Nacht jemand eines herauszöge und das dritte aufs erste setzen würde.

Das ist eine etwas sehr harte Kritik aus der Feder des Schinkelschulehassers. Man möchte wünschen, er könnte einmal einen Blick in unsere Zeiten werfen; er würde da in Lageplänen 1 : 1000 eine kleine Ziffer entdecken, die Auskunft und Ausweisung über die Anzahl der Geschosse gibt. Deren Zahl kann bei Wunsch nach mehr Verdichtung — wie beim Hamburger Hochwasser — erhöht werden. Doch weiter in Gurlitts Text:

So wird man zur gerechten Würdigung der Kraft gelangen, mit der Hansen eine schwere Aufgabe überwand: die Masse von fünf mal 92 Fenster- und Türöffnungen in einem baulichen Gedanken zusammenzufassen. Man soll dabei nicht mit den Schwächen des Grundrisses hadern, mit den dunklen Treppen, den Lichthöfen von 2 Meter Breite und wohl 28 Meter Höhe. Sie waren gegen das, was man sich vorher in Wiener Mietswohnungen hatte bieten lassen müssen, immer noch ein Fortschritt. Die festliche Größe, die Farbigkeit — auch hier stand Rahl dem Architekten zur Seite —, die Vollsaftigkeit im ganzen Entwurf trafen den Ton des Wiener Lebens, schufen für die ganze Stadt ein Vorbild des äußeren Glanzes, dem sie sich mit Begeisterung hingab, wenn auch wenig von ihm ins Innere der Wohnungen drang.

Hansen nannte seine Kunst »hellenische Renaissance«. Er hatte eingesehen, daß sich mit der Zurückhaltung der Berliner die wuchtigeren Wiener Aufgaben nicht bewältigen ließen. Die Stadt, ihre Baulust, ihre Eigenartigkeit waren zu groß, als daß sie sich in das Verstandesgesetz Böttichers hätten pressen lassen. Die Berliner alter Schule sahen den Wiener Genossen nie als zu ihnen gehörig an. Wien in seiner Lebenslust brach die stilistische Strenge.

Und daher war auch Wien durch geraume Zeit das Ziel der jüngeren Berliner, die einsahen, daß es mit der Tektonik allein nicht wohl vorwärtsgehe; daß sie jenen Bedürfnissen in ihrer gelehrten Dürre nicht entsprechen können, die sich in Berlin nun auch geltend machen. Zu Ende der sechziger Jahre kam das tausendfach wiederholte Wort auf: Berlin wird Weltstadt. Der Krieg von 1864 hatte das Selbstgefühl geweckt, der von 1866 brachte dazu den Frieden zwischen Regierung und Ständen, der von 1870/71 die Milliarden der französischen Kriegsentschädigung und die Gründerzeit. Das höhere Bauwesen, bisher im wesentlichen ein Gebiet der staatlichen Fürsorge, gelangte nun in die Hände der großen Handelsgesellschaften. In schwerem, auch heute noch nicht ganz ausgefochtenem Kampf suchten die Privatarchitekten den Regierungsbaumeistern, königlichen Bau- und Regierungsräten die Alleinherrschaft, die sie bisher geführt hatten, zu entringen. Die großen Erfolge, die Wien mit dem freien Vergeben der Bauten an die zu vollendeter Durchbildung am geeignetsten Erscheinenden errang, hoffte man auch in Berlin herbeiführen zu können. Nicht mit viel Erfolg, Erst die völlige Versumpfung der Schinkelschen Schule, wie sie sich in den im Büroleben vertrockneten Staatsbaumeistern der Provinz offenbarte, führte Ände-

Theophil von Hansen: Wien, Heinrichshof, 1861—1863

rungen herbei. Nicht die politisch konservative Färbung der Verwaltung hat dieses Festhalten am absterbenden Alter bewirkt. Die halb fortschrittliche, halb sozialistische Stadt Berlin selbst hat am längsten der Erkenntnis widerstrebt, daß Bauen eine Kunst und nicht lediglich eine Verwaltungssache sei. Der Magistrat von Berlin hat bisher zumeist vormärzlich gebaut und steht noch heute in künstlerischen Dingen keineswegs an der Spitze der deutschen Städte.
Das Bezeichnende für die Entwicklung in Berlin ist der Umstand, daß dort Firmen die künstlerische Entwicklung in die Hand nahmen: *Ende & Boeckmann, Kyllmann & Heyden, von der Hude & Hennike, Ebe & Benda, Kayser & von Großheim, Gropius & Schmieden, Kremer & Wolffenstein*, um nur einige zu nennen, zumeist in der Teilung, daß einer der Gesellschafter den künstlerischen, der andere den geschäftlichen Teil vorwiegend behandelt. Baurat von der Hude schilderte mir einmal sein Verhältnis zu dem inzwischen verstorbenen Hennike so, daß Hennike gern gut esse, wenn er auch schlecht schlafe; er, Hude, aber lieber gut schlafe, wenn er auch minder gut esse: der kühne Unternehmer im Gegensatz zum Künstler. Auch die Aufträge wandelten sich in Berlin. Die Banken, die reichen Geschäfts- und Gasthäuser, die üppigen Wohnbauten waren es vorzugsweise, an denen sich die junge Kunst betätigte.

Friedrich Hitzig: Berlin, Börse, 1859—1863

Das Wort, das gewissermaßen als Schild über der Architektur Berlins zu lesen ist, lautet: Was die anderen wollen, das können wir besser. Mit dem Augenblick, da die Schinkelsche Schule verlassen wurde, begann ein waghalsiges Versuchen mit Fremdem: zunächst war Wien das Vorbild. Dort lernte man nicht nur eine kräftigere Formenbehandlung, sondern dort stärkte man auch sein Formengewissen. Trotz aller Tektonik war dem Berliner Bauwesen mehr und mehr das Gefühl für das abhanden gekommen, was Semper das Wahrscheinliche nannte. Man stellte große Erker auf dünne Tragsteine aus Gips, in denen die Eisenträger versteckt lagen. Sie hielten ja, aber kein Mensch konnte von außen beurteilen, warum. Man bildete in Putz die tollsten Quaderungen, die wunderlichsten Pilasterordnungen, ohne mehr eine rechte Empfindung dafür zu haben, was in Stein wirklich ausführbar ist, weil das Gefühl dafür verlorengegangen war, daß man Steinformen nachahme. Die Dürre und Unfruchtbarkeit der Bötticherschen Gedanken war immer klarer hervorgetreten, je größere Ansprüche die wachsenden Verhältnisse an das Bauwesen stellten.

Die damals jungen Architekten setzen alsbald mit einer Reihe von Versuchen ein; bezeichnend war aber auch für die Folge, ehe die italienische und deutsche Renaissance das Übergewicht gewann, eine hellenische Renaissance, die nicht ganz

Martin Gropius: Berlin, Kunstgewerbemuseum, 1877—1881

die alte Lehre aufgab, namentlich nicht in den Gliederungen und Einzelheiten, aber doch sich über das Maß alter Strenge hinauswagte. *Lucaes* Eintreten für die reiferen Formen war wohl von entscheidendem Einfluß, denn als leitende Kraft an der Bauakademie trug er die neue Lehre in die Kreise der Jugend. Er griff alsbald nach der Renaissance. Sein Borsigsches Wohnhaus in Berlin ist bezeichnend: einfachste Formen bei großen Abmessungen; die Erkenntnis, daß die Maße eine Rolle in der Wirkung des Bauwerkes spielen; daß der verkleinerte italienische Palast, und wenn er auch jedes Einzelglied im richtigen Verhältnis wiedergebe, doch etwas anderes sei als das riesige Vorbild; die Erkenntnis ferner dafür, daß der bessere Stoff nicht nur ein Schmuck, sondern eine Grundbedingung höherer Formensprache sei; daß das Surrogat der Feind der Kunst sei. All das kam an diesem und an ähnlichen Werken zum Ausdruck. Man setzte nicht mehr wie Schinkel seine Hoffnung auf den Ziegelbau. Verbesserte Verkehrsmittel brachten den Berlinern den Stein herbei und schärften ihr architektonisches Gewissen durch diesen. Langsam gewöhnte man sich an den Wohlstand. Als 1864 an einer Villa die ersten Granitsäulen aufgestellt wurden, war man sehr in Frage, ob das Hereinziehen des für den Denkmalbau vorzubehaltenden Steines in den Wohnbau statthaft sei; als um 1870 die Villa des Besitzers einer für das

Bauwesen vielbeschäftigten Tonwarenfabrik, March, in gotischem Stil, seit 1865 eine solche von Kyllmann & Heyden in französischer Renaissance, seit 1864 eine dritte von Ende in deutscher Renaissance und in malerischer Anordnung geschaffen wurden, so zeigte sich zunächst hierin, in dem, ich möchte sagen, mit Humor behandelten Landhausbau, das beginnende Schwanken in der Berliner Schule. Erst 1871 wagten Ende & Boeckmann, die deutsche Renaissance am Bau eines städtischen Geschäftshauses zu verwerten. Der Bau der Börse und der Reichsbank durch Hitzig, der großen Bankanstalten durch Ende & Boeckmann, der Kaisergalerie durch Kyllmann & Heyden brachten das Berliner Bauwesen erst zu größerer Breite, zu reicherer Verwendung der sich ihm nun darbietenden üppigeren Mittel.

Die Wiener Verhältnisse blieben aber doch in den siebziger Jahren die reicheren. Dorthin brachte *Friedrich Schmidt* eine kräftige gotische Schule. Er war der Sohn eines protestantischen Theologen. Die mittelalterliche Romantik, mehr noch, wie er selbst sagt, das künstlerisch Ausgebildete des katholischen Gottesdienstes, der Zusammenhang zwischen künstlerisch-dichterischen und gläubigen Empfindungen führten ihn zur römischen Kirche. Nach unvollendeten Studien infolge mißlicher Umstände als Steinmetz am Kölner Dom Arbeit suchend, gewann er hier rasch einen leitenden Einfluß. Seit 1857 wurde er Lehrer der Baukunst in Mailand, seit dem französischen Krieg trat er in gleiche Stellung an die Wiener Akademie. Er blieb dabei ein deutscher Steinmetz im Sinne der Romantik, ein auf seine gewerbliche Ausbildung, sein Meistertum stolzer, in einer gewissen Gewandtheit und Derbheit sich gefallender Künstler, trotz der hohen, geistigen Entwicklung, der vollendeten weltmännischen Form, der Wohlredenheit, die dem schönen langbärtigen Mann so gut zu Gesicht stand.

Es war eine Tat, die bei den jungen Bauleuten Berlins stürmische Begeisterung erweckte, daß er für den Bau des Rathauses in der preußischen Hauptstadt 1857 einen gotischen Entwurf lieferte. Dazu war dieses ein Meisterwerk, das hoch über dem stand, was die rheinische Schule bisher geleistet hatte. Die Gotik schien, ihrer Starrheit, ihrer lehrgerechten Spitzigkeit mit einem Schlage entkleidet, befähigt, den vielseitigen Anforderungen eines Verwaltungs- und Festgebäudes gerecht zu werden; denn auch große Versammlungssäle sollte der Bau enthalten. Dieselbe Gegnerschaft, mit der sich die herrschende Berliner Anschauung leidenschaftlich gegen die Rückversetzung ihrer Stadtverwaltung in ein Haus des finsteren Mittelalters siegreich behauptete, wiederholte sich in Wien, als Schmidt für das Akademische Gymnasium 1863 einen gotischen Entwurf lieferte, hier ohne Erfolg. Sie klang nur noch leise nach, als Schmidt am Wiener Rathaus seit 1869 seine für Berlin niedergelegten Gedanken in reiferer Form durchführen konnte.

Mit vollem Recht sagt der bedeutendste deutsche Kritiker für Architektur, der mit umfassender Kenntnis seit einem Menschenalter die Entwicklung des Bauwesens verfolgt, *K. E. O. Fritsch*, die Kölner Schule habe ihren Bauten nur ein Scheinleben zu verleihen verstanden! Die Form wurde nicht dem Inhalt, sondern dieser Inhalt wurde der Form untergeordnet und angepaßt; nicht den Zweck hatten die Entwerfenden, sondern vorzugsweise den Stil im Auge. So noch an Schmidts ersten Bauten in Wien, deren herbe Strenge die Wiener nicht anzuziehen vermochte.

Der Streit über den Primat von Inhalt oder Form begleitet das ganze 19. Jahrhundert und auch schon das letzte Drittel des 18. Jahrhunderts, wie Gurlitt es uns an all diesen Gegensatzphasen von Materialismus und Idealismus, Romantik und Klassik und nun von Gotik und Hellenentum vorexerziert; ehe die Formel »Form follows Function« sich in den eigenwilligsten Persönlichkeiten des Jugendstils sozusagen in den Schwanz biß und jetzt als »Function follows Form« den heutigen Mies-Hellenismus charakterisiert. Dieser Neuhellenismus versucht mühsam, den wütenden Angriffen der »organischen« Nachfolger von Härings Kuhstall weiter zu widerstehen, so, als ob irgend etwas Neues zu sagen sei auf der ästhetischen Ebene, die längst durch die Spannungspaare: Einzelstück und Masse, Ruhe und Bewegung, alt und neu weitgehend besetzt ist.

Da die Antinomie solcher Begriffspaare aber naturgesetzlich ist und auch wir in unserem permanenten Umbruch zu neuen Gesellschaftsformen diese Spannungspaare brauchen, haben wir in stillschweigender Übereinkunft die Ebene der ästhetischen Auseinandersetzung durch soziologische, naturwissenschaftliche und populär-philosophische Ebenen ersetzt. Jede Zeitschrift belehrt uns heute reichlich darüber.

Der Herausgeber möchte hier bekennen, daß er alle heutigen Spannungsmöglichkeiten natürlich nicht aufsagen kann, da er schon der älteren Generation angehört und beim Häuserbauen in eine gefährliche Naivität zurückfällt; nennen aber möchte er: Einzelstück und Masse (siehe Fertigbau) oder Einzelmensch und Masse Mensch (siehe Freiheit und Ordnung), oder Ruhe und Bewegung (siehe Verdünnung und Verdichtung — eine eklige Antinomie, die den ganzen Städtebau zum besten hat), oder einfach alt und neu, ein Gegensatz, den wir zum Leben brauchen, von dem wir aber den einen Teil leider konsequent beseitigen und durch Surrogate ersetzen müssen!

Doch zurück zu Friedrich Schmidt:

Der Stefansdom, dessen Erneuerer er seit 1863 wurde und dem er ein außerordentliches Verständnis entgegentrug, lehrte ihn, sich von der Dürre der Kölner Architektur vollends freizumachen. Dort stand er schon einer anderen Auffassung über die Pflichten des Erneuerers gegenüber als in Köln. Als er gefunden hatte, daß die schwarze Färbung des Kircheninnern nicht die Folge der Zeit, sondern eines Anstriches im 17. Jahrhundert sei und diesen zu entfernen beschloß, rief er die Maler gegen sich auf, die mit zweifellosem Recht die alte feierliche Stimmung des Baues gewahrt wissen wollten. Als er mit seiner Erneuerung an das Riesentor, den Rest des ursprünglichen frühgotischen Baues, trat, machte sich der Kunstgelehrte Moritz Thausing zum Mundstück des über die ehrwürdige Hauptkirche wachenden Wienertums; obgleich seit fast dreißig Jahren mit dem Wiener Leben verschmolzen, mußte Schmidt sich gefallen lassen, als fremdes Ungeziefer, als »Phylloxera renovatrix« verfolgt zu werden. Der Sinn der Zeit war für die Schönheit von vielerlei Kunst schon geschärft, die Art, wie Ahlert und Zwirner in Köln die Gotik verbesserten, schon verurteilt; Schmidt folgte nur dem Gang der Entwicklung, indem er der Alleinherrschaft der edlen Gotik entsagte. Am Wiener Rathaus suchte er daher auch Anschluß an die freieren Bildungen der Spätgotik, der solange als schlechter Stil verketzerten, und an den Zinshausbau, wie er sich in Wien an der Riesenaufgabe des Ausbaues der Glacis, des Ringes mit seinen Nebenstraßen, entwickelt hatte. Den breitgelagerten Stockwerkbau, die Herrschaft des Hauptgesimses mit gotischen Formen zu vereinen, war das Ziel. Wenn an mich die Frage gerichtet wird, sagte er, in welchem Stil das Rathaus gebaut sei — ob gotisch? —, so muß ich offen bekennen, daß ich das nicht weiß. Wenn man mich früge, ob es im Stil der Renaissance sei, so muß ich antworten, daß ich es nicht glaube. Wenn aber irgend etwas bezeichnend für den Stil des Baues ist, so mag es der Geist der Neuzeit im eigentlichen Sinn des Wortes sein, der sich voll in ihm ausspricht. Ich kann nur sagen, fährt Schmidt fort, was ich angestrebt habe: Es ist das Bauwerk eines Künstlers, der die Baugeschichte früherer Jahrhunderte in sich aufgenommen hat! Später sprach er den Wunsch aus, noch einmal jung zu werden, um sich mit ganzer Kraft dem romanischen Stil zu widmen, der gewaltsam abgebrochen worden sei, lange bevor er den Höhepunkt seiner künstlerischen Entwicklungsfähigkeit erreicht habe.

Aus Schmidts Schule ging eine Reihe tüchtiger Gotiker hervor. Die größten künstlerischen Kräfte unter ihnen dürften der Münchener *Georg Hauberrisser* und der in Berlin tätige *Hans Griesebach* sein. Namentlich Griesebach ist einer der wenigen eigenartigen Meister unserer Zeit. Seine Auffassung der Deutsch-Renaissance, der er mit Hilfe eines kräftigen Naturalismus neue Keime entlockte, als sie schon ganz ausgesogen erschien, war wirklich eine Tat, die für die Folge nicht kleiner erscheint, weil auch diese die übereifrigen Berliner Baumeister rasch überboten und zur Übertreibung, zur Ermattung führten. Denn das ist der große Schaden der Berliner Kunst, daß sie in ihrer gewaltigen Arbeitsleistung überall zur Steigerung und Übertreibung der Baugedanken führt. Was ist nicht alles seit etwa 1875 in Berlin in deutscher Renaissance geschaffen worden! Die alle Tage sich mehrende Zahl von Aufmessungen alter Giebel und Tore, Erker und Türmchen wurde rasch verarbeitet, von den bescheidenen Häusern und Schlössern des 16. Jahrhunderts auf die riesigen Geschäfts- und Mietskasernen übertragen, die Gliederungen übertrieben, die Schwingungen und malerischen Wirkungen ins Derbste überboten, die Gedanken einer bescheiden bürgerlichen Kunst ins aufdringlich Laute übersetzt. Andere Großstädte folgten dem Beispiel; aber Berlin ist die Stadt, in der die stilistischen Anregungen der Baugeschichte am schnellsten, und zwar durch Überfütterung zugrunde gerichtet wurden.

Hansen wie Schmidt beugten sich vor dem dritten Wettbewerber in der Gunst des kunstgeschichtlich geschulten Zeitalters: vor der italienischen Renaissance. Diese hatte in verschiedenen Städten ihre erfolgreichen Vertreter. In Stuttgart war es *Christian Leins*, mein verehrter Lehrer, dem ich mehr verdanke, als meine Studiengenossen angesichts meiner Faulheit im Saale für Entwerfen wohl glauben mögen. Leins war ein vorsichtiger feiner Künstler, der der Renaissance Italiens eines abzulernen nicht vermochte, nämlich die Kraft, die sich namentlich in der entschiedenen Behandlung des Hauptgesimses äußert. Ähnliche Schwächen zeigen viele der ersten, die sich dem Stil widmen, so der Dresdener *Hermann Nicolai*, im gewissen Sinn auch der Münchener *Gottfried Neureuther*. Das Gleichgewicht der alten Florentiner wiederzufinden war *Gottfried Semper* vorbehalten.

Semper gehörte zu jenen deutschen Architekten, die wie sein Vorgänger in der Dresdener Professur, *Joseph Thürmer*, und wie Hansen Athen gesehen hatten. Aber seine eigentliche Schule hatte er in Paris bei *Franz Chr. Gau* gemacht. Auch dieser war ein Deutscher, in Köln geboren, doch in jungen Jahren nach Paris gekommen, berühmt durch seine Reisen nach dem Orient, wo er bis nach Nubien drang, vermessend, zeichnend, ganz erfüllt von der geschichtsforschenden Aufgabe des Architekten. Neben ihm wirkte in ähnlichem Sinne sein Kölner Altersgenosse *J. I. Hittorf* und der Breslauer *Karl Ludwig Zanth*, der später durch den Bau des maurischen Schlosses Wilhelma bei Stuttgart berühmt wurde. Seit den zwanziger Jahren bilden diese Deutschen durch ihren Fleiß, ihre Gelehrsamkeit und ihre künstlerische Bedeutung ein sehr wichtiges Glied in der baulichen Entwicklung der französischen Hauptstadt. Es war also Sempers Wanderung nach Paris nicht im gleichen Sinn eine solche in fremdes Gebiet wie die der Berliner Maler. Wohl aber hat er von diesen Freunden eines gelernt, was ihn auch als Theoretiker z. B. von Bötticher unterscheidet: nämlich, daß er sich durch das Sehen von Bauten, nicht durch die ästhetische Untersuchung von Bauaufnahmen auszubilden trachtete; daß er weniger darauf ausging, die richtigen Gesetze für alle kommende Kunst festzustellen, als jene zu begreifen, die sich als in vergangenen Werken wirksam erkennen ließen.

Sehr aufregend ist der Versuch einer Stilmischung von Klassik und Gotik in der Retorte, den man mit der Maximilianstraße in München realisiert hat und den Gurlitt anschaulich schildert. Natürlich beobachten wir bei allen »Persönlichkeiten« das Schwanken zwischen zwei Polen; selbst Mies van der Rohe war rein romantisch in seinem Barcelona-Pavillon, und Peter Behrens begann mit organischen Formen, und Scharoun konnte in seiner Breslauer Zeit sehr hart sein, wenn er wollte. Aber daß so etwas von einem König per Wettbewerb in der Retorte gezeugt wurde, als Homunculus, das war doch sehr aufregend; und wie der Name schon verrät: es wurde sehr langweilig! – Bis Semper das Kolumbus-Ei knackte und die Synthese fand, die Renaissance.

(Wobei, nach Semper, das Theater antik, die Kaserne eine mittelalterliche Befestigung, die Villa italienisch, die Kirche gotisch und die Synagoge orientalisch sein müssen. Das schlägt er nach in seinem »Buch des Kunsthistorischen Wissens«.)

Dazu nun Gurlitt in einer Anschaulichkeit und mit seiner Detailkenntnis:

Semper stellte die Renaissance über die Antike. Damit öffnete er die Bahn für eine neue Auffassung der Ziele des Baumeisters; er gab dem Idealismus eine neue Richtung. Denn bisher hatten die Versuche, die mit diesem Stil sowohl wie mit allen möglichen andern gemacht worden waren, doch nie zu befriedigenden Ergebnissen geführt. Nirgends empfand man dies mehr als in München, wo sich die von König Ludwig I. unternommenen Versuche drängten. König Maximilian II. suchte diesen Fehler in seiner Weise zu beheben. 1851 erließ er ein Preisausschreiben, das nichts Geringeres anregte als daß eine neue Bauart, ein Stil gesucht werde. Der König war der Ansicht, die Zeit für das Anwenden alles dessen, was das Nachdenken in den Kunstboden gesät hatte, sei nun endlich gekommen. Wir leben nicht mehr, sagte das Ausschreiben, in der Zeit des überreizten naturnotwendigen Schaffens, wodurch früher die Bauordnungen entstanden, sondern in einer Zeit des Denkens, Forschens, der selbstbewußten Überlegung. Die Baukunst aber zeige ein Schwanken zwischen klassischer und romantischer Art, »die aber selten nicht ganz rein gegeben werde«. Neue Formen, Umbildungen der alten würden dabei verwendet. Es sei ein Bedürfnis des Geistes, nach Neuem zu trachten, nicht bloß das schon Dagewesene vollkommen oder unvollkommen nachzuahmen, sondern Neues zu schaffen. Als die Grundideen unserer Epoche, fährt das Ausschreiben fort, kann man teilweise das Streben nach Freiheit bezeichnen, nach freier Entwicklung und zwangloser Übung aller physischen und moralischen Kräfte. Die Verhältnisse des Völker- und Staatslebens seien andere geworden. Sollte es nicht gelingen, für sie einen neueren Stil zu schaffen, der sich wie einst die Renaissance als Selbständiges aus dem Bekannten entwickle! Sollte es nicht möglich sein, zweckmäßig, deutsch und

Friedrich Bürklein: München, Maximilianeum, 1857—1874

doch neuartig zu bauen, aus den mit soviel Eifer durch die Wissenschaft wiedereroberten Stilen ein eigenartiges, schönes, wohlgegliedertes Ganzes zu gestalten? Das Ergebnis dieses Ausschreibens waren die Bauten der Münchener Maximilianstraße. Sie sind recht langweilig ausgefallen; die Stilmischung, die sich als neuer Stil gibt, ist recht ungeschickt und kunstlos durchgeführt, das Ergebnis der Bemühungen in München war rein verneinend. Alle, die von vornherein gesagt hatten, daß Stilreinheit die Grundbedingung jeder Kunst sei, alle, die einen bestimmten Stil als allein für die Neuzeit oder für Deutschland geeignet erklärten, hatten leicht jubeln, den vorausgesagten Mißerfolg feststellend. Und es waren der strengen Stilisten recht viele. Die Hellenen in Berlin, München und Wien, die Romantiker Gärtnerscher Schule in München, Wien, Hannover, die Gotiker strenger Richtung am Rhein, die auf das Frühchristliche Eingeschworenen in Baden und die Renaissanceverehrer in Stuttgart und Dresden: alle waren sich darüber klar: So wie man in München wolle, gehe die Sache nicht.

Julius Meyer schrieb diesem Versuch 1863 eine sechzig Seiten lange Leichenpredigt, ohne ihn ganz kleinzukriegen; 1865 kämpfte er nochmals dagegen, Lübke wurde über ihn witzig, was sonst seine Art nicht war; von allen Seiten fiel man auf ihn ein — es ging ihm wirklich herzlich schlecht. Trotzdem war der Gedanke so übel wohl nicht, nur die Ausführenden waren ungeschickt im Entwerfen. Wer die heutige amerikanische Baukunst, wer das im Rückschlag dieser in Deutschland Geschaffene durchsieht, der wird sich sagen müssen, daß dort der Weg gefunden ist, auf den König Max wies. Und zwar scheint es auf den ersten Blick, als wäre er gefunden, weil die neueren amerikanischen Architekten kunstgeschichtlich schlechter vorgebildet, also naiver seien als die bayrischen von 1850 oder 1856o. Naiver heißt unbefangener, in diesem Fall aber nicht viel weniger als ungebildeter, unbelehrter, als minder vertraut mit dem, was vergangene Zeiten schufen. Leider zeigt sich bei genauem Hinsehen aber, daß wir den Amerikanern die Gottesgabe größerer Unwissenheit nicht zusprechen dürfen. Gerade dort wird sehr eifrig an den alten Stilen gelernt, und zweifellos hat ein Architekt wie Henry Richardson, der berühmte Erbauer der erstaunlich naiven Dreifaltigkeitskirche in Boston, mehr nach alten Formen geforscht als *Friedrich Bürklein, Eduard Riedel* oder sonst einer der Meister der sogenannten Streck-Lisenen-Ordnung; zweifellos war das Leben in New York und Boston schon 1860 weniger zur Entwicklung der Naivität geeignet als jenes in München. Die Schilderungen aus dem Lederstrumpf mit ihren unerhört hochherzigen Trappern und Delawaren trafen auf den damaligen Zustand Nordamerikas nicht mehr ganz zu. Nicht größere Unbefangenheit, sondern größeres Können brachte dem Versuch hier die Erfolge, die sie in München nicht hatten. Den Architekten Münchens fehlte dieses Können, um die alte Kunst geistig zu verarbeiten; sie hatten die alten Stile zu sehr in jener Abstraktion kennengelernt, die sie auf einige wenige gute Formen zurückführte und den bildenden Reichtum als unreif oder Verfall ablehnen ließ. Die Beschränktheit des deutschen Idealismus hing ihnen als Bleigewicht an den Füßen. Das kurze Gedärm hatte sie wieder verhindert, die Stile zu verdauen!

Die neue Schule, die sich in den fünfziger Jahren die Baukunst zu beherrschen anschickte, Semper an der Spitze, wandte sich der Renaissance zu als fertiger Erfüllung dessen, was man vergeblich neu zu schaffen trachtete. Semper erklärte sich sehr entschieden gegen die Antike und gegen die Gotik als die Hauptgegner seines Stils. Nicht als ein Verächter ihrer Schönheiten, sondern weil sie ihm nicht alle Fähigkeiten in sich zu vereinen schienen, die wir heute vom Bauwesen fordern. Die Renaissance allein gebe den Bauten ein ihr Wesen erklärendes Schaubild, indem sie die von den Griechen gefundenen Einzelformen sinnbildlich verwertet. Sie nehme diese ebenso auf wie die Raumkunst der alten Römer und schaffe somit Werke, die nicht nur dem Bedürfnis entsprechen, sondern sich »zu zweckdienlicher Idealität emanzipieren«, also zu einer höheren Zweckerfüllung befreien. Hierin sei die Entwicklung noch lange nicht abgeschlossen. Die Renaissance in ihrer Bildsamkeit habe vielleicht ihre beste Zeit noch vor sich. Wie sie eine Wiederaufnahme eines in seinen äußeren Formen entlehnten, des römischen Stils sei, so sei eine zweite solche Renaissance auch heute möglich. Denn Stil ist für Semper die Übereinstimmung einer Kunsterscheinung mit ihrer Entstehungsgeschichte, mit allen Vorbedingungen und Umständen ihres Werdens. Zu diesen geschichtlichen Vorbedingungen gehört ihm auch die Kunstentwicklung, als deren Ergebnis jeder einzelne erscheint. Semper wollte, daß sich der einzelne Künstler als Schüler der ganzen vorhergehenden Zeit fühle. Wir sollen uns bestreben, sagt er, mit männlicher Reife des Wissens genug Unbefangenheit, Freiheit und eigene Einfälle zu verbinden, um die Aufgabe, die vorliegt, mit Selbständigkeit, aber auch mit Rücksicht auf das Vorausgegangene genügend zu lösen. Das letztere ist um so notwendiger, als selbst der Eindruck, den ein Bauwerk auf die Massen hervorbringt, zum Teil auf Gedächtnisbildern begründet ist. Ein Schauspielhaus muß durchaus an ein römisches Theater erinnern, wenn es »Charakter« haben soll; ein gotisches Theater ist unkenntlich. Kirchen in altdeutschem oder selbst im Renaissancestil des 16. Jahrhunderts haben für uns nichts kirchliches. So muß nach Semper ein Gerichtshaus die Art des Dogenpalastes, eine Kaserne jene der mittelalterlichen Befestigungen, eine Synagoge die orientalischer Bauten tragen. Es ist derselbe Gedanke wie bei Lenbach. Semper sieht die Kunstwerke durch die kunstgeschichtliche Brille, er schlägt bei einem neuen Bauauftrag zunächst im Buch seines großen kunstgeschichtlichen Wissens nach, bis er findet, wie dieser am besten früher behandelt worden sei und nimmt ihn dann in Fortbildung des Alten auf.

Er ist dabei sehr viel freier in der Wahl als andere Zeitgenossen. Semper hat in allen Stilen gebaut, weil er in allen Stilen für bestimmte Aufgaben eigenartige Lösungen fand. In dem Gedanken, daß der moderne Baumeister alle ältere Kunst zu eigen habe, daß er sich jede nutzbar machen dürfe, stimmt er mit den Münchnern überein. In der Behandlung der Stile weicht er von ihnen ab. Er will echt bleiben, er hält sich innerhalb der dem jeweiligen Zeitalter eigenen Formgebung. Aber er will nicht nachahmen, sondern in den Formen der verflossenen Zeit ebenso wie im Geist der neuen schaffen. Immer mehr drängt ihn dieses Streben auf die Renaissance, denn die von ihr gelösten Aufgaben stehen den modernen am nächsten.

Die von Semper erhoffte Feststellung des Gesamtbildes bestimmter Bauarten blieb aus. Er selbst widersprach ihr. In Deutschland war die Säulenhalle zum Schaubild eines Museums geworden. In Berlin, in München, aber auch im Britischen Museum zu London und, durch Zufall, am Louvre in Paris war sie zu beobachten. Italien hat, abgesehen von der Villa Albani in Rom, keine Vorbilder. Semper kümmerte sich nicht darum und wählte doch den italienischen Palazzo zum Vorbild für sein Dresdener Museum. Denn er wollte nicht ein zweigeschossiges Gebäude hinter eine eingeschossige Schauseite pferchen. Mit gleicher Selbständigkeit ging er bei seinem Entwurf für die Nikolaikirche in Hamburg vor.

Die Zeit eines künstlerischen Aufschwunges, den Dresden nach Überwindung der letzten Mengsschen Anklänge genommen hatte, gab Semper Gelegenheit, seine

Grundsätze zur sachlichen Durchführung zu bringen. Aber wenn auch die Bildhauer Rauchscher Schule, vor allem Hähnel, ihn befriedigten, so hat er sich doch sachlich wenig zu Hübner und Bendemann hingezogen gefühlt, die damals neben Schnorr von Carolsfeld nach Dresden gezogen worden waren. Der Zug der Zeit und seine Bildung wies ihn, wie den neben ihm tätigen Richard Wagner, nach Paris. Gau, Hittorf, Gilbert, Lesueur, Labrouste sind die Architekten, mit denen er am meisten übereinstimmte. Italien war die Heimat der Formen, die er vor allen liebte, Frankreich lehrte sie geistig verarbeiten. Gemeinsam mit dem Zug der Zeit drängte er auf größere Farbigkeit. Selbst Bramante erschien ihm kahl, wenigstens das, was man in Rom für Bramante hielt, die Cancelleria und ähnliches. Er wollte stärkere Gegensätze, breitere Schatten, bewegtere Flächen; er wollte durch starke Gliederung ersetzen, was die Antike durch die von ihm eifrig verteidigte Bemalung der Tempel erreicht habe. In der Innendekoration nahm er die pompejanischen Anregungen lebhaft auf, ebenso die auf gleichen antiken Quellen beruhende Schmuckweise Rafaels und seiner Schüler; er berief Franzosen nach Dresden, als es galt, das neue Hoftheater auszumalen, gewerbliche Erzeugnisse herzustellen.

Der Aufstand von 1849, in den Semper verwickelt war, unterbrach seine Dresdener Tätigkeit. Er ging nach London und nahm Teil an den Bestrebungen, die zur Errichtung des South-Kensington-Museums führten. Noch vor einigen Jahren sah ich in einem Winkel der Riesensammlung ein Modell, das Semper für den Bau geschaffen hat.

Gurlitts Antihellenismus verdanken wir im folgenden eine sehr gut formulierte, auf den kürzesten Nenner gebrachte Inhaltsangabe von Sempers »Stil«, der auch für uns heute wieder — abgesehen von seinem standardsetzenden Wert — sehr viel aktueller geworden ist; kürzlich hat das sogar zu einer besonderen Dokumentation geführt.

Semper fand in London die Mittel zu seinen Forschungen über die Gesetze der gewerblichen Künste, die er in seinem berühmten Buch »Der Stil« niederlegte, dem Werk, das zuerst in die Festung der Bötticherschen Kunstlehre Bresche legte. Denn seiner ganzen Denkweise nach konnte Semper nicht annehmen, daß die antiken Säulenordnungen fertig geboren seien; er mußte sie als eine Fortbildung hergebrachter Formenbilder erkennen. Darum untersuchte er auch gerade die einfachsten ältesten Schöpfungen des Kunsttriebes, ähnlich wie der Sprachforscher auf die Urbildungen der Silbe, des Wortes zurückgreift; an ihnen fand er die Gesetze seiner praktischen Ästhetik festgelegt; vor Erfindung der Großkunst seien sie entwickelt gewesen; diese habe erst aus den einfachen Formenbildern ihre Sprache entlehnt. Dieses Hinweisen auf die Kleinkunst war von tief-

Gottfried Semper: Dresden, Nordeingang der Dresdner Galerie, 1847–1854

ster anregender Kraft, nicht nur für die Wissenschaft, sondern auch für das neue Gewerbe. Semper dehnte die Untersuchung aus und wies die entwerfenden Künstler auf Dinge hin, die bisher wenig beachtet der Mode überlassen worden waren; er lehrte die Bedingungen des Stoffes untersuchen und die aus ihnen sich ergebenden Formen; er lehrte die Zwecke beobachten, die diese Formen wandeln; die Ausschmückung betrachten, wie sie Formen anderer Kunstgebiete entlehnt, auf neue überträgt und hierdurch zu weiteren Umbildungen anregend wirkt. Dabei ist er nicht wie Bötticher darauf aus, festzustellen, wie die Formen hätten sein sollen, wenn sie als vollendet angesehen werden dürften; er schließt nicht die Mehrzahl der Erzeugnisse aller Stile und selbst jener Griechenlands von der höchsten idealen Kunst aus; vielmehr sucht und findet er in jedem Stil die besonderen Gesetze, die sich aus Zweck, Stoff und Schmuckbedürfnis ergeben; er stellt nicht die Zweckerfüllung, nicht die Werkform allein, wie es die Gotiker taten, nicht die vom Stoff und Zweck getrennte, lediglich sinnbildlich zu fassende Zierform allein, wie die Hellenisten wollten, an die Spitze der Betrachtung, sondern sucht festzustellen, inwieweit sie sich gegenseitig bedingen und ergänzen.
Die Gotiker jener Zeit hielten an dem Grundsatz fest, daß die Werkform die Grundlage der Formgebung sein müsse. Auch sie wirkten zweifellos anregend auf das gewerbliche Schaffen und über dieses hinaus auf die Baukunst. Sie stützten sich, seit sie erkannt hatten, daß ihnen die deutsche Gotik nicht eine hinreichende Formenfülle zu Gebote stelle, auf französische Vorbilder. Es ist dies nicht so zu verstehen, daß Deutschland den Gedanken von Frankreich entlehnt habe. Im Gegenteil. Der Kölner Gau, Sempers Lehrer, war es, der die in seiner Vaterstadt zuerst gegebenen Anregungen nach Paris trug; er war der erste in Frankreich, der eine Kirche in gotischen Formen neu aufführte: St. Clotilde, die noch in vorwiegend rheinischen Kathedralformen 1846 begonnen worden ist; er war es, der eine Reihe von Pariser Kirchen stilgerecht wiederherstellte. Als 1830 Victor Hugo seinen Roman »Notre Dame de Paris« schrieb, der in Deutschland kaum weniger gelesen wurde als in Frankreich, war es sein ausgesprochenes Ziel, seinem Volke wieder die Liebe zu dem Stil einzuimpfen, der das eigenste Erzeugnis seines Geistes ist; er wollte den Entlehnungen aus Italien und Griechenland entgegenarbeiten, die vielgestaltige Gotik dem frostigen Klassizismus entgegenstellen, die Maler der Romantik in ihrem Kampf gegen den gemeinsamen Feind unterstützen. Schon hatte Viollet-le-Duc seine lehrhafte Tätigkeit begonnen, indem er seit 1840 die St. Chapelle erneuerte, seit 1854 sein berühmtes *»Dictionnaire raisonné de l'architecture française«* herausgab. Eine große Zahl von Erneuerungen, an der Spitze die seit 1845 gemeinsam mit Lassus durchgeführte von Notre Dame zu Paris, von Veröffentlichungen nach diesen, die glänzende Tätigkeit der Pariser Verleger jener Zeit unterstützten den französischen Einfluß. Die deutschen Veröffentlichungen über ältere Baukunst, soweit sie nicht

ihren Stoff außer Landes suchten, hatten die Kenntnis deutschen Bauwesens, namentlich des romanischen Stils, sehr vertieft. Aber die eigentliche bildende Kraft der französischen Architektur hatten die Deutschen weder im Mittelalter noch bisher im 19. Jahrhundert erreicht. Es fehlte ihnen die Beweglichkeit der Formengebung, der Reichtum an schmückenden Gliedern, der Saft und die Kraft der französischen Vorbilder. War doch der romanische Stil bei uns nach großartigen Anfängen nicht ganz zur Reife gekommen, die Gotik, früh von den staatlichen Wirren beeinträchtigt, ins Handwerkliche herabgesunken. Nur im Norden, im Gebiet der Hansa und des Backsteinbaues, blühte sie in eigenartiger Kraft während des 13. und 14. Jahrhunderts fort. Hier, und zwar zunächst fast allein in Hannover, entwickelten sich Gärtners Schüler in einer der französischen Richtung entsprechenden Weise. Andreae, Hunaeus, Droste waren die Vorläufer, die seit 1844 die mittelalterlichen Backsteinformen nachahmten, den alten Bauten der Umgegend die Anregung für neue Schöpfungen entnehmend.

Hier folgt nun die Darstellung der früher unter dem Spitznamen »Hasik« bekannten Hannoverschen Gotik des Herrn Hase. Das ist wiederum sehr instruktiv, zeigt diese Gotik doch, als ein berühmter Vorläufer des Jugendstils, daß Muthesius' »Englisches Landhaus« in Deutschland schon in den fünfziger Jahren des 19. Jahrhunderts praktiziert wurde. Ja, Gurlitts Kollege Rebentisch hält in Kassel Vorträge, die nicht nur van de Velde, sondern eigentlich schon Häring vorwegnehmen.

Konrad Wilhelm Hase, der seit 1848 die Kirche zu Loccum erneuerte, 1849 Lehrer am hannoverischen Polytechnikum wurde, befestigte die gotische Richtung derart, daß Hannover durch Jahrzehnte und bis heute der Mittelpunkt der romantischen Richtung Deutschlands wurde. Von der dürftigen und leeren Auffassung des romanischen Stils, wie ihn Hübsch in Baden und Gärtner in München angewendet hatten, schritt Hase, am Alten lernend und eine stets wachsende Schar begeisterter Schüler belehrend, immer weiter zu einer klaren Entwicklung seiner Ansichten vor. Die unlösliche Verbindung von Werk- und Kunstform zu völlig folgerichtiger Durchbildung zu bringen, schien ihm die Aufgabe der Gotiker des Mittelalters gewesen zu sein, wurde nun die seinige. War die rheinische Schule auf die Ergründung des gotischen Systems und auf dessen widerspruchsfreie Darstellung im Neubau ausgegangen, so suchte er die Hauptformen von den Nebengebilden zu trennen, das Gerippe von tragenden, raumüberspannenden und bekrönenden Gliedern klar zu Schau zu stellen. Aber er erkannte zugleich die malerische Seite des mittelalterlichen Schaffens, das in der Farbe, sei es der bunten Ausmalung des Innern, sei es in geschickter Verwertung kräftig getönter Baustoffe, sei es im Einfügen zweckdienlicher Kleingebilde in die Hauptmassen liegt.

Diese sollen die Massen beleben, ihnen einen wirksamen Maßstab geben, die Nebenteile zum Schmuck für das Ganze werden lassen. Hase folgte nur der allgemeinen Zeitströmung, wenn ihm der Backstein in seinen bescheidenen, gleichmäßig durchzubildenden Maßen zur Grundlage einer bewußt beschränkenden Regel wurde. Er erhob das Einhalten dieser Maße zum Grundsatz, die Schichtenfugen gaben ihm beim Entwurf das Netz für alle Höhenabmessungen; ihnen hat sich jede Schmuckform, jede Gliederung unterzuordnen. Was die Achslinien dem klassischen Grundriß, das sollten die Ziegelfugen dem Aufbau werden: stärkendes Gerippe und sichere Unterlage für planmäßigen Entwurf. Er und seine Schule kamen zu einem Eifer für die Ziegelarchitektur, daß sie auch dort, wo Haustein zur Verfügung stand und den Zweck besser erfüllte, an ihr festhielten. Ja, selbst ins Innere der Räume trugen sie den Ziegelreinbau hinein.

Die künstliche Bautätigkeit Hases hat auf die Gestaltung des protestantischen Kirchenbaus einen starken Einfluß ausgeübt. Aber auch im bürgerlichen Bauwesen machte sie sich geltend. In diesem war neben ihm *Edwin Oppler*, der als Schüler Viollet-le-Ducs eine Zeitlang an der Kathedrale zu Amiens tätig war, der Träger des französischen Einflusses. Er hatte seine Studien über die Umgebung Hannovers hinaus erstreckt und entwickelte eine reiche schriftstellerische Tätigkeit, vorzugsweise in kunstgewerblicher Hinsicht. Denn er war einer der ersten, die aus Paris den Sinn für »Komfort«, für ein erhöhtes behagliches Wohnen, für bessere Einrichtung der Häuser heimbrachten; hier wurde er bei reichen Bauherren bald allgemein beliebt.

Als ich in Kassel in den Jahren kurz nach dem französischen Krieg bei einem Baumeister tätig war, dessen beste Eigenschaft — mehr für uns junge Architekten als für die Bauherren — darin bestand, daß er uns machen ließ, was wir wollten, hatte ich als Schüler von Leins im Verkehr mit *Rebentisch*, einem der begabtesten Schüler der Hannoverischen Richtung, Gelegenheit, der Verschiedenheit der Kunstauffassungen kundig zu werden. Kassel besitzt außer den Arbeiten dieses Künstlers noch einige der schönsten Leistungen eines anderen zu früh geschiedenen Meisters gleicher Richtung, *Luers*, der uns das, was die Schule bieten konnte, in besten Beispielen vor Augen führte. In der Villa Wedekind — die Kasselaner nennen sie, der vielfach verwendeten glasierten Ziegel wegen, die »Glitzerburg« — sah ich damals auch hannoverische Innenausstattung von bester Art. Der Vorwurf Rebentischs, daß wir nur allzuoft die Grundrisse wegen der Schauseite, wegen der schönen Wirkung der Achsenlinien auf den Zeichnungsblättern und um anderer akademischer Künste nicht so ausbildeten, wie wir es ohne diese Nebenrücksichten getan hätten, war ja völlig einleuchtend; ebenso wie die Versicherung, daß man in Hannover den Grundriß aus den Bedürfnissen zweckmäßig schaffe und daß die Gotik für eine Gestaltung, wie sie eben aus dem Bedürfnis hervorging, die Mittel zum künstlerischen Aufbau böte. Rebentisch höhnte unsere Symmetrie, unser Streben, den Bau unter ein Hauptgesims zu zwingen, die Willkür unserer Fassadengliederungen, während bei ihm das Bedürfnis allein die Form bestimme; er verwarf unser Arbeiten mit »Surrogaten«, unser Nachahmen des Steins in Stuck, das uns freilich von allen konstruktiven Bedenken befreie. Kassel, damals eben preußisch geworden, hatte eine Anzahl Baubeamte, die Schüler der Schinkelschen Richtung waren. Auch ihnen ging es nicht wesentlich besser als mir, der ich mich in Wien und Stuttgart auf Renaissance eingedrillt hatte. Rebentisch höhnte vor allem über die »Monumentalität«, mit der wir jeden Zinsbau behandelten. Und er hatte so unrecht nicht. Die Winkel und Ecken des malerisch geplanten Landhauses, die Ausbildung von Giebeln und Erkern, von Türmen und offenen Hallen, die wohnlich unregelmäßige Gestaltung der Räume, das Ineinanderschieben verschiedenwertiger Gelasse, die Ausbildung des Daches zu einem wesentlichen Teil des Gebäudes, die Beweglichkeit in der ganzen Anordnung von Aufriß und Grundriß ist in Hannover zuerst zu voller Entwicklung gekommen. Man kann sich sehr wohl denken, daß, wer eine Opplersche oder Luersche Villa bewohnt hatte, sich in einem »Palais« von Hansen nicht mehr wohl fühlte. Denn dort war Behaglichkeit, ein kluges Abwägen des wechselnden Bedürfnisses, eine Formengebung, die jeden Raum für seinen besonderen Zweck alsbald selbst und im Grundriß erkennbar macht, während man sich in einem Hansenschen Hausplan nur durch die eingeschriebenen Bezeichnungen darüber klar wird, ob man es mit einem Wohn- oder Speisezimmer zu tun habe. Seit in München die deutsche Renaissance aufkam, seit diese allerorten zum Siege gelangte, ist die Hannoverische Art, Wohnhäuser zu entwerfen, in ganz Deutschland üblich geworden.

Freilich waren ähnliche Bestrebungen auch anderwärts, auch unter den Meistern der Renaissance hervorgetreten. Semper hat in seinem Oppenheimischen Palais, das seit 1845 in Dresden entstand, auf außerordentliche Schwierigkeiten bietendem Grundstück im Innern eine meisterhafte Anordnung geboten, bei der die Grundrißlösungen der Zeit höchster Sorge für die Bequemlichkeit, die des 18. Jahrhunderts, einen sehr starken Einfluß hatten. Den Plan des Hauptgeschosses mit seinen Alkoven, Nebentreppen und Gängen für die Dienerschaft könnte man für eine Rokokoschöpfung halten; er ist ein Beweis dafür, mit wie freiem Griff Semper seine Absicht durchführte, von allen Zeiten zu lernen, das Ergebnis der ganzen älteren Kunst, selbst der damals verachtetsten, in seinen Werken darzustellen.

Was jetzt kommt, ist der vorweggenommene Werkbundstreit zwischen van de Velde und Muthesius (siehe Bauwelt Fundamente, Band 1, Seite 25: Werkbundthesen und Gegenthesen 1914): Hase gegen Semper.
Sempers »Synthese«-Streben der Renaissance war auch das von Schumacher;

aber Synthese macht leider die Häuser langweilig. Und schon damals bog die »Synthese« durch ein Mißverständnis (laut Riegl) um in Aktion, und die Schüler Sempers erklärten, »die Kunstform sei das Ergebnis aus Stoff und Arbeitsart«. Damit sind wir glücklich schon bei »Form follows Function«.

(Das Besondere an dem Buch von Gurlitt ist, daß es uns bescheiden macht und uns als kleine Glieder in einem großen Strom zeigt, in dem grundsätzlich nichts Neues passiert. Nur neue Materialien und neue Gesellschaftsformen variieren das Spiel des Bauens; die Regeln des Spiels bleiben dieselben.)

Fühlte ich mich Rebentischs Angriffen gegenüber ziemlich wehrlos, so hatten andere, Gereiftere doch mancherlei auf sie zu erwidern. Ins Gewerbe übertragen, hießen die Hannoverschen Grundsätze soviel wie die unbedingte Herrschaft von Werkform und Stoff. Die Forderungen beider zu ergründen und sie einfach darzustellen, zwangen den Künstler zu neuen Lösungen. Für Semper dagegen war dies Zurschaustellen der »konstruktiven Faktoren«, des nackten Bedürfnisses, nicht eigentliche Aufgabe der Baukunst und des Kunstgewerbes. Er nannte es illuminierte und illustrierte Mechanik und Statik, reine Stoffkundgebung. Die Kunst solle den Bedingungen der Werkform und des Stoffes gerecht werden, »aber nicht grob materialistisch in struktiv technischem, sondern in höherem struktiv symbolischem Sinne«. Der Bau des Gerätes, des Hauses solle den Eindruck des Haltbaren insofern erwecken, als man nicht einen Augenblick über dieses Halten in Zweifel sei; man komme aber in solche Zweifel, wenn einem allzu klargemacht werde, warum der Gegenstand zusammenhält, welche Mittel angewendet wurden, um ihn vor Verfall zu sichern. Den Begriff der Wahrscheinlichkeit, den Semper hiermit einführte, hat er wieder dem 18. Jahrhundert entlehnt, vielleicht ohne es zu wissen, durch Vermittlung von Paris, wo die Überlieferung nicht so jäh unterbrochen war wie bei uns. Seine Ansicht wurde bestärkt durch sein kunstgeschichtliches Wissen: War die Hannoversche Ansicht richtig, wieviel Bauwerke, wieviel Geräte blieben dann wieder übrig, die »höheren« ästhetischen Grundsätzen genügen? Wie viele gab es, die deutlich ihre Werkform dem Beschauer darboten? Wieder war der Gedanke, der dort die Köpfe beherrschte, gut, die Durchführung klar, waren die Schlußfolgerungen richtig gezogen — das Ganze aber ein Gedankenbau, der vor der Wucht der Tatsachen nicht standhielt.

Auch Semper erweist sich in gewisser Beziehung als einseitig, nämlich in seiner grundsätzlichen Abneigung gegen die Gotik gerade wegen ihrer die Werkform hervorhebenden Gestaltung, ihrer Auflösung der Mauer in Stützen für die Gewölbe. Ihm war unverkennbar die Form nicht genug durchgeistigt, trat das Stoffliche noch zu stark hervor. Er verglich die gotische Kirchenform mit dem Bau des Krebses: Das Knochengerüst ist zur Schau gestellt, im Gegensatz zum griechischen Tempel, der den Baustoff unter der Form versteckt, umkleidet, sich durch die Form von ihm befreit; und von der Renaissance, die raumbildend und sinnbildlich geschmückt zugleich sei; die in hohem Maße zweckerfüllend, doch nicht äußerlich vom Zweck beherrscht sei, sondern ihn nur erkläre.

Also entbehrten die Renaissance und die ihr gewidmeten Bestrebungen damals nicht des ästhetischen Schutzes. Freilich dauerte es sehr lange, ehe die strenge Wissenschaft Sempers Werk für voll anerkannte. Und als man sich seiner bemächtigte, geschah es wieder in der Absicht, seine Lehre fester zu fassen, zu einem bindenden Gesetz auszugestalten. Wenn Semper sagte, führt *Riegl* in seinen Stilfragen aus, beim Werden einer Kunstform kämen *auch* Stoff und Arbeitsart in Betracht, so meinten die Semperschüler, ihn ganz mißverstehend, die Kunstform sei ein Ergebnis aus Stoff und Arbeitsart. Diese, die »Technik«, wurde rasch zum beliebtesten Schlagwort. Sie war es ja, um die die Kunst damals in allen Gebieten am lebhaftesten warb; sie wurde für gleichwertig mit der Kunst selbst angesehen. Von Kunst sprach noch der an der alten Ästhetik Hängende, von »Technik« derjenige, der sich zur neuen praktischen Ästhetik hielt. Riegl schildert sehr richtig, wie die Kunstgelehrten vor der natürlichen Überlegenheit der Künstler in Erkenntnis der Arbeitsformen, in dem, was er den handwerklich-stofflichen Nachahmungstrieb im Gegensatz zum schöpferischen Kunstwillen nennt, klein beigaben; wie sie aber an jener wilden Jagd nach »Techniken« teilnahmen, als sie an Verständnis das Nötige nachgeholt und erkannt hatten, daß auch mit diesen sich trefflich streiten und ein System bereiten lasse. Laut tönte der Ruf nach einer Kunstlehre auf neuer Grundlage. Es ist ein Zeichen der Zeit, der beginnenden Abneigung der Gelehrten, sich mit ästhetischen Fragen zu beschäftigen, daß keine irgendwie maßgebende Kunstlehre entstand, daß dagegen ein gewaltiges Schrifttum anbrach, das, alte Kunst untersuchend, nun nicht mehr die Form als ein Selbständiges, sondern als Ausdruck der zeitlichen und handwerklichen Bedingungen untersuchte. Im Gebiet der geschichtlichen Untersuchung der Kunst aller Völker eroberten wir rasch die erste Stellung in der Welt, noch mehr im Gebiet der zeichnerischen Darstellung der Schöpfungen vergangener Zeiten. An Freiheit des Erkennens des Schönen und an Sachlichkeit des durch die Fotografie verschärften Erkennens haben wir das frühere Übergewicht erst der Engländer, später der Franzosen vollständig überwunden. Unsere Bücher dienen jetzt dort als Vorbild, selbst wenn einzelne ganz besonders hervorragende Werke die einstige Überlegenheit festzuhalten streben.

Die Entscheidung für die Baukunst lag damals in Wien. Zu dem Hellenisten Hansen und dem Gotiker Schmidt hatte sich dort ein Dritter als Führer gesellt: *Heinrich Ferstel.* Er gehört zum zweiten Geschlecht der Renaissance-Baumeister, die nun fast ausschließlich Italien zum Gebiet ihres Lernens machten, vor allem Florenz. War früher die Antike das Zugmittel dorthin gewesen, hatte die Zeit

Goethes außerdem noch in Palladio den Großmeister der Späteren verehrt, so wurden jetzt Brunellescho und Bramante die Meister, denen man vor allem huldigte. Künstler, wie der später in Stuttgart und Nürnberg tätige *Adolf Gnauth*, wie die Dresdener *Karl Weißbach* und *Ernst Giese*, wie *Josef Durm* in Karlsruhe, um nur einige Namen zu nennen, Kunstgelehrte, wie der Basler *Jakob Burckhardt*, bildeten diese Verehrung in schöpferische Taten um. Burckhardts »Cicerone«, eine Anleitung zum Genuß der Kunstwerke Italiens, erschien 1855; er ist heute noch in der Hand aller Künstler, namentlich aller Baubeflissenen: das einzige kunstwissenschaftliche Handbuch, das wirkliche Dauer behielt, wohl in den verschiedenen Auflagen überarbeitet wurde, doch in seiner Hauptrichtung unverändert blieb. Der Grund aber, warum ihm diese Dauer beschieden war, liegt darin, daß es nicht ästhetisiert, sondern von einem für vielerlei Schönes gleichmäßig Empfänglichen geschrieben ist, der ohne viel Umschweife sagt, wie's ihm vor dem Kunstwerk ums Herz ist, doch dabei das Urteil nicht auf eine Lehre und nicht bloß auf das Gefallen, sondern hauptsächlich auf das Verstehen aus der Zeit heraus gestellt hat.

Ferstels erster großer Erfolg war, daß er 1854 für die Wiener Votivkirche den preisgekrönten Entwurf schuf; es war eine Nachbildung französischer Kathedralen, eine große Leistung, wenn die Nachbildung wirklich eine solche sein kann. Mir hat die Kirche jederzeit ein wenig den Eindruck gemacht, als sei sie aus Dragant, als dürfe man sie nicht für ganz voll nehmen, da sie ja nur ein sehr großes und sehr schönes Spielzeug sei. Man muß eben nicht vergessen, wann sie entworfen wurde, nämlich zu einer Zeit, da es noch ein Verdienst war, die Gotik nicht ganz in den trockenen Formen zu handhaben, die *Vincenz Statz* am Dom zu Linz vom Rhein nach Österreich versetzte oder mit der *Mocker* den Prager Dom vollendete.

Später wurde Ferstel der eigentliche Führer der Renaissance in Wien. Mir will scheinen, auch hier sei das Gute in seinem Schaffen nicht neu, als stehe er weit unter Semper und selbst unter manchem seiner minder berühmten Zeitgenossen. Ich wenigstens habe ein unglückliches Gedächtnis hinsichtlich Ferstels Bauten! Mir ist immer, als habe ich sie schon gesehen, wenn ich das erstemal vor sie trete; und wenn ich meines Weges gezogen bin, erinnere ich mich nicht mehr klar, wie sie aussehen. Der Fehler, der dies vielen gewiß nicht gerecht erscheinende Urteil hervorrief, liegt wohl zweifellos an mir, da andere gerade durch die Gestaltungskraft des gefeierten Wieners sich mächtig angeregt fühlten.

Aber die kunstgeschichtliche Aufgabe der Architektur war immer noch nicht vollendet. Semper brachte die Hochrenaissance nach Wien, die dann *Karl von Hasenauer* durchführte; das Barock fand willige Aufnahme, die Deutsch-Renaissance nicht minder. Alle Stile aber erhielten einen gemeinsamen neuwienerischen Oberstil, und dieser ist entscheidend. Kein Mensch ist vor Hansens Hele-

Heinrich von Ferstel: Wien, Votivkirche, 1856—1879

nistik, Schmidts Gotik und Ferstels Renaissance, vor diesen Wiedererweckungen von zwei Jahrtausenden Baugeschichte einen Augenblick in Zweifel, daß das Altertümliche im Grunde nur ein äußerlicher Schmuck und daß das Wienerische der starke, entscheidende Teil in diesen Bauten ist. In Wien ist das Parlamentshaus griechisch, in Pest englisch-gotisch. In Wien sollte es allgemein ideal, in Pest nach dem Geist des für die freisinnige Verfassung Ungarns vorbildlichen Landes werden. In beiden Fällen ist es modern und deutsch*. Der Erbauer des Pester Parlamentes, Steindl, ist ein Schüler Schmidts und hat trotz seiner Anlehnungen an Barry, Scott, Waterhouse und andere Engländer nicht mit einem Zug seine Herkunft verleugnet. Pest erweist sich in jedem Zug künstlerisch als deutsche Stadt, trotz allem magyarischen Sporenrasseln und Schnauzbartstreichen. Denn die Artung des Bauens, die Sprache der Profile, die Auffassung der älteren Kunstweisen, der zu erreichenden Ziele, nicht die Aufschriften, machen das Wesen der Baukunst aus. Und wie die Berliner Malerei der sechziger Jahre um gleicher Gründe willen französisch ist, so ist und wird wohl noch lange das, was Tschechen, Magyaren, Kroaten und andere Völker des Südostens bauen, deutsch, wienerisch sein, ebenso wie das, was sie malen, nichts anderes ist als Münchener Kunst von gestern.

Die breitere Auffassung des Lebens gab der Baukunst überall Anregungen. Ein Künstler legt dafür Zeugnis ab: der in Berlin gebildete, aber in Petersburg durch eine ins große gehende Bautätigkeit der Enge deutscher Verhältnisse entrissene *Ludwig Bohnstedt*. Er wurde durch den ersten Wettbewerb für das Berliner Reichstagsgebäude durch ganz Deutschland berühmt. Schon vorher hatte er sich

* *Hierzu die gegenteilige Ansicht Streiters in seinem Buch »Architektonische Streitfragen«, geschrieben 1898, also zu gleicher Zeit wie Gurlitts Darstellung:*
»Die besondere Färbung, welche die Formensprachen der früheren Stilperioden bei ihrer Anwendung auf neuzeitliche Aufgaben naturgemäß erhalten müssen, wird in den meisten Fällen nicht so beträchtlich erscheinen, daß sie als Bildung einer neuen Ausdrucksweise, eines neuen Stiles wird gelten können, um so weniger, als sie ja bei Bauwerken der verschiedenen historischen Stile auch verschieden auftreten muß, deshalb unmöglich als einheitliche, charakteristische Grundstimmung zeitlich und örtlich zusammengehöriger Gruppen von Bauwerken wirken kann. Man denke z. B. an die monumentalen öffentlichen Gebäude der Ringstraße in Wien! Hier ›glaubt man ... einem architektonischen Maskenzug anzuwohnen, in dem sämtliche Kunstperioden ihre Stile produzieren.‹ Sollte eine spätere Zeit an diesen so verschiedenartig ›kostümierten‹ Bauten etwas Gemeinsames herausfinden können, was sie alle etwa unter der Bezeichnung ›Architekturstil der zweiten Hälfte des 19. Jahrhunderts (Wiener Schule)‹ zusammenordnen ließe? Gewiß nicht! Das vor allem in die Augen springende Charakteristikum jener in zwei Jahrzehnten errichteten Gruppe von Gebäuden ist und bleibt eben für uns, wie für die spätesten Geschlechter das auffallende Nebeneinander der verschiedenartigsten Stile bei fast gleichzeitiger Entstehung.«
Damals hatte wohl Streiter recht; aus dem Abstand von 70 Jahren ziehen wir die intuitive Weitsicht von Gurlitt vor.

Gottfried Semper und Karl von Hasenauer: Wien, Burgtheater, 1874–1888, Treppenhaus

unter den Fachleuten einen Namen dadurch gemacht, daß er in der Art des zeichnerischen Darstellens seiner Entwürfe, die übliche Ängstlichkeit durchbrechend, gerade durch diese die Laien für seine Kunst zu erwärmen wußte. Er beteiligte sich an den Wettbewerben aller Länder, selten ohne Erfolg. Als ich in seiner Werkstätte arbeitete, schuf er an einer Kirche in Portugal und einem Bundespalast für Bern. Er war aus den Grenzen Deutschlands herausgetreten, nicht nur in seinen Zielen, sondern auch, trotz seiner Berliner Grundstimmung, in der Kunstauffassung. Die einfach große, dem Pariser Louvre sich in den Hauptgliederungen anlehnende Schauseite seines Reichstages zwang die Preisrichter über alle Bedenken gegen den Grundriß hinweg. Unter dem Druck der begeisterten Öffentlichkeit sprachen sie ihm gegen den Widerspruch der eigentlichen Fachleute den Preis zu. Er hätte sich schwerlich lange die ihm entgegengetragene Gunst zu erhalten vermocht. Aber es ist immerhin ein sehr bezeichnender Beweis für die am Eigenen schwankend gewordene Stimmung in Berlin, daß eine so wenig aus dem Rahmen der dort üblichen Formengebung hinausgreifende Arbeit lediglich durch den Schwung eines einfach großen Gedankens, so unbedingt den Sieg erfechten konnte.

Auch in der Folge fehlte Berlin der packende, schlichte und große Bau. Die besten Taten der Berliner Baukunst liegen auf einem anderen Gebiet: in der Durchbildung des Grundrisses, namentlich im Wohnungsbau. Obgleich in den Zeiten der Zentralheizung, der elektrischen Beleuchtung, der Fahrstühle die Anforderungen an Bequemlichkeit des Wohnens außerordentlich gestiegen sind, obgleich der Aufwand immer größer wird, das Raumbedürfnis trotz der Kostbarkeit des Platzes wächst, haben doch die Berliner Künstler, wie etwa *Kaiser & von Großheim*, alle sich bietenden Schwierigkeiten nur zur Steigerung der Anstrengungen geführt, ein vornehmes Haus wohnlich und ein wohnliches Haus vornehm auszugestalten.

Ein kurzer, hervorragend formulierter Exkurs: der Architekt und sein Bauherr; die so selten erfüllte Sehnsucht: der ideale Bauherr. (Die dann plötzlich doch einmal ganz zufällig auftaucht und uns Architekten dann allerdings sehr glücklich macht.)

Der Baumeister schafft für die Bauherren, nicht für die Kunst allein: ihm schwebt die Aufgabe vor, dem Besteller ein Haus zu errichten, in dem dieser sich wohl fühlt. Die schwerste Sorge dabei ist die geringe Selbständigkeit und der bescheidene Geschmack der Bauherren. Jeder Baumeister ist froh, wenn er einen entschiedenen und nur einigermaßen verständigen Willen antrifft. Aber nur zu oft ist der eigentliche Bauherr die Meinung der vielen, der Gäste im Haus. Die Furcht vor dem Urteil dieser hält den Herrn ab, sich selbst frei zu geben. Sie legt ihm Verpflichtungen auf, die er beiseite zu stellen sich nicht traut. Am besten ist der Baumeister daran bei den reichen Leuten, die vor allem ein schönes Haus wollen, koste es, was es wolle. Der Aufschwung Deutschlands macht, daß diese nicht mehr so sehr selten sind. Es entsteht das Haus, daß dann für jeden paßt, der es bezahlen kann, der es zu erhalten vermag. Aber die Freude des Baukünstlers ist doch das besondere Haus, das dem Bauherrn auf den Leib entworfene. Die Kunst, auf das Wesen des Bauherren, auf seine kleinen und großen Wünsche einzugehen und diese nicht als Beschränkung, sondern als ein Mittel zur Vertiefung der künstlerischen Aufgabe zu machen, ist zu keiner Zeit der Welt höher entwickelt gewesen. Nur selten kommt aber die künstlerische Absicht rein zum Ausdruck. Selbst unsere vornehmsten Leute sind dafür zu unfrei. Sie bestellen wohl ein einfach vornehmes Haus. Aber wenn mit der Einfachheit, das heißt mit dem Verzicht auf lauter Schmuck, und mit der Vornehmheit, das heißt mit der vollendeten Ausgestaltung der wesentlichen Bauteile in Stoff und Arbeit, Ernst gemacht wird, können sie sich nur schwer entschließen, dem Unauffälligen ihre Mittel zur Verfügung zu stellen. Sie wollen etwas sehen für ihr gutes Geld, sie wollen, daß den Gästen gesagt wird: Seht, welche Mittel ich an eure Bewirtung wendete! Die Gewöhnung an den Wohlstand, wie sie England besitzt, fehlt uns zur Zeit noch. Wenn Künstler wie *Otto March, Ihne* und andere daher zum deutschen Haus die Vorzüge der englischen Einrichtungen hinzufügten, so ist dies nur noch eine Bemehrung der Saiten, worauf der deutsche Baumeister zu spielen vermag. Ihnen lag vor allem an der werktüchtigen Behandlung des Stoffes, an der englischen Ehrfurcht vor guter Arbeit, an der Abneigung vor Prunk. Sie brauchten nicht zu fürchten, in Nachahmung zu verfallen: denn das deutsche Wohnhaus birgt in sich eine Reihe von so stark ausgeprägten Forderungen, daß englische und amerikanische Gestaltungen es wohl beeinflussen, nicht aber in seiner selbständigen Entwicklung aufhalten können. Denn *ein* Herr *ist* anerkannt, der vor verstiegenem Idealismus und vor Stilechtheit behütet: das tatsächliche und auf jeden Teil seines Rechtes eifersüchtige Bedürfnis.

Gurlitts Verteidigung der Eisenkonstruktion gegenüber Streiter dokumentiert nicht nur sein hervorragendes Einfühlungsvermögen und seine gründliche Neugier neuen Dingen gegenüber, sondern auch seine Aufgeschlossenheit und Weitsicht.

Dies ist es, was den Stilstreitereien ein Ende bereitete: Lange tobte der Kampf über die Frage, welche Rolle dem Eisen und Glas in der Baukunst zufallen werde. Der Londoner, der Münchener Glaspalast, die Ausstellungsbauten, die Bahnhofshallen ließen ihn immer aufs neue entbrennen. Am Eisen scheiterte der Stil, scheiterte die Ästhetik. Wird es möglich sein, den neuen Baustoff schön und dabei doch sinngemäß zu verwerten? Die Theoretiker der Baukunst suchten ihn zu bearbeiten, um an ihm die bildende Kraft ihrer Gedanken zu betätigen. Je nach dem Erfolg verkündete man bald die Zeit des neuen Stiles, bald die Unfähigkeit des Eisens, künstlerische Wirkungen zu ergeben. Das Eisen kann, als Stütze verwendet, sich mit sehr bescheidenen Querschnitten begnügen. Das dürftige, dünne Aussehen dieser bot allen Künsten des Ausschmückens Hohn. Man empfand sie als zerbrechlich. Mochte die Rechnung des Ingenieurs und die Erwägung des Kenners der Eigenschaften des Eisens auch noch so überzeugend beweisen, daß diese dünne Säule mehr trage als jene dicke von Holz oder Stein: gegen die auf Empfinden beruhende künstlerische Unwahrscheinlichkeit war damit nicht anzukämpfen. Das dünne Gerüst des eisernen Trägers, der eisernen Brücke war als haltbar berechnet und erprobt. Die Empfindung konnte jedoch diese rechnerisch gewonnene Überzeugung nicht aufnehmen; sie sträubte sich gegen das Wissen. Dem Bau des Ingenieurs schienen schon deshalb höhere künstlerische Leistung verschlossen, weil er nicht als Denkmal wirken könne; weil er, wenn schon schwer von der Haltbarkeit, so doch erst recht nicht von deren Dauer überzeuge. Denn die künstlerische Überzeugung stammt nicht aus dem erwägenden Verstand, sondern aus dem Gefühl für die zur Erfüllung des Zweckes notwendigen Massen. Die architektonische Gliederung als angefügte sinnbildliche Form kann hierbei nur wenig nützen. Sie ist gut, um die Aufgaben des einzelnen Gliedes zu erklären, kann aber nicht dahin wirken, ihre dauernde Erfüllung glaubhaft zu machen.

Man suchte nach Stilen, in denen zarte Massen verwendet worden waren. Der maurische, der gotische waren für Eisenbauten beliebt. Doch kam es im Grunde zwischen Architekten und Ingenieur zu einer immer tieferen Entfremdung. Das Künstlerische, das dieser der Werkform anfügte, empfand jener, der die billigste und knappste Gestaltung suchte, zumeist als Ballast, als unnütz, ja als schädigend. Der Ingenieur ließ um seinen Entwurf im besten Fall vom Architekten einen Mantel hängen, und zwar mußte dieser dort angebracht werden, wo er das Wesentliche, den inneren baulichen Zusammenhang der Eisenteile, nicht störte.

Wo immer, sagt Streiter in seinem Buch »Architektonische Zeitfragen«, wo immer Eisenkonstruktionen in bedeutenden Abmessungen offen liegen und für sich allein auftreten, da zeigen sie sich schlechterdings spröde gegen künstlerische Gestaltung. Die Hoffnung, daß die Zukunft das bis zur Stunde nicht Erreichte bringen werde, könne mit Sicherheit als trügerisch bezeichnet werden. Denn die Möglichkeit, eine Werkform in Eisen durch ihre Einzelwerke versinnbildlichende Formen zu einem nicht mehr allgemein starren, sondern zu einem in jedem Glied belebten Körper auszubilden, sei durch die Artung und Zusammenfügung des Stoffes ausgeschlossen. Die einzige solche Möglichkeit der künstlerischen Ausgestaltung der Werkform liege darin, daß die Glieder des Körpers

durch den Ausdruck eben ihrer Körperlichkeit uns ihr Zusammenwirken zu einem Zustand wirklichen Gleichgewichts fühlen lassen. Aber die fleischlose Dünnheit und steife Trockenheit der einzelnen Bauglieder, die durch Berechnung gegebene Gebundenheit der Anordnung, die Menge sich durchkreuzender fast körperloser Linien, deren Sinn und Zweck nur dem Fachmann, nicht aber dem Gefühl faßbar sei – all das läßt uns den Eisenbau künstlerisch gleichgültig erscheinen. So erkennt zwar Streiter an, daß manchmal den Gesamtumrißlinien oder den durch sie ermöglichten riesigen Innenräumen ein gewisser schönheitlicher Reiz nicht abzusprechen sei; eine bedeutende, echt künstlerische Stimmung hervorzurufen werde aber auch dem großartigsten Eisenbau nicht gelingen.
Gerade bei diesem Vertreter der jüngsten Ästhetik, einem Mann, von dem ich noch viel Belehrung erhoffe, wundert mich diese Ansicht. Meines Ermessens ist sie heute bereits überholt, nicht durch neue baukünstlerische Leistungen in Eisen, sondern durch den Wandel unseres Verhältnisses zu den Bauten. Freilich läßt sich dies nicht beweisen, sondern nur feststellen; und zwar kann ich das zunächst nur an mir und dann durch die Beobachtung jener, die von ästhetischen Grundsätzen unbeschränkt empfinden. Der Eindruck des Unwahrscheinlichen, den früher die Eisenbauten ihrer Haltbarkeit nach erweckten, scheint mir ganz verschwunden zu sein. Ich habe vielmehr überall bei Nichtfachleuten nicht nur Vertrauen, sondern bei schwereren Bauten in Eisen stets Unbehagen über diese Schwere gefunden. Wie sich ein Ägypter alter Schulung wohl erst daran gewöhnen mußte, daß auch die korinthische Säule die Last eines Steingebälkes trug und daß sie dieser trotz ihrer Schlankheit mit Sicherheit widerstand; wie der romanische Meister wohl auch anfangs ein Empfinden des Unbehagens gegenüber den gotischen Bauten hatte – besaß es doch der klassisch Gebildete ebenso –, so ist einfach durch Angewöhnung dieser Zweifel beseitigt worden. Dagegen erscheint uns der ägyptische, romanische Bau schwer. Die als eisern anerkannte schlanke Stütze wirkt nicht mehr beunruhigend auf uns. Die Forderung, das Eisen im Bau als solches sehen zu lassen, es nicht zu verhüllen, wie vorher beliebt wurde, erleichterte den Übergang.
Wir empfinden bereits anders als unsere Väter. Die älteren Betrachter eines Eisenbaues werden uns vielleicht vorwerfen, daß wir roher empfinden; wir aber können ihnen dies ruhig zurückgeben. Jene hatten ein vorzugsweise formales, wir haben ein auf Kenntnis des Stoffes begründetes Empfinden; jenen war die schöne Form, uns ist die richtige, zweckdienliche Anwendung die Grundlage des Empfindens. Die dicke Eisensäule widerstrebt uns bereits ebenso sehr wie ihnen etwa die zu dicken Beine eines Holztisches oder der zu schwere Träger unter einer Balkendecke.
Auch glaube ich nicht, daß sich der Satz Streiters wirklich aufrechterhalten läßt, der Eisenbau könne den Zustand glücklichen Gleichgewichts nicht erlangen und

mithin nicht zur Erzielung höherer Kunstgebilde führen. Es müßte erst feststehen, daß es einen gewissen Grad von Fleischigkeit gebe, unter den man in der Kunst nicht herabgehen dürfe. Die Sprödigkeit des Eisens gegen die bisher übliche Kunst ist nicht gegen die Kunst selbst, sondern nur gegen deren vom Stein entlehntes Empfinden gerichtet. Dieses ist aber nicht ein durch Schlußfolgerungen entwickeltes, sondern ein vom vorhandenen Stoff entlehntes; unser Gefühl für Verhältnisse, für das Fleisch in der Baukunst ist von einem Stoff mit bestimmten Eigenschaften entnommen. Mit dem neuen Stoff muß notwendig ein neues Schönheitsempfinden, ein neues Gefühl für Verhältnisse kommen.

Beim Eintritt in große Eisenhallen habe ich an mir und an anderen deutlich eine starke künstlerische Erregung bemerkt. Es hilft dort die Größe des Ganzen dazu, die Einzelform zu unterdrücken, es herrscht dort völlige Klarheit über den Wert der Einzelglieder, die sich durchkreuzenden, fast körperlosen Linien verlieren in ihrer vielfachen gleichartigen Anordnung das Verwirrende, sie werden hinreichend deutlich begriffen und wirken ruhig. Es hat nicht viel Zweck, diesen Eindruck als minderwertig zu bezeichnen. Sind wir doch auf dem besten Wege, daß die Mehrzahl des Volkes und ein großer Teil der Bauenden diese Eindrücke als ästhetisch befriedigend hinnehmen. Daß sie anderen kunsttheoretisch Gebildeten nicht behagen, könnte diese sehr leicht in einen Widerspruch mit der fortschreitenden Welt bringen, bei dem sie unbedingt unterliegen werden.

Es handelt sich also nicht um die Frage: Wie bilden wir das Eisen, damit es unserem Empfinden entspreche?, sondern um die viel wichtigere: Wie bilden wir unser Empfinden, daß es dem Eisen entspreche?

Der Ruf jener, die auch im Brückenbau Schönheit forderten, gipfelte in dem Wunsch, daß die Bauart leicht als haltbar verstanden werde. Das bot die Hängebrücke: im Grund nur zwei über das Tal gespannte Taue oder Ketten, an denen die Fahrbahn aufgehängt ist. Eine einfache Linie, die als naturgemäß jedermann einleuchten muß. Freilich war in ihr die Standfestigkeit gering. Nicht nur, daß die Hängebrücke tatsächlich schwankte, sie erweckte noch mehr den Eindruck des Schwankens. Ihre Linie war durch die angehängte Last bestimmt, sie mußte durch Änderung der Last bei der Benutzung durch Wagen, Eisenbahnen, Menschen verändert werden, wie jedes freigespannte Tau bewies.

Die Kunst des Ingenieurs ging auch aus anderen Gründen auf eine steife Anordnung aus. Die Röhrenbrücken, die Trägerbrücken boten diese. Aber gegen sie sprach die Empfindung, daß diese Form in ihrer Geradlinigkeit, ihrem weiten freien Schweben die Kräfte verschleiere, die Lasten und deren Tragen nicht sinnfällig mache. Für Deutschland fand sich in der Mainzer Rheinbrücke, bei deren Entwurf gerade auf das Einstimmen in die herrliche Landschaft besonders Gewicht gelegt wurde, zuerst die allseitig befriedigende Form: es war die Bogenbrücke, die Übertragung des als haltbar schon vom Steinbau her empfundenen

Bogens auf das Eisen. *Hartwich* schuf diesen vielgerühmten und für die weitere Entwicklung tonangebenden Bau seit 1861. Auch hier war es nicht so sehr der Wandel der Formen als vielmehr der Wandel des Empfindens für die Werte des Eisens, der mit den Formen versöhnte. Mit immer größerer Ruhe konnte der Ingenieur darauf vertrauen, daß die durch die Rechnung gefundene Form, also die mathematisch richtige, auch vom Beschauer als überzeugend hingenommen werde. Die großartigen Eisenwerke der Folgezeit fanden widerspruchsfreie Annahme. Selbst den früher abgelehnten Balken wußte *Georg Mehrtens* in der Überbrückung der Weichsel bei Fordon in eine als künstlerisch empfundene Form zu bringen; die wunderliche Grundgestalt der Auslegerbrücke *Klaus Köpcke* in Blasewitz bei Dresden in einer Weise anzuwenden, die zwar gerade unter den Fachleuten vielfach ästhetisch beanstandet wurde, die aber doch durch die Klarheit, mit der die im Bau wirkenden Kräfte dargelegt sind, auf mich einen beruhigenden Eindruck macht. Ich kann zwar niemandem dies Gefühl als ein notwendiges ansinnen, aus dem Mangel dieses Gefühles ihm keinen Vorwurf machen, sondern nur feststellen, daß sich bei mir jene Angewöhnung vollzieht und daß ich keineswegs die sinnbildliche Formengebung an den Einzelheiten vermisse, ebensowenig wie äußerlich angefügten Schmuck. An dem Riesenbau des Eiffelturmes wurde erst recht aller Welt klar, daß sich hier eine neue Form der Schönheit aus der technischen Wahrheit ergebe, gegen die zu verschließen nur dem möglich sei, der eben auf seinen alten Anforderungen an ein Bauwerk, auf seinem sachlich nicht nachzuprüfenden Gefühl für Verhältnisse stehenbleibt. Jene Eindrücke aber, die so viele vor den Bauten der Ingenieure empfinden, einfach für nicht ästhetisch zu erklären, geht nicht an. Sind doch die ästhetischen Bedenken daher entstanden, daß man im Eisenbau eine Gesetzmäßigkeit suchte, die außer ihm liegt, daß man an ihn mit unpassenden, also hier falschen ästhetischen Ansichten herantrat und daß man jetzt erst damit beschäftigt ist, sich in die neuen von ihm gegebenen Bedingungen einzuleben.

Für den Hausbau ersetzt das Zimmerwerk, der Holzbau, zumeist das Eisen. Die Grundbedingungen sind die gleichen. Semper sah im Eisenbau einen mageren Boden für die Kunst, fand, daß die Einschränkung der Massen in den Baugliedern auf das geringste mit der Haltbarkeit noch verträgliche Maß auf eine Bauform hinauslaufe, die er als unsichtbar verspottete. Auch noch K. E. O. Fritsch sah in einem 1890 gehaltenen Vortrag in dieser Anschauung das erschöpft, was sich über die Aussichten des Eisens als des Grundstoffes für den Stil der Zukunft sagen lasse. Es lasse sich wohl ein guter Eisenstil finden, wie es einen Holzstil gebe. Aber wie dieser neben dem Steinstil als dem maßgebenden stets seine volle Selbständigkeit behauptet habe, so werde auch der Eisenstil selbständig *neben* dem Steinstil einhergehen, nicht diesen umbilden. Dem frommen Glauben vieler, daß man im Eisenstil den für die Zukunft allgemein gültigen gewinnen werde, müsse man entsagen. Das ist gewiß richtig, wenn man unter Stil eine Formenreihe versteht, die von nun ab auf alle Stoffarten zu verwenden ist, so daß auch der Stein im neuen vom Eisen stammenden Stil behandelt werde, so etwa, wie man lange das Eisen mit Steinformen umkleidete. Mir will eben scheinen, als liege hier der Fehler unseres Verhältnisses zum Eisen, daß wir seine eigentümlichen knappen Formen nicht als schön zu empfinden vermögen, weil wir sie sehr ungerechterweise mit ihnen fremden in vergleichende Beziehung setzen. Daß sich durch die bisher zumeist fehlende saubere, zierlich durchgeführte Gestaltung der eigentlichen Zweckformen eine Schönheit werde finden lassen, die dann eben Eisenstil ist, daß es bisher den Ingenieuren nur zu oft an den Mitteln und öfter an dem Streben gefehlt hat, einen Eisenbau auch nur annähernd mit der Feinheit und der liebevollen Sorgfalt durchzuführen, die ein Steinmetz, Zimmermann und Tischler für seine Arbeiten einsetzten, daß grober Guß und plumpe Maschinenmäßigkeit noch vorherrschen, hat den Glauben bestärkt, durch Umkleiden, durch Anstrich mit einem armseligen Grau das Eisen verdecken zu müssen. Wirklich künstlerische Durchbildung des Gusses, der Verbindungsglieder, geeignete Verwendung von Schliff, Vergoldung, farbiger Bemalung, das heißt die sorgfältige Behandlung der zweckdienlichen Form, wird sicher schneller für das Eisen den Eisenstil herbeibringen als die Stilisierungsversuche der an anderen Stoffen gebildeten Künstler.

Große Wirkungen lassen sich durch Metall in Verbindung mit anderen Baustoffen, namentlich mit dem Gips, erzielen. Die aus Drahtgeflecht gebildete Rabitzdecke, die neuen Bauweisen freischwebender waagerechter Decken, die gewonnene Leichtigkeit in der Bildung weitgespannter Räume, ohne daß in diesen die Werkform augenfällig, ohne daß also auch durch diese Augenfälligkeit der Eindruck des Unwahrscheinlichen, Gebrechlichen im Semperschen Sinn erweckt wird, ist vielleicht eine wichtigere Neuerung für den Hausbau als die rein in Eisen gebildete Anordnung. Entscheidend ist hier die Zweckmäßigkeit, die widerspruchsfreie Erfüllung der gestellten Aufgabe, und zwar die rücksichtslose, um sogenannte ideale Anordnungen unbekümmerte Erfüllung.

Diese nun mußte sich auch an anderen baulichen Aufgaben versuchen.

Es folgt noch einmal ein leidenschaftliches Votum für eine eigene Form der protestantischen Kirchen. Durch seine Neuentdeckung des Barock hatte Gurlitt auch die im 18. Jahrhundert entwickelten Beispiele eines eigentlich protestantischen Kirchenbaus kennengelernt, angefangen von der Frauenkirche in Dresden bis hin zur Michaeliskirche in Hamburg.

Gurlitt ist richtig böse über die Borniertheit um ihn herum und sagt schließlich

zornig: »*Der formale Idealismus, die Schönheitstrunkenheit, führt überall zu Lügen, so auch hier. Vollkommen kann nur der Kirchenbau sein, der aus dem Gottesdienst entsprungen ist. Wenn dieser nüchtern erscheint, dann wird er eine nüchterne Kirche schaffen.*«
Er geht so weit, einen Vergleich mit den neuen Bierhäusern anzustellen, die auch zuerst als feierliche Bierkathedralen gebaut worden seien, jetzt aber dort, wo sie hingehören, in München, zu sachlichen »Bierstuben« wurden, etwa bei Gabriel Seidel; sie seien damit künstlerisch in Ordnung.

In keinem Gebiet zeigen sich die verwandten Zeitströmungen deutlicher als im protestantischen Kirchenbau. War bei den Katholiken die Gotik ein sicherer Besitz geworden, aus dem nur wenige sich in ältere Stile, etwa in den romanischen, noch weniger in neuere, die Renaissance oder gar das Barock, hinüberwagten, so standen die Verhältnisse bei den Protestanten deshalb anders, weil man wohl empfand, wie es an einer eigenen, völlig dem Bedürfnis entsprechenden Bauform fehle. Die Bemühungen Schinkels um eine solche sind schon erwähnt. Der Gedanke, daß der Gottesdienst, in dem wenigstens an Zeit die Predigt die unbedingte Vorherrschaft hat, eine andere Kirchenform beanspruche als der Meßgottesdienst, war so richtig, daß er nicht zur Ruhe kommen konnte. Neben zahlreichen anderen Versuchen trat namentlich die Berliner Schule, und zwar *Wilhelm Stier* 1827, *Ed. Knoblauch* 1846, mit solchen hervor, in denen der Gedanke festgehalten wurde, die zum Anhören der Predigt und zum Empfang der Sakramente vereinte Gemeinde zu umbauen, entweder mit einem Saal, der allen Gemeindezwecken dient, oder mit einem Hauptraum für die Predigt und Sonderanordnungen für Taufe, Abendmahl, Eheschließung, Totenfeier.
Diesen Versuchen traten die Stilisten entgegen, die den Vorzug hatten, auf fertige Vorbilder hinweisen zu können. Sie stützten sich auf die Kunstgeschichte und wirkten mit dieser auf das Gestalten der Neubauten ein. Zunächst der preußische Gesandte in Rom, *C. K. J. v. Bunsen*, der 1842 auf die altchristlichen Basiliken wies. Eine vorhandene Grundform der Baukunst sei etwas Heiliges, Ehrwürdiges, seine Verletzung eine mutwillige Versündigung an dem Grundverhältnis alles Seienden, eine Lüge gegen den Geist. Man solle aus dem Gottesdienst alle Willkür späterer Zeiten entfernen und mit den Urformen des Gottesdienstes zu jenen des Kirchenbaues zurückgreifen. Diese Anschauungen hatten König Friedrich Wilhelm IV. mehrfach zum Bau von Basiliken durch Persius und Stüler veranlaßt. Der Berliner Dom wurde bis 1848 als Basilika erbaut, kam aber über die Grundmauern nicht hinaus. Aber schon Bunsen wendete sich gegen diese altertümelnde und bei ärmlicher Ausführung scheunenartige Bauweise und wies auf den germanischen Gewölbebau, der die Sprache des deutschen Volkes rede. Diese Anschauung, daß die Gotik der Stil der Deutschen und der

Friedrich August Stüler: Erster Entwurf zum Berliner Dom, 1842

Stil einer schlichten, aber begeisterten Frömmigkeit sei, packte auch die Protestanten. Unter ihnen entstanden die eifrigsten Lobredner für den Kölner Dom, die entschiedensten Vertreter der Ansicht, daß die fromme mittelalterliche Kunst für den Protestantismus die geeigneteste sei und daß jedes Abweichen von den Gesetzen edler Gotik ins Unkirchliche führe. Wie die Reformation nicht eine neue Kirche gebracht habe, sondern nur eine Reinigung der alten von Mißbrauch, so sei sie auch Erbe des Mittelalters und der ganzen kirchlichen Entwicklung seit den Tagen der Offenbarung, gleich anderen christlichen Gemeinschaften. Also nicht nur die altchristliche Kunst, sondern auch die aller folgenden Zeiten sei nicht katholisch, sondern allgemein christlich. Alles ist euer, hieß es mit dem Apostel, ihr aber seid Christi, Christus aber ist Gottes! Mit diesem Spruch dürfe sich der evangelische Baumeister den katholischen Grundriß aneignen.

Das Schwanken der Ansichten hinderte die Durchführung des Domes in Berlin und fand seinen Ausdruck beim Wettbewerb um den Entwurf der Nikolaikirche in Hamburg, die 1842 der Brand zerstört hatte. Die Aufgabe war hier klarer. In Berlin hatte man immer noch mit Nebengedanken zu kämpfen. Denn der Bau einer Kirche ohne eigentlich entsprechend große Gemeinde, zu der aber Preußens Summus Episcopus gehört, die ein Staatshaus ebenso wie ein Gotteshaus werden soll, bot schlechte Gelegenheit zur Entwicklung der Grundzüge protestantischen

Gottfried Semper: Wettbewerbsentwurf für die Nikolaikirche in Hamburg (nicht ausgeführt), 1844, Holzschnitt

Kirchenbaues. Anders in Hamburg, wo es einfach galt, eine große Pfarrkirche zu schaffen, die nicht mit Nebenzwecken belastet war. Die sechs Fachmänner des Hamburger Preisgerichts gaben Semper den ersten Preis, den Engländern Scott & Moffat den dritten. Unter dem Einfluß des Kölner Dombaumeisters Zwirner wurde dieser Beschluß umgestoßen und erhielt *Geo. Gilbert Scott* den Auftrag, den Bau auszuführen.

Semper hatte einen frei ausgebildeten romanischen Stil gewählt, doch sich mit Absicht von strenger Nachahmung ferngehalten. Sein Grundriß ist eine Ausbildung der barocken Frauenkirche in Dresden: ein runder Kuppelraum, in den Achsen Ausbauten, dreiseitig für die Emporen, an der vierten für den Chor; in den Ecken die Treppen. Der Achsenbau dem Chor gegenüber wurde zu einem Schiff verlängert, weil von hier aus Altar und Kanzel am besten zu sehen sind. Den Aufbau beherrscht die Kuppel über dem Hauptraum, dem Gemeindesaal. Sempers Begleitschreiben zu seinem Entwurf zeugt für die volle Klarheit, mit der er sich aus dem Bedürfnis heraus die Aufgabe entwickelt hatte und aus der er sich als der Schüler *aller* vorhergehenden Zeiten, auch des Barocks, fühlte. Unsere Kirchen, sagt er, sollen Kirchen des 19. Jahrhunderts sein; man soll sie in Zukunft nicht für Werke des 13. Jahrhunderts halten; man begeht einen Raub an der Vergangenheit und belügt die Zukunft; am schmählichsten aber behandelt man die Gegenwart, denn man spricht ihr das Dasein ab und beraubt sie der monumentalen Urkunden.

Semper drang, obgleich geborener Hamburger, mit seinen Ansichten nicht durch; der Engländer baute eine dreischiffige gotische Kathedrale mit reichem Chorhaupt. Wenn sich Sempers Warnung, daß man die Zukunft durch einen solchen Bau belüge, nicht bewahrheitete, wenn wir sehr deutlich erkennen, daß die Kirche modern ist, so beruht dies nicht auf Scotts Verdienst. In seiner späteren Entwicklung hat dieser wohl gelernt, den alten Stil freier zu behandeln. Hier aber ist er durchweg stilvoll. Das Moderne am Bau ist nur die Unzulänglichkeit, das Unbehagen, das einen in fremdem Kleide überkommt. Ein Kandidat, *F. Stöter*, machte sich 1844 zum Mundstück der öffentlichen Meinung, die unbedingt für die Gotik war. Mit dem Abstand wird, wie mir scheint, dieser Mann immer mehr genannt werden, als eine Art Herostrat an der Entwicklung der Baukunst zur modernen Auffassung und am Deutschtum gegenüber dem Engländer. Aber man muß sich die Zeit mit ihrer Schwärmerei für das Mittelalter vergegenwärtigen, man muß sehen, wie sich in ähnlichen Gedanken die protestantische Geistlichkeit zusammenfand, wie die Vereine für christliche Kunst, das »Stuttgarter Christliche Kunstblatt« geradezu zur Vertretung dieser Ansicht gegründet wurden. Christliche Kunst ist die mittelalterliche. Mit der Reformation beginnt der Verfall. Daß der Protestantismus sich selbst damit am schmählichsten behandelte, kam den Herren nicht zur vollen Klarheit. Die Ansicht saß

fest in allen Gemütern: Künstlerisch habe die Kirchenerneuerung nur zerstörend gewirkt; es gebe keine protestantische Kunst!
Die herrschenden Ansichten kamen in dem von Abgeordneten vieler deutscher Kirchenregierungen bearbeiteten Regulativ für den evangelischen Kirchenbau 1856 in Eisenach zur Feststellung. Der Berliner Stüler, der Stuttgarter Leins, der Hannoveraner Hase waren die maßgebenden Fachleute; die Ergebnisse waren ganz im Sinne der Romantik. Man legte Gewicht auf die dem evangelischen Gottesdienst angemessene Grundform des länglichen Vierecks; wies auf die bedeutsame Anlage im Kreuz hin; duldete den Zentralbau; empfahl als Stil den gotischen, romanischen und frühchristlichen, vorzugsweise aber den gotischen. Fest hielt man vor allem an der Ausbildung eines vom Schiff getrennten Altarraumes. Die Emporen wünschte man vermieden zu sehen. Nur Stüler trat für diese ein.
Man war in den Kirchenregierungen des Geredes von hohen Grundsätzen und künstlerischen Idealen sichtlich müde und wollte klare Gesetze haben, nach denen man die vorgelegten Entwürfe ablehnen oder annehmen könne. Und man genehmigte denn allerorten fleißig Bauentwürfe nach dem Eisenacher Regulativ.
Der Grundgedanke war: Man wollte Kirchen haben, die schön und kirchlich seien; die Zweckerfüllung habe sich diesen Forderungen unterzuordnen. Man hatte rückwärts schauende Ideale, stellte sich nicht ein eigenes Ziel, sondern suchte ein fremdes, so gut es ging, zu erreichen.
Wie die Berliner Maler der französischen Schule, so hat ihr Geistesgenosse Otzen diesem saftlosen Idealismus trefflich gedient. Die Baukunst, die er ausübt, ist geschmeidig, glatt, makellos, bringt stets ein sauberes, gefälliges Ganzes. Sie beherrscht die Mittel in so hohem Grade, daß sie nicht in Verlegenheit zu bringen ist. Mir ist sie, seitdem ich mir darüber klargeworden bin, daß die Kunst nicht bloß das Schöne erzeugen solle, sondern innerliche Zwecke verkörpern müsse, immer peinlicher geworden. Ich sehe da eine unangenehme Seite der protestantischen Geistlichkeit baulich wirksam: der Pastor, der seine Frömmigkeit äußerlich schaubar zeigen will, der sie in Haartracht und Mienen, in Kleidung und Tonfall der Stimme bekundet. Nicht die markige Kraft des Bekennens steckt in Otzens Bauten, nein, sie triefen von Pomade, von glatter Augendienerei. Schon oft hatte ich darauf hinzuweisen, wie gerade der Idealismus, dem, der auf Beherrschung der Kunstmittel drängt, die Schwäche der geschichtlichen Kunstschule anhaftet. Wem es ernst ist um die Dinge und wem die Augen scharfsichtig genug wurden, um durch die Form in deren Kern zu schauen, dem wird gerade die formale Vollendung als leichtfertige Flachheit erscheinen.
1887 trat ein sächsischer Theologe, *Emil Sulze*, mit der Forderung auf, für die Gemeinde einen allen ihren Zwecken dienenden Saal zu schaffen. Ich konnte

ihm aus der Kenntnis des Bauwesens in protestantischer Zeit nachweisen, daß die von ihm geforderten Formen tatsächlich schon im 17. und 18. Jahrhundert geschaffen worden seien; daß es nur gelte, mit der Aufnahme der Überlieferung nicht bei dem 15. Jahrhundert stehenzubleiben, sondern die folgenden Jahrhunderte einzuschließen. Bisher hatte man die protestantischen Bauten als auf der tiefsten Stufe der Kunst stehend verurteilt, als Ställe, Scheunen von unwürdiger und, wo sie geschmückt sind, von leichtfertiger Gestaltung gescholten. Ein zweiter Geistlicher, *Karl Lechler*, schrieb 1883 in einem »Das Gotteshaus im Lichte der deutschen Reformation« behandelnden Buch gegen das Festhängen am Alten und stellte Forderungen für neue Gestaltungen auf, freilich noch stark beeinflußt von ästhetisierenden und symbolisierenden Gedanken. Mit dem Erscheinen meines Buches über den Barockstil stellte sich dann eine Reihe von Kämpfern für einen Wandel im protestantischen Kirchenbau auf den Plan.

Auch an gegnerischen Stimmen fehlte es nicht, namentlich war das »Christliche Kunstblatt« gegen das neue Dogma eingenommen, das ihm jenes des Rationalismus zu sein schien. Die Berliner Architekten suchte ich 1891 durch einen Vortrag für die Lösung der Frage zu erwärmen und fand hier in *Otto March* einen Genossen, der sie nicht als eine ästhetische, sondern als eine kirchliche zu erfassen verstand, und in *K. E. O. Fritsch* einen Mann, der den Gedanken mit großem Eifer und nicht minderem Wissen fortführte.

Das Ende des Jahrhunderts hat dem Kirchenbau noch eine wichtige Aufgabe gebracht: die protestantische Kirche in Jerusalem. Ihre Lösung ist bezeichnend. Die Kirche, zu deren Einweihung seit fast einem Jahrtausend zum erstenmal wieder ein deutscher Kaiser, diesmal in Begleitung von Vertretungen zahlreicher protestantischer Kirchenregierungen, nach Palästina zog, ist im Stil des französischen Mittelalters gehalten. Als die Engländer in Rom ihre Kirche bauten, setzten sie ihren Stolz darein, daß sie englisch und modern aussehe; Burne Jones, ihr Modernster damals, malte sie aus. Unsere Idealisten sind anderer Ansicht; sie legen das Hauptgewicht auf die an sich zweifellos berechtigte kunstgeschichtliche Seite der Frage. Die deutsche Kirche soll stilvoll im Geiste von Palästina fortgebaut werden, im Geist der Kreuzfahrer des 11. Jahrunderts, die sie begannen. Sie soll für die Stimmung dort, nicht für die Stimmung ihrer Erbauer passen; man glaubte nur dann fromm zu schaffen, wenn man ihr nicht anmerkt, daß sie von deutschen Ketzern errichtet ist.

Das Ziel, das beim Eintreten in die Bewegung meinen Berliner Freunden und mir vor Augen stand, ist nur zum Teil erreicht. Der Kongreß wählte als Fortführer der Arbeiten die Idealisten, die bewährten Alten: Otzen, Adler usw. Und diese sind ja der Meinung, daß alle Fragen von ihnen längst gelöst seien und daß es unbequeme Kinder seien, die schwer zu beantwortende neue stellen. Darum sei es besser, wenn die ganze Bewegung einschlafe. Aber trotzdem sind die

Friedrich Adler: Entwurf zum Berliner Dom, 1868

Gedanken am Werke, sich Platz zu machen, wenn man gleich hier und da mit neuen Gesetzen sie glaubt eindämmen zu können. Der Berliner Kongreß wollte nicht Gesetze schaffen, sondern Hemmnisse beseitigen! Zum Teil gelang dies. Das Eisenacher Regulativ ist beseitigt. Das ist das wichtigste. Es ist dafür vorgearbeitet, daß eine selbständige, eine neue Kunst in die protestantische Kirche einziehen kann.
In nur zu vielen protestantischen Kirchen katholischer Form erscheint die Gemeinde wie in ermieteten Räumen, wie zu Gaste. Das ist ein falsche, eine heuchlerische Kunst, eine solche, wie sie die Mitte unseres Jahrhunderts überall hervorbrachte. Der formale Idealismus, die Schönheitstrunkenheit, führt überall zur Lüge, so auch hier. Vollkommen kann nur der Kirchenbau sein, der aus dem Gottesdienst entsprungen ist. Wem dieser nüchtern erscheint, der wird eine nüchterne Kirche schaffen. Er wird unter den Gleichgesinnten viele finden, die in dieser Nüchternheit die Vollkommenheit sehen. Die Reformierten, die ihre »Betställe« bauten, taten dies nicht in der Absicht, Häßliches, sondern vom Geiste der Weltlichkeit Freies, edel Einfaches, Schönes höherer Art zu schaffen. Sie verabscheuten die gotischen Kathedralen als häßlich. Wer im Gottesdienst Wärme und künstlerische Anregung findet, der schaffe aus diesem Empfinden heraus. Er schaffe Formen streng in Erfüllung des Zweckes und schiele nicht links und rechts. In der Selbstausprägung liegt der Mut des Künstlers, in der scharfen Feststellung des Zweckes die Schönheit des Architekturwerkes.
Es sei mir nicht als ein Verbrechen gegen den Ernst der Kunst und des kirch-

lichen Wesens angerechnet, wenn ich dem Bau protestantischer Kirchen den der Bierpaläste entgegenstelle. Die Kunst stand auch hier vor der Entscheidung, Idealen oder dem Zweck zu dienen. Auch hier begann sie mit den Idealen. Sie baute schön, das heißt, sie hielt sich an die alten Vorbilder. In Hannover entstand ein Gasthaus, das im Volksmund die »Bierkirche« heißt; überall schuf man Bierschlösser mit Türmen und Verließen, altdeutsche Zimmer und nachgeahmte Ratsstuben. Der Humor äußerte sich nicht nur in Trinksprüchen und heiteren Wandbildern, sondern auch in der Ausgestaltung der ganzen Räume. Aber wieder zeigte sich, daß der Humor kein echter Kunsterzeuger ist. Selbst an den Stätten der Lustigkeit wurde er bald schal. Nur dort, wo das Bier ein Volksnahrungsmittel im höchsten Grade ist, wo es die Geselligkeit geradezu beherrscht, nur in München hat man mit vollem Ernst den Gasthäusern eine für ihre Zwecke eigentümliche Gestalt gegeben. Was *Gabriel Seidl* in dieser Beziehung schuf, lehnt sich wohl an alte Stile an, sucht aber nie einen Witz, macht nie Anspielungen; es geht durch Seidls Schaffen eine frohe Laune, die echt ist, ein Lebensbehagen, das ansteckt, weil es die vollendete Erfüllung seines Zweckes ist, ohne Seitenblicke auf andere Zwecke. Gerade weil seine Keller in München, sein »Spatenbräu« in Berlin nicht Schlösser, nicht Festsäle, sondern Bierstuben beherbergen, bieten sie die volle künstlerische Erfüllung der Aufgabe.

Hier in einer neuen und im Range der architektonischen Zwecke tiefstehenden Aufgabe und dort in einer künstlich ihrer eigentlichen Überlieferung entrissenen kam es zu dem gleichen Ergebnis: nach unsäglichen Mühen um die Echtheit des Stils zur Gleichgültigkeit gegen diese.

Den Schluß des Kapitels bilden Gedanken über Nachbildung und über Sehnsucht nach Eigenem.

Der Vorwurf, den sich die vorhergehende Zeit immer wieder von neuem machte, war, daß es der Gegenwart an eigenen Formen mangle, daß sie nur gelernt habe, fremde Stile nachzuahmen, aus dem Geist anderer heraus zu schaffen.
Die Beschäftigung mit dem Barock hatte für mich eine Erkenntnis mit sich gebracht, die andere Stile nicht bieten konnten, weil erst seit dem 16. oder richtiger seit dem 18. Jahrhundert neben dem künstlerischen Schaffen ein sich schriftlich äußerndes kunstphilosophisches Denken hergeht: nämlich die Erkenntnis, wie wenig sich diese beiden dort für den Nachlebenden decken, wo die Wechselwirkung am klarsten zu beobachten ist: in der Baukunst. Seit Palladio glaubten die Klassizisten von Holland, Frankreich, England und Deutschland echt antik zu bauen. Ihr Werk war aber jedesmal ein solches, daß sich in ihm der Stil der eigenen Zeit stärker ausdrückte als der der nachgeahmten Römer. Sollte es nun Schinkel besser geglückt sein, griechisch zu bauen; sollte Semper genauer Re-

naissance gebaut haben als jene alten Meister ihre Vorbilder erreichten? Sollte nicht überall eine zeitliche und volkstümliche Sonderheit zu finden sein, die den Nachahmungen trotz den verschiedenen Vorbildern gemein ist? Und sollte diese Sonderheit nicht auch für den Mitlebenden erkennbar sein, obgleich er die fremden Stile mit gleichgefärbter Brille betrachtet wie der Schaffende? Hinsichtlich der Baukunst suchte ich schon 1883 in einem Vortrag den Stil des 19. Jahrhunderts aus der Vergleichung des Alten mit dem Neuen festzustellen, trotz des eifrigen Bestrebens, das damals noch auf Echtheit hinging, auf jene Stilreinheit, durch die man allein ein in sich völlig abgeschlossenes widerspruchsfreies Werk schaffen zu können glaubte. Wohl waren tüchtige Männer ebenso wie Fälscher damit beschäftigt, sich ganz in den Geist, in die Form, in die Arbeitsweise der Alten zu versenken. Schon dem Fälscher gelang es außerordentlich selten, besonders sowie er über die handwerkliche Nachbildung hinausging, den Kenner zu täuschen. Niemand konnte entgehen, daß die echtesten Münchener Zimmereinrichtungen, in denen das Ziel der Zeit, die völlige Verleugnung der eigenen Art, erstrebt wurde, je künstlerischer sie durchgeführt waren, desto mehr Eigenes trotz der gegenteiligen Bestrebungen besaßen. Namentlich waren die zahlreichen Wiederherstellungen alter Kunstwerke, bei denen alle Kraft auf Neugebären des Alten gerichtet war, doch dem Aufmerksamen als solche immer wieder erkenntlich. Es war etwas anderes als bloßes Unvermögen, das den Unterschied schuf: nämlich ein verschleiertes Vermögen. Ebenso in der Malerei. Wie Teniers wohl das Lob abgewiesen hätte, als habe er einen Stil erstrebt, wie er in der Absicht auf Wahrheit und nur in dieser schöne Werke schaffen wollte, so taten es die neuen Künstler. Auch hier war es nicht die Absicht, sondern das verschiedene Wesen, was sie trennte. Defregger und Knaus waren andere als die, welche abgeschrieben zu haben man ihnen vorwarf. Selbst die Fotografie und die in ihr liegende Schärfung der Empfindung für das zeichnerisch Richtige hatten darin nichts ändern können. Die Nachbildung einer antiker Bildsäule, die im 16., 18. und 19. Jahrhundert gefertigt wurde — so sorgfältig sie auch nachahmten —, ist stets eine andere geworden.

Damals, 1883, nannte ich als das Wesentliche unseres Baustiles die tief in unser Schaffen eingedrungene Regelmäßigkeit und Gleichförmigkeit, das strenge Einhalten der einmal als schön empfundenen Verhältnisse, das Übertreiben in der Richtung des Malerischen, weil dies nicht aus freier Empfindung, sondern aus einer nur mit Entschiedenheit durchführbaren Absicht geschehe, weil ein Gefühl für wohlgeregelte Anständigkeit dem Begabten ebenso ein Hemmnis wie dem Schwachen eine Stütze sei. Der Mangel an Unbefangenheit gegenüber dem Gesetz hemme und hindere uns allerwegen. Aber ich erkannte sehr wohl, daß das treffende Wort noch nicht gefunden sei, daß jeder von uns noch zu tief im Kampfe der Meinungen stehe, um einen Überblick über die innersten Trieb-

121

kräfte unseres Schaffens zu erlangen. Der Stil unseres Jahrhunderts sei eben der Streit um die geschichtlichen Kunstformen, der Kampf der verschiedenen Stile untereinander, das Anlehnen an viele, das Wiederaufnehmen der Gesamtentwicklung früherer Schaffensart. Auch dies ist eine berechtigte Schaffensform, dessen mußte ich mir schon damals klarwerden. War dies doch eine Folge der ganzen geschichtlichen Auffassung der Zeit, die ja auch die politischen Formen, die schriftstellerischen Offenbarungen aller Völker in unsere Gesamtbildung mit aufnahm. War doch gerade das Aufbauen des deutschen Reiches aus seinen geschichtlich gewordenen Einheiten im Werke; war es doch die Grundlage für den Volksfortschritt geworden im Gegensatz zu den zahlreichen Versuchen, aus neuen Gebilden heraus die Zukunft zu gestalten. In einer Zeit, die auf einen Bismarck folgte, konnte eine schulmeisternde Ästhetik so wenig wie eine festgeschlossene, die Vergangenheit verleugnende Kunstform lebendig werden.

Überall klang durch Deutschland die Sehnsucht, modern zu werden. Man hatte genug der fremden Stile, man wollte zum eigenen gelangen. Die künstlerisch Tätigen erklärten dies zumeist noch für undurchführbar: nur im Anschluß an die Alten sei ein Fortschritt möglich. Der Schreck vor dem künstlerischen Unvermögen der vorhergehenden Zeit lag allen noch in den Gliedern. Das Alte allein schien ihnen Dauer zu gewähren; was *modern* sei, werde bald *modern*.

Siebentes Kapitel
»Das Streben nach Wahrheit«

Im siebten Kapitel werden Fragen der Baukunst nicht berührt. Es geht hier ausschließlich um Maler und Bildhauer, um Naturalismus und Realismus; und um die religiöse Malerei, die Gurlitt stark beschäftigte.

Aus dem achten und letzten Kapitel
»Die Kunst aus Eigenem«

Unter dem Stichwort »Neuer Idealismus« behandelt Gurlitt hier die Deutsch-Römer (Feuerbach, Marées, Böcklin, dann auch Klinger und Stuck), während die Sezession, die Armeleute-Malerei und die Worpsweder schon im vorhergehenden Kapitel im Abschnitt »Sieg des Realismus« eingeordnet sind.
Nach allen Seiten in fröhlicher Kampfstellung, kommt Gurlitt dann auf die Architektur. Und hier, bei Wallot, wird sein Engagement ganz deutlich, denn endlich wird der von ihm wiederentdeckte Barock zu neuem Leben erweckt.
Wenn wir Gurlitts Berichten folgen und sozusagen als seine Zeitgenossen zuschauen, so sind wir mit ihm überrascht, welch neues Raumgefühl Wallot im Reichstag entwickelt, wie er Raumfolgen komponiert, wie er die Flächen »spannt« und das Detail als Glied einer Komposition verwendet — kurz, genau das tut, nur noch in eklektizistischem Gewand, was nachher, beim Jugendstil, durch die Verwendung neuer Erscheinungsformen so überaus neu wirkt.

Zuletzt und am schwersten trennte sich die Baukunst von den stilistischen Grundlagen, an die sie ihrem ganzen Wesen nach fester geknüpft ist als ihre Schwestern. Ihre Befreiung knüpft an *Paul Wallot* an. Er ist ein Schüler der Berliner Architekturrichtung, aber jener Zeit, in der diese mit Lucae und Ende schon nach Befreiung aus der Nachahmung Schinkels rang. Das süddeutsche vollebige Wesen machte ihn vor der gedankenscharfen Art der Tektoniker stutzig. Eine glückliche Begabung in der Darstellung hat ihn lange dabei festgehalten, daß er Ansichten nach den Entwürfen anderer fertigte. Endlich hatte er, müde dieser Tätigkeit, in Frankfurt sich niedergelassen.
Frankfurt genoß damals in der Bauwelt nicht den allerbesten Ruf. Es waltete dort ein Geist der Unbotmäßigkeit gegen die nun freilich lange schon in allgemeines Schwanken geratenen ewigen Gesetze wahrer Schönheit, wie sie, von allen Kunstschulen verbreitet, Deutschland beherrschten. In Frankfurt war man noch oder schon »zopfig«, d. h., man scheute sich dort nicht, Formen zu verwenden, die nicht die Läuterung durch den stilistischen Geist erfahren hatten. Da war der Architekt *Burnitz*, der ganz seine eigenen Wege ging und ungebeugt durch Akademien und bevormundende Meister sich einer frischen Auffassung italienischer Kunst zuwandte, sogar jene Versuche stilistisch hinter sich ließ, die

Semper und Nicolai in Dresden und Leins in Stuttgart mit der Frührenaissance gemacht hatten, und munter aus der Schale reifen italienischen Schaffens trank. Burnitz war nicht der einzige, der diese Richtung vertrat. *Heinrich Theodor Schmid, Sommer* u. a. standen ihm zur Seite. Selbst der Berliner *Lucae*, seit 1870 Architekt des Frankfurter Stadttheaters, sog in der Mainstadt die frischere künstlerische Luft zu eigenem Wohlbefinden ein. Dort erwarb sich auch *Friedrich Thiersch* die Frische des Schaffens, die ihn später zu Wallots gefährlichstem Nebenbuhler im Wettbewerb für das Reichstagsgebäude machte. In München hat sie sich in einer vielseitigen Bautätigkeit, namentlich am prächtigen Entwurf zum dortigen Justizpalast, betätigt.

Es ist kein Zufall, daß in jenem wichtigen Wettbewerb um das Haus des Deutschen Reiches zwei Künstlern der erste Preis zuerteilt wurde, die in den siebziger Jahren in Frankfurt die Anregung für ihr Schaffen erhielten. Denn Burnitz hatte Schule gemacht. Da war *Bluntschli*, dem bei Semper und in Paris der Blick über die trockene Wiederholung der Antike hinaus erweitert worden war und der kurz vorher gemeinsam mit dem an Schule und Kunstabsicht verwandten *Mylius* den künstlerisch fast ebenso wichtigen Sieg in der Bewerbung um das Rathaus in Hamburg gewann, einer der entscheidenen Triumphe der Kunstart Sempers über die Schinkelsche. Da war ferner eine ganze Anzahl tüchtiger jüngerer Männer, denen die reichen Mittel der Stadt und ihrer Bürger wie das eigene Streben nach Betätigung Gelegenheit und Mut gaben, das Besondere, Eigenartige zu erstreben und durchzuführen.

Es war Wallots und Thierschs Erfolg unverkennbar ein Sieg der breiteren, volleren, saftigeren Architekturbehandlung, die in Süddeutschland heimisch war, über die der Berliner, denen noch zumeist ein Stück von der engen Verstandesmäßigkeit anhing, durch die sie alle hatten hindurchgehen müssen.

Betrachtet man Wallots ersten Entwurf auf den selbständigen Gedankeninhalt, namentlich hinsichtlich der Formen, so wird man nicht eben sehr viel Eigenes an ihm finden. Es ist eine tüchtige Schularbeit mit glücklichem Sinn für Raumverteilung und für Massenwirkung. Die Formgebung ist die einer mit Geschick behandelten Renaissance im Geist der Schüler Sempers. Frankfurt am Main mit seiner gesunden Breitlebigkeit, mit seinem Mangel an akademischen Fesseln wirkt in ihm entschieden nach.

Wallot hatte auch das Glück, daß der Preisverteilung bald der eigentliche Bauauftrag folgte. So wurde er aus dem doch immerhin kleinen Schaffenskreis in Frankfurt an die Spitze des größten Berliner Denkmalbaues gestellt; wie man sagt, auf Wunsch Kaiser Wilhelms I., der dem Verdienst seine Krone lassen wollte. Aber so ohne weiteres ging dies alles doch nicht. Viel, sehr viel Köche umstanden den Brei: die Reichsregierung, die Ministerien, der Reichstag, die Akademie des Bauwesens als beratende Fachbehörde und hinter diesen allen der

Haufen der Federn, der aus Sachunkenntnis in architektonischen Fragen so leicht dem in die Hände fällt, der gerade das Wort zu ergreifen Lust hat. Und das sind nur zu oft nicht eben die Wohlwollenden.

Mehrfach mußte Wallot seinen Plan ändern. Das bot außerordentliche Schwierigkeiten. Denn es war ja die rasch hingeworfene Arbeit die einzige Grundlage, auf der er seine Stellung in Berlin aufbaute. Und diese zeigte so viele herkömmliche Bildungen, so vieles, was notwendigerweise bei sorgfältiger Durcharbeitung fallengelassen werden mußte. Andere Anforderungen an die Raumanordnung vollendeten die Schwierigkeit. Und doch durfte Wallot bei Neubearbeitungen nicht den Einwurf aufkommen lassen, sein neues Werk habe mit dem preisgekrönten Plan nichts mehr zu tun, er habe diesen selbst verworfen. Er mußte seine Absicht auf vollere, kräftigere Gestaltung gegen das Urteil der Berliner Architekten, gegen jenes des Kronprinzen Friedrich Wilhelm verteidigen. Hatte doch die Kronprinzessin, wie beim Dombau, so auch beim Parlament, die englische Gotik zu Worte kommen lassen wollen, nannte der Kronprinz den Entwurf doch Zirkusarchitektur, der Kaiser Wilhelm II. den Bau später den Gipfel der Geschmacklosigkeit, und stimmte er doch noch mit seiner Mutter in dem Urteil überein, daß das Parlamentshaus in London, wie es Barry in den vierziger Jahren entwarf und wie es Steindl in Pest ohne viel Geist nachahmte, dem deutschen Werke erheblich überlegen sei. Die Erkenntnis, daß Wallot auf dem Wege sei, ganz neue, eigenartig deutsche Kunstformen zu finden, verbreitete sich weitaus schneller unter seinen jüngeren Kunstgenossen als im Volke selbst. Die Meinungen der älteren Fachgenossen freilich zeigten entschiedenen Widerspruch gegen diese Neuerungen. Die Akademie des Bauwesens, jene Vereinigung vom Staat berufener Fachleute, forderte die Fortbildung der Pläne im Sinne einer edlen und würdigen Einfachheit; einzelne Schüler Schinkels, an der Spitze der auch als Kunstgelehrter verdiente Adler, fügten in einem Sondergutachten den dringenden Wunsch hinzu, dem Künstler ein größeres Maßhalten und Vermeiden aller willkürlichen und übertriebenen Anordnungen zu empfehlen. Denn nicht in der ungemessenen Häufung architektonischen und plastischen Schmuckes, heißt es dort, sondern in sparsamer und dadurch um so wirkungsvollerer Anwendung sinnvoller Kunstgestaltungen bestehe das Wesen wahrer Monumentalität.

Die Sache lag nun für Wallot schlimm. Er sollte sparsam sein mit seiner Formenkraft und seiner Formenfreude, er sollte das Innere des Gebäudes umgestalten, die preisgekrönte Fassade aber tunlichst erhalten. Wunderbare Entwicklung der Anschauungen! Nachdem die Berliner Baukunst so lange unter dem Joche der Ärmlichkeit geseufzt hatte, war es ihr zum Glaubensartikel geworden, Reichtum, Prachtentfaltung und wahre Schönheit vertrügen sich nicht miteinander. Sie hatte den Trost der Armen zu oft gehört, um noch glauben zu können, daß auch

Reiche in den Himmel kommen können. Sie war zu sehr durchtränkt von dem Geist der Biedermeierzeit, die nur in der Bescheidenheit die wahre Vornehmheit sah; die im Selbstbeschränken die höchste Tugend erblickt; die nicht jenes freudige Sichausgeben kennt, das die Seele alles frischen künstlerischen Schaffens ist; nicht jene echte Sinnlichkeit, die an dem Packenden, Mächtigen, Glänzenden sich freut und den Reichtum des Stoffes nicht wie ein gefährliches Verführungsmittel vom Wege echter Kunst betrachtet, sondern die Kunst für blutlos hält, der die Mittel fehlen, sich reich zu geben.

Mit der Zeit ist Wallots Architektur immer vollsaftiger, mächtiger, strotzender geworden; er erlangte die sichere Kraft und Größe, den Reichtum, der nicht in der Menge der Einzelheiten, sondern in ihrer geschickten Verteilung beruht, die Sicherheit in der Verwendung der großen Bauformen als Ausdruck gewisser Gedanken. Die Sorge um das Maßhalten und die Freude an der bescheidenen Sparsamkeit hatten einem tatkräftigen Selbstgefühl Platz gemacht, die das Größte und Reichste gibt, was zu geben Zeit und Gelegenheit gestatten. Wallot gestaltete das Haus der deutschen Volksvertretung mit echtem Ruhmsinne so gewaltig wie möglich. Trotzdem haben die Formen an Vielgestalt entschieden eingebüßt. In höchst erfreulicher Weise hat er es über sich gewonnen, eine liebgewordene Einzelheit nach der andern zu streichen, so dem Rat der Bauakademie aus eigenem Antrieb folgend. Nicht in der Häufung von Schnörkeln und Kartuschen, nicht im bildnerischen Umkleiden aller Flächen sieht er das Wesen des Reichtums. Im Gegenteil, seine Gebilde wurden immer stämmiger und schmuckloser. Was er aber an Schmuck bringt, ist um so bedeutender in Abmessung und Zeichnung. Er hat das Geheimnis der Massenverteilung erlernt, er fürchtet sich nicht mehr vor den ungegliederten Flächen und vor dem außerordentlichen Maßstab der Gebilde.

Das Entscheidende am Reichstagsbau ist die Behandlung der Teile, deren Entwurf erst in den späteren Jahren der Bauausführung erfolgte. Sie werden immer größer und selbständiger, namentlich die Behandlung der Schmuckformen steigt zu immer klarerer Bedeutung. Wallot fand ein neues Gesetz der Schmuckverteilung: Er suchte im Raume den wichtigsten Punkt, auf den unwillkürlich die Augen sich richten, und schmückte von hier aus die Umgebung: nicht durch ein gleichmäßiges Umspinnen mit Formen, sondern durch entschiedenes Betonen des Wichtigen und durch eine sichere Beherrschung der Flächen. Die Erkenntnis, daß die glatte Wand ihre architektonische Bedeutung habe, ist eine seiner wichtigsten Entdeckungen. So im Treppenhaus für den Bundesrat, in der Eingangshalle: Die Wirkung der Gegensätze kam wieder zur Anwendung. Wallot schuf Einzelheiten von einer Vollsaftigkeit und einer Wucht der Schmuckformen, wie keiner vor ihm, aber er setzte sie in still wirkende Räume; das Kostbare, Prunkende neben das einfach Große, beiden zum Vorteil.

Paul Wallot: Berlin, Reichstagsgebäude, 1884–1894, Eingangshalle

Die ersten Entwürfe Wallots für das Äußere waren in einem Renaissancestil gehalten, der sich nicht wesentlich von den üblichen Formen unterschied. Bei der Durchbildung des Planes kam es zu einer immer stärkeren Betonung der aufsteigenden Linien zu einer entschiedenen Durchbrechung der Oberherrschaft des Hauptgesimses. Ein gotisches Empfinden drängt sich in den Bau und durchsetzt die alte Form in einer Weise, daß vielfach ein ganz neues entsteht. Wallot ist erst an seinem Bau reif geworden; das Gerippe an diesem ist das Unselbständige, in der Durchbildung ist seine Eigenart erst herausgetreten. Könnte er den Bau nochmals von vorne anfangen, so würde er wahrscheinlich noch viel stärkere Stilmischungen, ein noch freieres Verhältnis zur alten Kunst zeigen.

Während im Äußeren noch die klassische Formensprache den Entwurf beherrscht, wurde er im Innern auch stilistisch frei. Das, was so viele vor ihm erstrebten, das Modernsein, führte er ohne Gewaltsamkeit durch. Der neue Stil wurde von ihm nicht erfunden, denn neue Stile sind nicht erfindbar, aber er durchsetzte die alten so mit Persönlichkeit, daß sie alle in seiner Hand anders, alle sich verwandt wurden. Somit konnte er Gedanken der verschiedensten Kunstarten verwenden; namentlich spanische Renaissance und späte Gotik reden in seine Gestaltungen mit hinein, ohne daß sie sich widersprächen.

In ähnlicher Weise entwickelte sich in Leipzig der Architekt *Hugo Licht*; Berliner Schule gleich Wallot, hat er in der aufblühenden Handelsstadt eine Reihe von Bauten zuerst für vorwiegend praktische Zwecke errichtet. Seine Markthalle zeigt ein Vermischen gotischer, romanischer und Renaissanceformen, die noch dazu aus allen möglichen Ländern zusammengetragen sind, ohne daß dabei eine stilistische Unruhe entstände. Der Vergleich mit den Münchener Versuchen zu ähnlichen Stilmischungen in den fünfziger Jahren liegt nahe. Der Gedanke ist derselbe, der Unterschied liegt nur darin, daß die jüngeren Meister in ganz anderer Weise die Stile beherrschten, daß ihnen eine ganz andere Fülle stilistischer Anschauung zu Gebote stand. Das Alte mußte erst verdaut sein, ehe es nähren konnte. So kam Hugo Licht zu Formen, die vielfach an die in Amerika übliche Freiheit stilistischen Fesseln gegenüber erinnern. In seinem Entwurf zum Leipziger Rathaus scheint er nun erst die volle, zur höchsten Einfachheit vorschreitende Reife erlangt zu haben. Auch hier eine Rückkehr zu einer alten Forderung: Einfachheit! Aber es ist jetzt nicht mehr die Armut, sondern die Sicherheit reichen Besitzes, die auf diese hinführt.

Hoffentlich schlägt niemand, der dieses Buch durchblättert, ausgerechnet zuallererst diese Seite auf! Denn jetzt wird es etwas unheimlich: Was uns Nachgeborenen als gesicherte Greueltat des Geschmacks erscheint, nämlich die deutschen Denkmäler, wird von Gurlitt ernsthaft und liebevoll besprochen. Und siehe da, er zwingt uns, das Revolutionäre in der Entwicklung vom Kyffhäuser-

denkmal bis zum *Völkerschlachtdenkmal* zuzugeben — trotz all unserer grundsätzlichen Antipathie.

Auf ähnliche Ziele wirkt ein Künstler von großer Selbständigkeit hin, *Bruno Schmitz*, derjenige, dem im wesentlichen die Aufgabe zufiel, den deutschen Sieg in Denkmälern zu feiern, die deutsche Einheit wuchtig zum Ausdruck zu bringen. Schon bei dem Denkmal für König Victor Emanuel in Rom hatte er im internationalen Wettbewerb einen Sieg errungen; sein eigentliches Können zeigte sich aber rein und frei an den Denkmälern auf dem Kyffhäuser, am Rheineck bei Koblenz, an der Porta Westfalica, die alle dem Kaiser Wilhelm I. geweiht sind, an seinem Völkerschlachtdenkmal für Leipzig und ähnlichen Entwürfen. Es herrscht hier vor allem ein bildnerisches Planen, ein großer Zug im Verteilen der Massen, ein Hinwirken auf einfachen Umriß, auf klare, einfache Linienführung. Die stilistischen Beengungen sind völlig überwunden. Wenn auch Anklänge an alte Formen nicht vermieden sind, so ist doch der Entwurf immer völlig frei von der Oberherrschaft geschichtlicher Grundgedanken. Es liegt das Schwergewicht auf der Erzielung eines starken einheitlichen Eindrucks, auf einer entschiedenen Betonung der Größe gegenüber dem bisher namentlich in der Nachahmung des Barock vorherrschenden Reichtums. Man kann sich nicht stärkere Gegensätze denken als zwischen Schmitz' Kaiserdenkmälern und dem des Begas für Berlin, wenn diesem auch ein Architekt Wallotscher Schule, Halmhuber, die Säulenhalle zeichnete, die den Hintergrund seines Werkes bildet: hier ein verfehlter Platz, der dem Denkmal die Möglichkeit freier Entwicklung, die landbeherrschende Fernansicht raubt, ein Durcheinander entlehnter, sich gegenseitig aufhebender Gestaltungen, dort eine ernsthafte, kaiserliche Ruhe.

Die Größe des Denkmals in der freien Natur beruht auf der rechten Behandlung der Massen zur Umgebung. Nicht die Einzelheit, sondern die Stimmung entscheidet; und der Umstand, daß man an Dingen, die im Verhältnis zum Menschen stehen, die Größe des Ganzen überall abschätzen kann, ja daß diese scheinbar noch gesteigert wird. Das Hineinstellen von Formen, die zum Gebrauch dienen, die wir also erfahrungsmäßig in richtiger Größe erkennen, gibt den Maßstab für das Ganze. Man hat so oft in St. Peter die Einzelheiten, deren Maße nicht im Verhältnis zum Menschen, sondern zum Bauganzen gehalten sind, als Grund für die ungenügende Wirkung des Baues angeklagt: weil alle Teile in gleichem Verhältnis sind, findet sich für dieses kein Maßstab. Ein solcher ist erst der Mensch, und daher wirkt St. Peter am stärksten, wenn viele Menschen in seiner Nähe sind. Der umgekehrte Schluß führt selten zu guten Wirkungen, zu klarem Überwältigen der Aufgabe: denn die Grenzen sind schwer gefunden. Ebensooft, wie durch das Kleine das Große größer wirkt, wirkt das Kleine am Großen zum Nachteil des Ganzen spielerisch, zerbrechlich. Nicht Regeln, sondern künstlerische Kraft kann allein hier das Rechte herbeiführen. Schmitz ist dies in hohem Grade gelungen. Er bedurfte einer anderen Form der Bildnerei, als sie sonst an Denkmälern üblich ist. Der steigende Realismus der Form fordert als Gegengewicht eine neue Art der Formvereinfachung. Man hat die Grenzen schon längst überstiegen, in denen der Realismus in der Plastik wirksam sein kann. Die Wahrheit leidet auch eine Größensteigerung nicht. Durch die Wahrheit wird man gezwungen, in den Maßen zu bleiben, die die Gestalt in der Natur lebensgroß wirken lassen. Es sind dies sehr verschiedene, je nach der Aufstellung. Wirkliche Lebensgröße wirkt stets als zu klein; sieht ja der lebende Mensch selbst, auf hohen Sockel gestellt, winzig aus. Die einfache Vergrößerung der Maße ist unkünstlerisch. Neben ihr müßte hergehen eine Verfeinerung oder eine Vereinfachung der Form, um die Statue aus dem in der Vergrößerung nicht erträglichen Realismus herauszureißen. In beiden Fällen gibt das Heranschieben eines rechten Maßstabes an die Gestalt den Ausschlag. Sie soll eben riesig aussehen. Also soll man ihr nicht Ähnliches, sondern Fremdes nähern. Man rücke sie an riesige Mauermassen und bilde sie fein durch. Der Beschauer wird sagen: Welche Größe, sie ist so groß als jene Massen! Oder man bilde sie selbst als Masse durch, daß der Beschauer sagt: Diese Aufhäufung von Steinen, das ist ein riesiges Denkmal! Man baue sie aus Quadern auf, man lasse sie bis auf den Kopf, die Hände und dergleichen in rohen Bossen stehen, man stelle ein solches Werk nicht in die weite Natur, sondern in die Straßen der Stadt, daß es die Stockwerke der Wohnhäuser in derber Wucht überrage, tatsächlich als Koloß wirke. So sollten meines Ermessens unsere Bismarckdenkmäler aussehen, statt jener realistischen Statuen mit allerhand Sockelgestalten. So schlug ich es gemeinsam mit dem Bildhauer *Christian Behrens* in Breslau den Dresdnern vor. Daß diese Gedanken noch zu neu seien, um Anklang zu finden, dessen war ich mir sicher! Aber in Schmitz' Denkmälern finden sie sich schon auf andere Art verwirklicht.

Ebenso in Behrens' Breslauer Kaiserdenkmal. Licht hat den Reiter meisterhaft aufzustellen verstanden, Behrens ein Pferd geschaffen, wie meines Erachtens seit Schlüter keines wieder in Deutschland gebildet wurde. Es zieht seines Weges, wie jenes des Großen Kurfürsten, das heißt, man sieht den Zug, es geht dahin, es bewegt sich kraftvoll in den fortschreitenden Gelenken. Die deutsche Bildnerei findet die Wucht wieder, die sie einst besessen.

Die Größe der Auffassung in allen diesen Werken wäre ohne die Vorarbeit von *Otto Rieth* vielleicht noch nicht erreicht. Dieser, ein Schüler Wallots, hat durch einige Hefte Skizzen auf das architektonische Schaffen einen tiefgehenden Einfluß gewonnen. Zunächst wies er auf das plastische Sehen dadurch hin, daß er perspektivisch entwarf, nicht in der üblichen Weise auf Grundriß und Aufriß, die selbst für den Geübten das Bild der geplanten Form nicht ganz wiedergibt.

Ähnliches haben ja schon viele früher geschaffen; aber bis weit in den Barockstil zurück fehlte der Architektur ein so starkes Gefühl für Massen, für Linie, ein solches Raumempfinden. Das architektonische Gerüst, die »Ordnung«, war stets die Hauptsache gewesen. Der Pilaster ist die Hure der Architektur, sagte Rieth einmal zu mir. Er geht den Formen nicht aus dem Weg, er will sie aber frei verwendet haben, namentlich aber der Masse der Mauer, der wuchtigen Fläche ihr Recht geben. Ihr gegenüber steht das Ornament, das am rechten Fleck angebracht sein muß und dort entschieden zu wirken hat.

Was nun folgt, ist für uns wahrhaft verblüffend: Ohne Punkt und Komma läßt Gurlitt, der hundertmal von »modern« gesprochen hat, Henry van de Velde als Fortsetzung von Wallot und Rieth aufmarschieren. Das ist zwar elegant gemacht, aber man merkt doch das Ressentiment des inzwischen wohl 50jährigen gegen die ganz Jungen. Für uns, wie gesagt, verblüffend; doch es ist ganz lehrreich zu sehen, wie eine nach unserer Vorstellung »wirkliche« Revolution sich doch vielleicht harmloser in den Fluß der Zeiten einbettet, als wir wahrhaben wollen. Ein Grund mehr für diese Dokumentation!

Die jüngeren Architekten folgen vielfach bei wachsender Meisterschaft in der Formbehandlung ähnlichen Grundsätzen. Sie sind meist stark von Wallot beeinflußt und haben namentlich in der Gestaltung der Innenräume dessen Anregungen fortgebildet. Man wird, sagt der in Berlin tätige Belgier Henry van de Velde, einer der Hauptvertreter der neuesten Kunst im Gewerbe, ein einheitliches Zimmer einem ungeordneten und zusammenhanglosen vorziehen und erkennen, das jedes Zimmer einen Haupt- und Knotenpunkt hat, von dem sein Leben ausstrahlt und dem sich alle anderen Gegenstände darinnen angliedern und unterordnen müssen. Diesem neuentdeckten Skelett des Zimmers gemäß, fährt er fort, wird man die Einrichtungsgegenstände anordnen, die man fortan als lebende Glieder des Zimmers und der Wohnung empfinden wird.
Van de Velde gab die Entdeckung seines Gedankens im Herbst 1897 der Öffentlichkeit preis. Es ist sicher seine eigene. Aber daß er sie fand, ist nur ein Beweis dafür, daß die Gedanken in der Luft liegen. Denn dasselbe entwickelte mir vor etwa neun Jahren Wallot als den für ihn leitenden Grundsatz und etwa gleichzeitig Otto March. Und beide waren damals keineswegs so sicher wie der Belgier, daß die Entdeckung in letzter Reihe von ihnen stamme. Sie meinten, daß man sie an alten Bauwerken, namentlich der Spätgotik, und in England häufig machen könne.

Und nun erfahren wir etwas über ästhetischen Städtebau, natürlich romantischen!

Noch war und noch ist wohl aus der älteren Baukunst nicht so sehr der letzte Rest ihrer Gedanken herausgesogen, daß sie nichts Neues zu bieten vermöchte. Von anderen Gesichtspunkten betrachtet, ergibt sie neue Anregung. So haben zwei deutsche Baumeister, *Camillo Sitte* und *Karl Henrici*, an ihr Beobachtungen gemacht, die in hohem Grade anregend wirken, nämlich über die künstlerische Form des alten Städtebaues.

Unter dem Stichwort »Der gerade Weg ist der beste!« hat Ludwig von Förster seinen Stadtplan für die Vergrößerung Wiens 1859 geschaffen. Dies Wort herrschte über den Bauplänen, nach denen sich die Erweiterung der meisten deutschen Städte vollzog. Rechtwinklige Durchschneidungen gerader Straßen bildeten ganze Stadtviertel, ein fortfallendes Häusergeviert den Platz, wenn man nicht vorzog, Sternplätze anzulegen. Die Kunst des Entwurfes bestand darin, daß auf dem Plan das Straßennetz ein hübsches Bild gebe; man liebte sogar symmetrische Anlagen, als sei es ein Gewinn für den Wandernden, wenn man, auf einem Platz stehend, wisse, daß in einiger Entfernung sich ein ähnlicher befinde. Wie nun jedes Schlagwort, so ist auch das vom geraden Weg sehr anfechtbar! Gelte es in den Städten, eine Wandelbahn von einem Punkt zum andern zu schaffen, so wäre natürlich der gerade Weg zwischen den beiden Punkten der beste. So einfach liegt aber die Sache nicht. Es sollen über eine Fläche viele Wege gelegt werden, mittels derer man von jedem Punkt zu jedem anderen schnell gelangen kann, namentlich aber zwischen den wichtigeren Punkten vielseitige Verbindung findet. Dieses Ziel zu erreichen, ist der krumme Weg sehr oft der geeignetere, die aus den Geraden sich ergebende Schachbrettform sicher aber die verkehrteste, wenn sie nicht mit einem System von Diagonalen verbunden ist. Das ergibt aber lauter Sternplätze und dreieckige Häuserviertel. So ist denn die Regel in unseren neuen Stadtteilen, daß man, sobald man sich nicht in den Hauptrichtungen bewegen will, um viele Ecken herum in Zickzacklinien von einem Ort zum anderen geht. Man kann also für den Städtebau mit ebensoviel Recht den Satz aufstellen: »Der gerade Weg ist der dümmste!«

Die Abneigung mancher gegen diesen ist also berechtigt, schon deshalb, weil bisher diese Linie fast allein im Städtebau herrscht und dadurch unsere Städte eintönig macht. Es ist wohl nicht zu leugnen, daß durch die Gerade ein großer künstlerischer Reiz geschaffen werden kann. Sie setzt ein Stück Land in strenge Beziehung zu den Zielpunkten, sie ordnet es diesen unter. Die Könige der Barockzeit wußten sehr gut, warum sie ihre Gärten in gerade Linien teilten! Diese machten das Schloß, als ihren Zielpunkt, zum künstlerisch landbeherrschenden; sie wußten auch im Städtebau diese Grundsätze durchzuführen. Die gerade Straße fordert ein Endziel, sie ist künstlerisch nur eine Vorbereitung für dieses, an sich gleichgültig, wertvoll nur in Beziehung zum Ziel. Da uns Menschen die Augen nach vorn stehen und nur den Pferden nach den Seiten, sehen wir, in diesen Straßen wandernd, auch nur das Ziel. Der Aufwand an Architektur in den Straßenwänden ist im wesentlichen nur für die Gegenüberwohnenden und für die Droschkengäule sichtbar. Gerade Straßen ohne sehenswertes Ziel oder solche, die so lang sind, daß das Ziel uns ermüdet, ehe wir es erreichen, sind langweilig, mögen sie sonst so großartig sein wie sie wollen. Die krumme Straße bietet dagegen dem Auge stets einen Teil der Wandungen, führt ihm diese vor, macht, daß man ihre künstlerische Ausschmückung sehen kann. Der hohe schönheitliche Reiz alter Städte beruht auf dieser Anordnung. Durch den ständigen Wechsel des Bildes der Straße wird die Ermüdung ausgeschlossen. Solche Wirkungen zu erzielen, namentlich die öffentlichen Gebäude alsbald so aufzustellen, daß sie weithin sichtbar wirken, ist namentlich durch Henricis Beispiel, vorzugsweise an seinem Bebauungsplan für München von 1893, angeregt worden.

Sittes Untersuchung betraf dagegen die Gestaltung der Plätze. Seine Forderungen haben sich rasch Bahn gebrochen. Man kann sie dahin erklären, daß die Plätze nicht aufzufassen sind als Verkehrsknoten, sondern als Ruhepunkte im Verkehr. Die schlechtesten Plätze sind die Sternplätze, künstliche Schürzungen des Verkehrs, die diesen absichtlich in wirrer Weise durcheinanderleiten. Die Märkte alter Städte bilden zumeist treffliche Anlagen, bei denen die Mitte von selbst verkehrsfrei bleibt, eben weil hier der auf einem Sternplatz undenkbare Markt in Ruhe abgehalten werden soll. Diese Art Anlage müßte man auch heute erstreben. Aber sie soll nicht nur ruhig sein, sondern auch ruhig wirken. Daher die Forderung, daß der Platz durch kräftig ausgebildete Wandungen geschlossen sei, saalartig erscheine; daß man nirgends wie zur offenen Tür heraussehe; daß seine Wandungen unter sich in einem guten Verhältnis stehen und namentlich zu einem den Platz beherrschenden Hauptbau. Dieser aber soll nie inmitten des Platzes stehen, wie dies eine bei neuen Kirchen beliebte Anordnung ist. Denn damit wird die Platzwirkung vernichtet und der Zugang zum Bau erschwert. Die Beobachtung, daß die ältere Kunst nie oder doch sehr selten Kirchen frei aufführte, sondern stets andere Bauten an sie anlehnte, hat endlich der Welt klargemacht, daß die Freilegungen, wie sie an so vielen Domen mit ungeheueren Kosten bewerkstelligt wurden, dem zu ehrenden Bau mehr schaden als nützen.

Dann macht Gurlitt eine etwas widerwillige Verbeugung vor Otto Wagner und der Moderne in Wien und stellt anschließend einige sehr interessante Reflektionen an bis hin zur »Volkskunst«; etwa die, ob diese demokratisch zu sein habe.

Gegen diese Anschauung ist mancherlei eingewendet worden. Zunächst hat man sie altertümelnd genannt und ihr entgegengehalten, wir modernen Menschen müßten modern zu sein den Mut haben, auch in baukünstlerischen Fragen. Das

Otto Wagner: Wien, Wartesalon der Stadtbahn, 1894—1897

ist der Grundgedanke eines 1896 erschienenen Druckheftes, das der Wiener Architekt *Otto Wagner* herausgab.

Der Ausgangspunkt des künstlerischen Schaffens müsse das moderne Leben sein. Jeder neue Stil sei allmählich aus dem früheren dadurch entstanden, daß neue Bauweise und neue Baustoffe, neue Aufgaben und Anschauungen sich mit den früheren verbanden, somit Neues schaffend; also müsse auch die neue Zeit auf der Grundlage älterer Kunst — Wagner wählt die letzte ihm selbständig erscheinende Form, das Empire, hierzu — die zeitgenössischen Aufgaben und Ansichten zur Schau bringen und aus diesen Neues schaffen. Man dürfe daher nicht Altes nachahmen, sondern müsse dem neuzeitigen Anschauungen Entsprossenen Form zu geben suchen. Er wendet sich gegen jede Altertümelei, auch gegen das Anschmiegen neuer Bauten an alte, gegen die Bestrebungen auf malerische Wirkung.

Was inzwischen in Wien gebaut und entworfen wurde, verdient gewiß volle Aufmerksamkeit: Die Schule Wagners hat sich mit Entschiedenheit dort Raum geschaffen und beginnt auf die Erscheinung der ganzen Stadt Einfluß zu gewinnen. Der Eindruck von Wagners Bahnhofsbauten und namentlich von *Josef Olbrichs* Ausstellungsgebäude für die Sezession war doch wesentlich anders als der nach zeichnerischen und fotografischen Aufnahmen. Da wirkt wieder unverkennbar der Zug nach Größe, der unserer Zeit eigen ist! Das braucht nicht räumliche Größe zu sein. Wie klein stand die Sezession in ihrem strahlenden Weiß und ihrem bescheidenen Gold inmitten der Gewaltsbauten des unwirschen Platzes am Wienfluß! Und wie beherrschte sie ihn doch, wie vorzüglich war der Umriß zu der zurückhaltenden Einzelbildung gestimmt! Die Wirkung des Inneren gehörte hinsichtlich der Stimmung zu den feinsten Schöpfungen, die je auf mich einwirkten. Gern gebe ich um diese kleine Perle einer wohl nicht ursprünglichen, aber echt großstädtischen, einer nicht starken, aber nervenfeinen Kunst viele ihrer absichtlich geistreichen Verneinungen des alten Geschmackes hin.

Denn mir will scheinen, als stecke in diesen etwas viel vom Geist der Regel, des bindenden Gesetzes, trotz ihres freiheitlichen Gebahrens. Wagner hat vielleicht etwas zu früh nach der Berechtigung seines Schaffens beim Verstande sich Rat geholt.

Vor allem, sagt er, müsse man die Bedürfnisse unserer Zeit ergründen; denn etwas Unpraktisches könne nie schön sein. Daher müsse im Grundriß auf klare »axeale« und einfache Lösung hingewirkt werden, auf geschlossene Raumeinteilung, Übersichtlichkeit.

Auch hier kämpft Wagner also gegen die malerische Wirkung, wie sie von der hannoverschen Schule ausging, obgleich auch diese die Wahrheit auf ihre Fahne schrieb. Sie fand die Wahrheit darin, daß die Schauseiten dem Grundriß und dieser dem wechselnden Bedürfnis sich unterordnen. Wagner findet Wahrheit in der planmäßigen Klarheit der Anordnung. Er wirft den Andersdenkenden das als Unwahrheit vor, was sie gerade als ihr wahrheitliches Ziel ansahen: sie passen einem begünstigten Gedanken für die Außengestaltung zuliebe die innere Gliederung an oder bringen gar ihm Opfer. Er meint also, die Hannoveraner und deren Nachfolger hätten eben *nicht* aus dem Grundriß heraus gebaut, wie zu tun sie so laut versicherten. Das nennt er Lüge, während doch die Wahrheit der Leitstern sein müsse.

Die Ästhetik möge die wechselseitigen Vorwürfe der Lüge gegeneinander ihrem Wert nach abmessen. Ob die Gestaltung eines Grundrisses ohne Zwang, ohne Rücksicht auf die Schauseite zu »axealen« Anlagen führe, ist zum mindesten fraglich von dem Augenblick an, wo in einem Gebäude verschiedenartige Anforderungen zu befriedigen sind. Es sagten daher andere: Das, was Wagner als Wahrheit erstrebt, ist das Unkünstlerische, Nüchterne. Er selbst aber nennt den Kern seiner Wahrheit das moderne Leben und dessen Grundzug die Demokratie. Auch er strebt einer Volkskunst zu und wünscht, daß diese demokratisch sei; denn das ist für ihn soviel wie modern.

Die Frage wird bei schärferem Erfassen tiefer, als Wagner sie stellt. Ist denn die Demokratie der Zug unserer Zeit, liegt in ihr deren Zukunft? Man wird mir verzeihen, wenn ich mir versage, die Antwort hierauf zu geben. Die Demokratie, die Wagner meint, nämlich die bürgerliche, hat unter den Modernsten, wenigstens im Deutschen Reich, nicht eben mehr viel Anhänger. Ich glaube, Wagner steckt etwas zu tief in den Ansichten von 1848, um sich für modern halten zu dürfen. Denn das sind recht alte Ansichten, für die er eintritt. Modern ist die Sozialdemokratie, sind die verschiedenen konservativen Parteien mit sozialen Zielen; modern ist die Anarchie und sind die Bestrebungen der inneren Mission bis herunter zur Heilsarmee; modern sind noch eine Reihe von anderen geistigen Richtungen, ist der Individualismus. Man wird auf der Grundlage, daß man bloß sich für modern, die anderen aber entweder für altmodisch oder irregeleitet erklärt, zu der gewünschten Volkskunst nicht kommen. Ehe man also das Moderne erstrebt, müßte man tiefer sein Wesen erforschen, als es Wagner tat. Bloß mit der Ansicht, daß es nicht das Alte, daß es Vermeidung des Alten sei, ist wahrlich wenig erreicht. Die Altertümelei ist doch auch etwas noch nie oder doch nur selten Dagewesenes; jene, die wir betreiben, die wissenschaftlich alles Alte umfassende, ist nur unserer Zeit eigen. Das Nachahmen des Alten ist also sicher eine ganz moderne Tätigkeit.

Und damit kommt Gurlitt zu seinem eigenen Bekenntnis. Er hatte es schon 1887 in seinem Buch »Im Bürgerhaus« niedergelegt, praktisch zehn Jahre zu früh, um es zum Modeschlager à la manière de Henry van de Velde zu machen. Tessenow ist schon darin, und am Schluß ist Adolf Loos vorweggenommen:

Jetzt freilich stehen andere Bestrebungen im Vordergrund. Ich will sie an eigenen Erfahrungen zu schildern suchen. Mit dem Ende der achtziger Jahre meldete sich die Ermüdung an den Stilformen im Kunstgewerbe. Es begannen langsam neue Bestrebungen hervorzutreten. Im Jahre 1887 schrieb ich mein Büchlein »Im Bürgerhaus«. Wenn ich dort versuchte, mich gegen die Stilleidenschaften zu stemmen, so war dies ein von außen nicht beeinflußter, sondern aus innerer Ermüdung an dem deutschen Kunstgewerbe hervorgehender Drang. Mir schien es wichtig, auszusprechen, daß der Stil nicht unser Haus schmücke, sobald er uns selbst fremd ist; daß der Künstler kein wohnliches Haus schaffen kann, sondern daß wir selbst uns, jeder für sich, dieses schaffen müssen; daß es auch hier nicht gelte, eine ideale, sondern eine eigene Einrichtung zu schaffen, nicht Schönheit, sondern Erfüllung des Zweckes zu erzeugen. Schaffe dir, schrieb ich damals, ein eigenes, deinem Wesen entsprechendes Nest, und es wird dir gefallen; schaffe es in Durchbildung deiner Ansichten über schön und häßlich, und es wird sicher schön werden, wenn in dir die edlen Züge des Menschenherzens obwalten. Nicht die stilistischen Formen machen ein Haus zum Eigenwesen, das sich von der Masse der Mittelmäßigkeit wohltuend unterscheidet, sondern der Gedankenin-

Joseph Maria Olbrich: Wien, Haus der Sezession, 1899

halt, der unbemerkbar und doch bestimmend in den Dingen waltet. Der Tischler macht den Tisch; der ist ein unbeseeltes Ding, bis er das Mahl zu tragen gewohnt ist; bis an ihm das »Unser täglich Brot gib uns heute!« heimisch wurde. Dann erst ist er *unser* Tisch, das harte Holz hat Sinn, ein Teil unseres Ichs hat ihn zu einem bedeutungsvollen Wesen umgeschaffen. Nicht die Raumgestaltung, nicht die Pracht machen das Zimmer schön, sondern seine Beziehung zum Leben.
Sollen wir stilvoll im Geist früherer Jahrhunderte fortschaffen, fragte ich mich weiter. Es war die Frage, die auf aller Einsichtigen Munde lag. Sollen wir eine Kunst der Selbstentäußerung fortsetzen, deren Ziel doch nie ganz von uns erreicht werden kann? Die Nachbildung des Alten in der Absicht, über die Entstehungszeit zu täuschen, muß stets zu Verkehrtheiten führen. Wer das Alte besitzt, wem es in irgendwelcher Form überkommen ist, der mag sich seines inneren Reichtums in Ehren freuen; wer es aber schaffen will, der ist wie einer, der sich nachträglich Ahnenbilder malen läßt. Nicht geschichtlich, sondern sachlich stilvoll soll man schaffen. Das Werk, das unter den gegebenen Umständen am treffendsten, entschiedensten den Zweck erreicht, ist das bestgelungene. Stil ist gleichbedeutend mit innerer Zweckmäßigkeit; stilvoll ist, was dem Wesen des Werkes in seiner ganzen Anlage, Ausbildung, Inhalt künstlerisch entspricht; erste Forderung des Stils ist innere Wahrheit, der echte Künstler hat dabei den Blick nach vorwärts, nicht auf alte Formen zu richten. Alles Alte ist ihm nur Unterlage, Vorarbeit. Er schreitet über dies fort, trunkenen Auges nur das leuchtende Bild der Natur vor sich; ihm ist es gleich, über welche einstigen Größen sein Fuß wandelt. Er ist erfüllt vom Geist seiner Zeit und will diesen durch sein Werk zum Ausdruck bringen. Immer wieder wandelt sich die Zeit und mit ihr ihr Ausdruck, die Kunst. Nur stillstehende Zeiten haben eine stillstehende Kunst. Solange die Herzen der Völker noch schlagen, geht der Weg vorwärts. Es gibt kein Ausruhen, kein Verweilen auf sonnenglänzender, mühsam erreichter Höhe. Der Künstler muß weiter, sein Werk muß aus dem Rahmen des Alten heraus, es muß modern werden, muß die alten Gesetze der Ästhetik durchbrechen!
Das waren 1887 noch sehr revolutionäre Ansichten. Das, was sie erstrebten, ist freilich noch heute ein unerfüllter Wunsch! Die Bekämpfung der Stilformen hat wohl zu einem selbständigeren Kunstgewerbe geführt, aber zu einem solchen der Künstler, nicht zu einem sachlichen Stil. Im Gegenteil, ich sehe eine Neue Kunst im Gewerbe heraufkommen, die noch weit entschiedener als die alte die Absicht hat, den Besteller in die Tasche zu stecken und ihn erst dann in seine Zimmer hineinzusetzen, wenn das, was sie für gut hält, dort verwirklicht ist; die für Ausstellungen ideale Wohnräume schafft und dabei vergißt, daß die Wohnräume für Hinz und Kunz zu schaffen sind und daß ein idealer Wohnraum nur für den idealen Menschen möglich ist. Es gehört ja ein gewisser Mut dazu zu prophezeien. Mir will scheinen, als werde hinter dem, was jetzt als Neue Kunst

im Gewerbe sich zeigt, bald das kommen, was ich »eigenartigen Stil« nennen möchte. Nämlich daß man Möbel und Häuser zeichnet, wie man Bildnisse malt, in Ansehung der Person, nach dem Wesen des Bestellers.

Es folgen einige sehr köstliche Bemerkungen über Kritik und über die Verschiedenheit von Standpunkten. Nun ist Gurlitt schon mitten in der Auseinandersetzung mit den Vorgängen zu Ende seines Jahrhunderts, mitten in der Zeit, in der die Jungen ihm weglaufen. Aber er bleibt am Feind, bleibt neugierig; und ist gescheit und gerecht (soweit sein Temperament das zuläßt).

Ich saß einmal am Meer bei Saßnitz und sah die Sonne an, wie sie auf dem sanften stillen Wasser spielte, und das wunderbare bunte Lichtspiel, das der weiße Kreidegrund hier gibt. Ein Berliner Ehepaar, ein Archäologe und seine sehr gebildete Frau, fragten mich, was da zu bewundern wäre. Ich zeigte ihnen, was ich seit einer Stunde Schönes bemerkt habe: ein nie gesehenes Flimmern von Farbe im Grunde der Flut um Stein und Tang. Sie aber erklärten mir, daß sie sich nur darüber wundern können, wie ein Mann von Geschmack — ich errötete — sich in solche sinnlosen Lichtspiele vertiefen könne. Ich sagte, ich möchte Ludwig von Hofmann schreiben, er solle das einmal malen, es sei ein glänzendes Schmuckmotiv, eine Fundgrube farbigen Reizes. Da kam ich schön an. So was kann man nicht malen, das ist geschmacklos! Ich war froh, daß mir der abwesende Hofmann einen Teil der Vorwürfe über meine Barbarei abnahm — denn ich mußte noch auf dem ganzen Weg bis Stubbenkammer den ästhetischen Groll über mich ergehen lassen.

Hätte ich damals einen jetzt vor mir liegenden Aufsatz über *Walter Leistikow* heranziehen können! Über jenen in Berlin lebenden Künstler, der mit großem Geschick die Straße Hofmanns wandelt. Ich will dabei gleich vorausschicken, daß ich dieses Wandern auf fremden Wegen unwillkürlich mit den Augen des Flurschützen verfolge. Die naturalistische Art der Wiedergabe, heißt es dort, begann Leistikow, als einem früheren Nachfolger Liebermanns, lästig zu werden. Es erschien ihm kleinlich und für seine höchsten Zwecke nicht ausreichend, der Natur mit peinlicher Sorgfalt nachzugehen und jede Einzelheit zu verzeichnen. Er beginnt die Landschaft zu stilisieren.

Der Aufsatz ist sicher ein zuverlässiger Führer in Leistikows Kunst. Also das wollen diese Jüngsten: Das ist ja genau dasselbe wie das, was Rottmann und Preller wollten; das ist ja nun nicht mehr der konkrete, sondern wieder der abstrakte Idealismus in völlig klarer Form. Und doch: Riefe man die Alten vom Himmel herunter, die Maler wie die Ästhetiker, damit sie die Werke ihrer jungen Gesinnungsgenossen sähen, sie wendeten sich mit Grausen von ihnen. Denn bei gleichem Gesetz und gleichem Willen tun sie das volle Gegenteil: Was den

Alten das Gleichgültige, ist ihnen das Wichtige; was ihnen das Nebensächliche, jenen die Kunst.
Verzicht auf das Nebensächliche, auf die Zufälligkeiten! Die Modernen meinen, Preller und Rottmann hätten die Schöpfung verbessern wollen und seien über Kleinlichkeiten nicht hinausgekommen, weil sie die Natur nicht in ihrer innersten Wesenheit erfaßten. Das ist leicht gesagt, weil die alten Herrn nicht antworten werden. Wer aber nicht nur eines Mannes Rede hören will, der wird erkennen, daß auch Hofmann und Leistikow die Schöpfung verbessern: Jene fanden dies, diese finden das an ihr als Zufälligkeit. Nicht der geistige Inhalt, nicht die Absicht ist in den langen Jahren eine andere geworden, sondern nur das Verhältnis zur Natur! Der hält den Ton, jener die Zeichnung an ihr für das Wesentliche. Der Unterschied liegt nicht in der künstlerischen Kraft. Ich halte Preller für mehr als Leistikow; andere mögen das Gegenteil glauben! Der Unterschied liegt lediglich darin, daß die Zeitgenossen mit ihren Malern jeweilig andere Dinge für Zufälligkeiten halten. Da hinten, da hinten, von ferne, von ferne sehe ich schon jene kommen, die Hofmann und Leistikow beweisen werden, daß ihre Art, die Schöpfungen zu verbessern, arm und einseitig sei, weil sie nun wieder anderes als das Wichtige, als das Große in der Natur ansehen: Das Große aber ist ihr von keinem ganz erfaßbarer Reichtum.

Der Schluß des Buches gehört der werdenden Kunst rund um Gurlitt herum: um 1899! Ahlers-Hestermann hat manches natürlich 40 Jahre später besser gesagt. Aber wenn man bedenkt: zum Anfang des Jahrhunderts der Abstand eines 99jährigen Weisen – und jetzt das Weiße im Auge des Gegners! Gurlitts Art, die Sache, diese komisch weiterlaufende Entwicklung immer wieder anzugehen, ist schon sehr instruktiv. Auch Joedicke, ja, sogar dem Conrads wird die Entwicklung eines Tages davonlaufen, und sie werden ... ja, was werden sie tun?
Also Gurlitt, letzter Teil:
Zuerst das neue Kunstgewerbe, dann Japan, dann wieder und noch einmal England, dann van de Velde, die Wiener, Riemerschmid und die Darmstädter (die aber sind eben erst im Anmarsch: die große Ausstellung »Von Deutscher Art und Kunst« datiert schon 1901).

Die Symbolik der Farbe hat auf das gewerbliche Leben Einfluß gewonnen, und zwar in gleicher Weise, wie sie in Hofmanns Bildern wirkt. Darstellung der Natur in starker Betonung einzelner ihrer Teile, ein stilisierter Naturalismus und ein naturalistischer Stil wurden zum Stichwort für das, was sich Neue Kunst nennt.
Eine neue Kunst mußte auch hier kommen, weil die alte abgewirtschaftet hatte: Der Stilismus war eben einfach mit seinem Latein zu Ende! Jeder Hellsehende

ahnte sie, auch wenn man nicht den Weg zu ihr deutlich vor Augen hatte. Der Naturalismus und das Streben nach Selbständigkeit in der Kunst mußten im Gewerbe sich irgendwie niederschlagen. Diese Versuche, die Schmuckformen durch Naturnachbildung zu beleben, sind nicht neu.

An der Spitze steht wieder *Otto Runge*. Die Hamburger Kunsthalle erwarb unlängst Bilder von ihm, die den Mann auch nach seinem farbigen Können neu beleuchten. Sie erklären erst recht die Bewunderung seiner Kunstgenossen, sie zwingen den Kunstgelehrten, diesen so lange Vergessenen in eine der ersten Reihen der Kunst des 19. Jahrhunderts zu rücken: Es entblüht seinem Pinsel eine Kraft, nicht nur der Wahrheit, sondern auch des seeligen Träumens in Farben, die ihn zum Vorboten modernsten Schaffens macht. Im Anfang des Jahrhunderts sehen wir schon einmal dessen Ziel erreicht!

Die Anregung zu erneuten realistischen Versuchen gab zunächst Indien: Vom Osten her lernte man, die Pflanze und die Farbe wieder frischer zu behandeln. In meinem Buch über die deutsche Musterzeichnerkunst wies ich 1890 auf die älteren Versuche des französischen »Blumisten« hin, ebenso wie auf deutsche Bestrebungen dieser Art. Michael Wentzel war in den fünfziger Jahren ein Anreger nach dieser Art. Er traute sich die Kraft zu, neue Verzierungsformen zu erfinden, die, auf weitere Kreise übertragen, den allgemeinen Geschmack umstimmen sollten. Er wollte nicht nur einzelne Pflanzenbildungen in die allbekannten Gänge und Verbindungen bringen, sondern trachtete, auch indischen Anregungen folgend, neue Anordnungen zu schaffen. Aber so geschickt er war, so vermochte er doch nicht, das Neue freihändig zu erfinden. Andere folgten ihm. R. Krumbholz, gleich jenem in Paris, England und Dresden tätig, strebte in den siebziger Jahren eine neue Stilisierung der Pflanze an, indem er sie in ihre Grundformen zerlegte und diese geometrisch fortentwickelte. Mit den neunziger Jahren wurden solche Bestrebungen häufiger.

Den entscheidenden Umschwung brachte die Kenntnis der japanischen Kunst. Mit der Mitte der achtziger Jahre drang diese nach Deutschland und begann in die Liebe für Renaissance und Barock Bresche zu legen. Lange vorher hatte sie in England und Frankreich Einfluß erlangt. In Deutschland war es der Hamburger Museumsdirektor *Justus Brinckmann*, dem die Augen für die Schönheit japanischen Schaffens sich zuerst öffneten. In München nahm *Georg Hirth*, stets einer der ersten, wo es gilt, Neuem sich zu erschließen, die Anregung mit Begeisterung auf. Flutartig brach die Bewunderung dann über Deutschland. Mit Staunen sah man jenen ganz neuen Naturalismus in den Schmuckformen, jene völlig veränderte Behandlung des Ornaments nach den Gesetzen einer freien Verteilung über die Fläche. Sie entbehrte völlig der Achse, der Symmetrie; sie widersprach dem Grundgesetz, das nur das stilisierte, nicht aber das naturgetreue Gebilde für den Schmuck verwertet sehen wollte.

Gerade die Japaner lehren aufs klarste, worin das Mittel bestehe, eine auf Überlieferung beruhende Kunst, also stilistische Kunst, lebenskräftig zu erhalten: Es ist das stets erneute Arbeiten vor der Natur. Diese Selbständigkeit des einzelnen den Dingen der Wirklichkeit gegenüber und andererseits die Beschränkung in den darstellenden Mitteln gab ihnen Stil und Freiheit zugleich.
Der Idealismus der Jahrhundertmitte hatte im Kunstgewerbe zur »Attrappe« geführt. Schwind hat für Meerschaum einen Pfeifenkopf entworfen, der seinerzeit viel bewundert wurde. Er bildete die Pfeife als Ofen und setzte ein behagliches Paar Alter auf dessen Bank, machte die Pfeife zum Sittenbild: Schmuck, der nichts erzählt, widersprach dem Sinn der Zeit. Die Formen der Baukunst reichten zum Schmuck im Gewerbe nicht aus, so sehr man jeden Schrank zum Tempel, jeden Ofen zum Denkmal hinaufzusteigern trachtete. Dem Idealismus in der hohen Kunst war die Betätigung im Gewerbe versagt, denn dort war Gedankentiefes nicht am Platz. Der Realismus, die Afterkunst im Sinne jener Zeit, hatte hier freien Lauf. Bis die Semper-Pilotysche Zeit erkannte, daß der Schmuck, vom Gegenstand getrennt, als Mantel über die Werkform gebreitet werden müsse, daß der Stil im Gewerbe erreicht werde durch Darstellung der Werkform und die Schönheit durch angemessene Ausschmückung dieser.
War durch Wallots Schule selbst in der Baukunst die Gleichgültigkeit gegen den Stil gewachsen, so kam jetzt die Abneigung. Japan hat uns seine Waffen, seine Geräte herübergesendet, denen allen die Stilisierung, wie wir sie erstrebten, nämlich das Anheften von Stilformen, fehlt; die vielmehr einfach nach Nützlichkeitsgesetzen gebildet und doch unleugbar künstlerisch sind; die rein naturalistisch, ja sogar voller symbolischen Inhalts und doch wieder rein schmückend sind. Darüber ging wieder die ganze Sempersche Stillehre in die Brüche, wie vorher diejenige Böttichers. Es ist kein Zufall, daß die Absage nun rasch auch aus wissenschaftlichen Kreisen erfolgte: Auf einmal fand sich die Formel, durch die dem Herrschen der Tektonik selbst in Berlin ein Ende bereitet wurde. Man fand in der ältesten griechischen Kunst Anklänge an Japan, man sah dort dieselbe Unmittelbarkeit des Empfindens, dieselbe Liebe zur Natur, dieselbe Harmlosigkeit des Schaffens.
Was soll man von einer Kunst denken, die an kleinen Elfenbeindarstellungen von stehenden Menschen auch die Fußsohlen ausbildet? Das hatte selbst das Meißner Porzellan nicht gewagt: nämlich eine Bildnerei zu schaffen, die nicht stehen, sondern in der Hand gehalten werden soll, die man auch von unten zu betrachten berechtigt ist. Und das war doch auch Kunst! Die Art, wie in Japan das Wasser plastisch behandelt wird und sogar noch der Fisch im Wasser, diese malerische Auffassung der Durchdringung der Formen, war für den modernen Europäer völlig neu. Wie hätte ein Thorwaldsen einen Fisch im Wasser darstellen sollen? Schon das Wasser allein bot für ihn eine Unmöglichkeit. Noch was

Hildebrand über das Relief sagt, steht so im Gegensatz zur japanischen Kunst, daß die Haltlosigkeit auch dieser Lehre als beschränkendes Gesetz gar nicht weiter zu beweisen ist. Denn hier wurde Kunst geschaffen, die ganz und gar nichts von jenem Gesetz weiß; die ihm so hell und so erfolgreich ins Gesicht lacht, wie nur irgend denkbar, und die doch echte Kunst ist. Das japanische Relief fällt aus dem Rahmen, fällt aus der Fläche, sträubt sich gegen jede Regel, erscheint als frei eingegliederter Teil des Ganzen. In seiner Nachbildung mußte eine ganz neue Art der Stilisierung entstehen.

Die Kühnheit, mit der in der japanischen Kunst allen Gesetzen der Bildnerei, dem Lessing mitsamt dem Winckelmann und aller späteren Ästhetik Hohn gesprochen und wie doch eine unleugbare künstlerische Wirkung erzielt wurde, mußte einen Entscheid herbeiführen. Entweder mußte die Liebe für Japan oder es mußte die Ästhetik weichen; beide vertrugen sich nicht miteinander.

Überall begannen die Versuche, in japanischer Weise die Flächen zu behandeln; bis tief in das Illustrationswesen erstreckte sich der befreiende Einfluß des fernsten Ostens.

Aber erst in den Zeitschriften *Jugend* und *Simplicissimus* wurden die Kräfte vollends frei. Da kommt's gelegentlich zu einer Wucht des Ausdrucks, zu einer Gewalt des Erfassens, aus der der Zorn stürmisch herausredet. Und auch dieser, wie jede echte Empfindung, ist künstlerisch berechtigt. Da feiern die zeichnerische Sicherheit und die Freude an andeutungsweiser Schilderung, die untrügliche Wahrheit und die Kühnheit im Anfordernis an die ergänzende Mitarbeit des Beschauers, die Wiedergabe eines Stimmungswertes in wenigen leuchtenden Farben ihren Höhepunkt; da ist der Japanismus zu voller Eigenart überwunden.

Aber all dies würde nicht eine so starke Wandlung herbeigeführt haben, wenn es nicht die Farbe gewesen wäre, die vor allem von der alten Form abzog. Die helle, scharfe Farbe der japanischen Seide begann mit dem tiefen, verschwimmenden, ernsten Ton des persischen Wollenteppichs um die Herrschaft im Geschmack auch der Künstler zu ringen; der klare einfache Ton kämpfte mit den verfeinerten und kraftlos erscheinenden Mischungen; die Einfachheit wurde wieder zum Stichwort der dekorativen Malerei.

Die Einführung des altmeisterlichen Tones in die Bilder, wie sie die Pilotyschule bewirkte, stand in unmittelbarem Zusammenhang mit der tiefen Färbung des Ornaments. Die Butzenscheiben waren keine Spielerei, sie waren die notwendige Folge eines Schönheitsempfindens, das im gebrochenen Licht schwelgte. Die Malerei der Naturalisten brachte die hellen Töne wieder zu Ehren, die bisher ängstlich vermieden worden waren. Die Wände wurden wieder weiß. Auch ich habe sie mir so streichen lassen, obgleich ich früher in allen Tonarten gegen die Farblosigkeit und für den Einklang in Braun geschrieben und gesprochen habe. Die Neue Kunst brachte einen Idealismus der Farbe, der, im hohen Grade entwickelt, der eigentliche Feind des Realismus wurde. Es ist die Böcklinstimmung, die zum Durchbruch kam. Und daher strich ich den Fußboden und schon 1885 Tische, Schränke und Stühle meines Zimmers in Böcklinschem Blau. Neben den Japanern bereiteten die Engländer, die aus der Schule von William Morris, Walter Crane u. a. hervorgingen, den Umschwung vor. Im Jahre 1893 begannen namentlich die Berliner Leiter des Kunstgewerbes, *Peter Jessen* an der Spitze, auf die englische Kunst hinzuweisen. Im Jahre 1892 erschienen meine Aufsätze über die Britischen Prärafaeliten in »Westermanns Monatsheften«, nach Helferichs Aufsätzen die ersten, die Deutschland mit dieser Kunst bekanntmachten; seither sind Rosetti und Burne Jones in Deutschland wohlbekannte Künstler geworden, hat Crane einen tiefen Einfluß auch auf unser Schaffen erlangt. Die englischen Zeitschriften, namentlich das »Studio«, fanden bei uns zahlreiche Leser und Bewunderer. Der Erfolg der amerikanischen Anregungen, die man von der Weltausstellung in Chikago 1893 mit heimgebracht hatte, wirkte in ihnen entschieden nach. Auch die englische Kunst hatte in Japan starke Anlehnungen gemacht: Sie hatte diese mit dem heimischen Mittelalter stilistisch zu vereinen verstanden. In ihren letzten Forderungen aber war sie eine Kunst verfeinerter Handwerklichkeit und daher eine solche, die auf Stoff und gute Arbeit das höchste Gewicht legte: Sie schritt vom Formenreichtum zur Schlichtheit, von dem Prunken mit der Vielheit an Gebilden zur höchsten Vollendung in ruhiger Sachlichkeit fort. Aber immer noch wies sie auf Stil, und wirklich war englischer Stil eine Zeitlang das Stichwort des deutschen Gewerbes. In Wien, wo man am alten Stil am längsten hielt, erscheint dies Stichwort noch lange den Veraltenden als ein aufrührerisches. Der neue Leiter des in tiefen Schlummer gefallenen Österreichischen Museums für Kunst und Industrie, von Skala, ist noch 1898 besonders wegen seiner Liebe für englisches Gerät heftig angefeindet worden. Die Wiener können sich beruhigen. Es ist diese Liebe nur ein Übergang. Es geht ein stark revolutionärer Zug durch das Kunstgewerbe, ähnlich jenem des malerischen Realismus. Einer der meistgenannten Vertreter dieser Richtung, *van de Velde*, ist der Meinung, bevor man nicht das Gegenwärtige zerstöre, werde die Kunst in neuer Form nicht zum Licht aufsteigen, werde dem Boden der Arbeit die Blume nicht erblühen. Völliges Vergessen der alten Stile ist sein Grundsatz. Das verbrecherische Spiel des Lebens mit dem Tod, wie er jede Renaissance nennt, müsse der Verachtung anheimfallen. Die planmäßige Ausstoßung der alten Stilformen ist das Ziel der neuen Bewegung, der Grundsatz der ganzen Schule. Neu an ihr ist im Grunde nur die Entschiedenheit des Wollens, der absichtliche Bruch mit dem Alten. An den neuen Erzeugnissen ist denn auch kein Anklang an vergangene Stile mehr zu finden, das lange Erstrebte ist auch im Gewerbe erreicht, der tausendfach wiederholte Vorwurf, daß unser Jahrhundert eigenen Stil nicht besitze, endlich am Schluß zunichte gemacht!

Die Neue Kunst sucht neue Vorbilder, neue Anregungsmittel. Entweder sind dies die Blumen, Pflanzen und Tiere, die, meist nur im Umriß gezeichnet, in ihre einfachsten Formen zerlegt werden; oder es sind einfache Schnörkel, gelegentlich blattartig sich verdickende, vielfach geschwungene Linien die Mittel, mit denen jetzt die Formen gebildet werden. Nur der in die Gänge des Linienwerkes und in die Massen gelegte Ausdruck soll zum Beschauer sprechen. Und er tut dies zweifellos für die, die sich in ihre Sprache einlebten, sosehr das Ganze Fernstehenden lächerlich erscheinen mag. Ob es möglich sei, durch sachlich sinnlose Linien Vorstellungen zu erwecken, ist meiner Ansicht nach eine ziemlich müßige Frage.

Wer je mit zehn Strichen das lustige und das traurige Schwein zeichnete, weiß, daß und wie die Linie redet. Da erscheint sie nicht als Willkür, sondern innerlich bedingt, als gesetzmäßig. Und der Zug der Zeit geht darauf, aus der Psychologie diese Gesetzmäßigkeit zu erweisen, zu erklären, daß die symbolische Sprache der Linie eine allgemein verständliche, eine solche ist, die zu allen Zeiten sprach.

Auf den Geschmack unserer Zeit wirkten auch entschieden die Formen, die der Ingenieur erfand. Am Brückenbau wie am Hausbau hatte das Eisen sich in die Stilformen einpressen lassen müssen. Man hatte wieder gelernt, den Hammer zu handhaben, um das Eisen kunstvoll zu schmieden. Aber an Gittern und Gerät hatte man vom Lehrer, dem alten Gewerbe, auch die Kunstformen übernommen. Nun aber gab es neue Dinge, für die der alte Formenvorrat nicht reichte: die Maschinen, die großen in der Fabrik, mehr noch die kleinen im Haus, die Nähmaschine, das Fahrrad, all die zahlreichen neuen Geräte, bei denen es allein darauf ankam, zweckmäßige Formen zu finden. Die Versuche der Gewerbekünstler, sie zu schmücken, mißlangen zumeist. Die alten Kunstformen erwiesen sich als zu spröde; die neuen Gebrauchsformen waren zu bewegt, zu eigenartig gewunden, um alter Kunstbehandlung sich einzufügen.

Jede Bauform, sagt Otto Wagner, ist aus der Werkform entstanden und nach und nach zur Kunstform geworden; daher ist es Aufgabe des Baukünstlers, aus der Werkform die Kunstform zu entwickeln. Das Werk des rechnerisch tätigen Ingenieurs wirkt unkünstlerisch, der Baukünstler muß die Form verständlich machen durch die Kunst. Diese Ansicht Wagners ist mit Recht von allen Seiten zurückgewiesen worden. Die Baukunst war bisher ganz unfähig, die Formen der Maschine, des eisernen Daches verständlich zu machen. Die Erklärungsversuche durch die Kunst haben dort lediglich als Ballast gewirkt. Aber die neuen Formen haben sich selbstverständlich zu machen gewußt und dem, was sich allein Kunst nannte, sehr entschieden widersprochen dadurch, daß sie dem von einem anderen Gebilde entlehnten Idealismus mit ihrer sachlich richtigen Eigenbildung entgegentraten. Man kann heute nicht mehr gut leugnen, daß den Maschinen und den rein nach Nützlichkeitsgesetzen errichteten Werken eine Schönheit innewohne. Mir wenigstens gefällt ein Kriegsschiff und ein gut gebautes Fahrrad besser als so manches stilvolle Zinshaus oder ein Fotografieständer in überladenem Rokoko.

Ich bin sogar der Meinung, daß man beide durch Verständlichmachen mittels sogenannter Kunstformen lediglich entstellt, daß sie Gebilde der Menschenhand sind, die mit kluger Berücksichtigung des Zwecks und der zu seiner Erreichung nötigen Formen ein gewisses Liniengefühl verbinden, durch das dem Gefallen am besten gedient wird. Ob diese Linien berechnet oder ob sie, aus freier Hand gezeichnet, einer richtigen Erkenntnis des Notwendigen folgen, ist mir gleichgültig. Sie sind Äußerungen künstlerischen Geistes; und wir fallen wieder in den beschränkenden Kunsthochmut, der unserem Jahrhundert soviel schadete, wenn wir sie als nüchtern oder unkünstlerisch ablehnen.

Man hat sich so sehr über die Kuppel auf dem Reichstagsgebäude aufgehalten: Tatsächlich handelt es sich um keine Kuppel, sondern um ein Glasdach. Über dem Verwaltungsgebäude der Weltausstellung in Chikago stand eine Kuppel, die über der Wölbung mit einer geraden Linie abschloß. Ich las in einer Besprechung des Baues, der europäische Beschauer habe mit gebieterischer Notwendigkeit eine Laterne darauf gewünscht. Nun haben erst seit St. Peter die Kuppeln Laternen. Für ältere Europäer galt die Notwendigkeit nicht; man hatte nicht die Empfindung, daß solcher Abschluß der Kuppellinie nötig sei. Die Erbauer der Hagia Sophia in Konstantinopel und des Pantheons in Rom kamen ohne ihn aus. Bernini, der nach Michelangelo Schaffende, empfand aber die gebieterische Notwendigkeit, dem Pantheon Türme anzufügen. Man nannte sie später seine Eselsohren. Diese Notwendigkeit ist eben nichts als die Herrschaft der baulichen Redensart. Das Reichstagsgebäude hat eine Laterne, freilich eine von besonderer Art, meiner Ansicht nach einer der glücklichsten Teile des ganzen Werkes. Sie schließt das Glasdach über dem Sitzungssaal nach oben ab und hebt die Kaiserkrone hoch über diesen empor. Das Glasdach aber hat die Form eines solchen, und zwar scheint es mir sehr geschickt aus der Werkform entwickelt. Nur wer vor der feststehenden Redensart sich beugt, der fordert auch hier die Gestalt von St. Peter: eine Kuppel. Wer aber glaubt, daß auch das schönste Glasdach wie ein Glasdach aussehen müsse, der wird wohl auch meiner Ansicht sein, daß Wallot den rechten Ausdruck fand und daß sein Entwurf eine befreiende Tat ist. Denn so gewaltig Michelangelo uns gerade in seiner Kuppel erscheint, so wenig kann ich ihre Nachahmung, namentlich am falschen Platz, für ein Heldenwerk halten. Wenn aber erst Wallots Kuppel auf hundert Bauten nachgeahmt sein wird, dann wird man finden, daß es einfach selbstverständlich war, sie so und nicht kirchlich zu gestalten. Dann wird auch sie die gebieterische Notwendigkeit vorschreiben, auch sie als bauliche Redensart verwendet werden.

Ähnliches leistete *A. Messel* bei dem jetzt so gefeierten Bau eines Geschäftshauses

Alfred Messel: Berlin, Kaufhaus Wertheim, 1. Bauabschnitt, 1898

in der Leipziger Straße in Berlin. Er vermied mehr die geschichtlichen Formen als Wallot und hat dadurch mehr den Beifall des Neuesten erreicht. Mir scheint dies minder wichtig als die Tatsache, daß eine nüchterne Anordnung, einfach und zweckmäßig durchgeführt, heute schon als schön selbst auf die Menge wirkt. Hätte Messel denselben Bau vor zwanzig Jahren errichtet, so würde er allgemein ausgelacht worden sein. Nicht etwa sind wir heute so sehr viel klüger und haben so sehr viel größere Künstler; nein, nur unsere Auffassung dessen, was schön ist, änderte sich: Das Nüchterne von gestern wird zum Geistreichen von morgen. Nicht wir haben künstlerisch die Werkform des Eisens besiegt, sondern diese hat uns besiegt und gezwungen, sie für schön zu nehmen, da sie verständig und das Werk eines schaffenden Gedankens ist.

Ebenso mit den Kleingebilden. Als in München und in Dresden 1897 die Neue Kunst im Gewerbe hervortrat, »krystallisierter Zeitgeist«, wie es damals hieß, glaubten wohl wenige, daß diese so sonderbar dreinschauende Art so rasch sich den Sieg erringen würde. Die freie Linie hat sich doch im Sturm die Welt erobert, wir werden, ganz unter ihrem Einfluß stehend, auf der Pariser Weltausstellung auftreten. Die hohe Vollendung, mit der Franz Stuck und Emanuel Seidl auf Ausstellungen und im eigenen Heim die Antike wiederzubeleben suchten, die ja durch den Spaten der Gelehrten so unendlich bereichert uns entgegentritt, die feinsinnige Form, die Friedrich Thiersch, K. Hocheder, Pfann und andere in der Wiederaufnahme alter Stile bekundeten — sie alle deuteten schon auf einen inneren Umschwung. Sie waren formal wohl die alten, in der Stimmung suchten sie sich zu verjüngen. Ein neues Geschlecht von Künstlern nahm aber die Führung: *Pankok, Obrist, Eckmann, Berlepsch, Riemerschmid, Dülfer, Gräbner, Christiansen, Groß* und so viele, deren Namen jetzt in aller Munde sind, traten mit ganz neuen Formen hervor. Namentlich am Gerät. Die Neue Kunst macht bei diesem durchaus den Eindruck einer Übertragung der Eisenformen auf Holz. Henry van de Velde rühmt sich logisch, mathematisch zu arbeiten; das heißt, sich völlig beherrschen zu lassen von den Anforderungen des Baues und der Verwendung des Gegenstandes. Ein Franzose hat schon festgestellt, daß die schönheitliche Form sich berechnen, graphostatisch zeichnen lassen, und zweifellos wird bald ein Deutscher diese Rechnung aufstellen. Denn die Dinge in Gesetze pferchen, bleibt stets uns vorbehalten! Der Eisenbau, einst für häßlich gehalten, wirkt jetzt auf die Beschauer als schön. Diese Schönheit wird nun schon in andere Kunst eingeführt. Die Form der Kurbelstange einer Maschine ist das Ergebnis einer Rechnung, sie ist logisch richtig. Ihre Form ist mithin das Ergebnis der modernen, wissenschaftlich begründeten Kunst. Es liegt ein gangbarer Weg vor uns, das Urteil über die Richtigkeit der Formen nicht auf die schwanke Grundlage des stilistisch Schönen, sondern auf die des mathematischen Beweises zu stellen. Hoffentlich wird er nie betreten! Wozu neue Gesetze?!

Ob diese Begründung der modernen Kunst schon irgendwo ausgesprochen worden ist, weiß ich nicht. Sie liegt aber in der Luft und wird sich notwendig machen im Gegensatz zu der Phantastik, die den Gegenpol der Entwicklung bildet. Die Kunst der formensymbolischen Linie ist gewiß berechtigt. Es fragt sich nur, ob aus den Fingerspitzen der Nervösen eine Schaffensart hervorströmen wird, die die Masse des Volkes, die noch Gesunden, meinetwegen jene roh Erscheinenden, packt. Ob diese Kunst der zarten Empfindung nicht sehr bald in der Hand der minder fein Besaiteten in eine Roheit verfallen wird, vor der die Erfinder zuerst mit Entsetzen fliehen werden. Ob diese Kunst eine Volkskunst zu werden vermag. Sehr viele Entwürfe und Schöpfungen der neuen Kunst zeugen von großer Begabung und wirken, wenn sie vielleicht auch den Altstilisten sehr häßlich erscheinen, doch auf die Modernen als schön. Und da die Jungen jung und die Alten alt sind, hat die Neue Kunst zweifellos die nächste Zukunft für sich. Schwerlich aber wird die Kunst das Volk zu erziehen vermögen. Sie ist die Frucht des Volksgeistes, nicht sein Nährboden. Wie das Volk ist, wird die Kunst sein.

Inhalt des Gesamtwerks
»Die deutsche Kunst des Neunzehnten Jahrhunderts«
von Cornelius Gurlitt

Erstes Kapitel: Das Erbe

Goethes Streit mit Schadow. Ältere Ansichten Goethes; sein Streit mit Krubsacius. Sieg des Allgemeingültigen.

Der Zug nach Rom. Rom als Kunststadt im Mittelalter und später; die Kirche und die Kunst in Rom, Rom als Künstlerheimat; Elsheimer und die Nordländer in Rom.

Winckelmann. Sein Verhältnis zu Oeser, zum Wiener Barock. Seine Kunstauffassung. Der Inhalt als Wertmesser zunächst in der kirchlichen Kunst; Winckelmanns Aufnahme dieses Gedankens; die Allegorie, die gelehrte Kunst im Gegensatz zur Volkskunst der Niederlande; Einfluß der Bildung auf diese, Verfall der charakteristischen Kunst.

Die Ästhetik der Maler: Mengs, Reynolds. Der Laokoon und die Einfachheit. Das einfach Erhabene – la noble simplicité; Einfachheit in der Baukunst. Mengs und der gute Geschmack. Verhältnis zur altenKunst. Die Kritik. Lessing als Kunstrichter, Reynolds Auffassung des Urteils; Goethes Abfall von Mengs und Oeser. Seine Bestrebungen. Die Weimarer Freunde der Kunst. Handwerkliche Schulung. Auffassung der Natur in der Kunst. England und Deutschland. Der Vatermörderstil.

Zweites Kapitel: Die Klassiker

Winckelmann als Lehrer; seine Bedeutung im Urteil Nachlebender; seine Stellung zu den Vorgängern; Rom als Mittelpunkt deutscher Kunst; Fernow.

Die Kunst in Rom. Canova; Fernows Urteil über ihn. Das Verhältnis zur Antike. Theoretische Begründung; die daraus sich ergebenden kritischen Forderungen. Trippel; sein Verhältnis zu David Dannecker, Schadow, Doll, Keller.

Carstens; im Urteil Fernows; im Urteil des Maler Müller; im Urteil der Nachwelt.

Füßli; in Italien, in England. Seine Stellung zur Kunstgeschichte. Verständnis aus Eigenem. Füßli als Maler. Urteil der Weimaraner. Seine Nachfolge; Retsch.

Cornelius' Anfänge. Seine Entwicklung. Zeichnungen zum Faust. Goethes Urteil.

Thorwaldsen, Ankunft in Rom. Stellung zu politischen und nationalen Fragen; Seine Unbildung und seine klassische Empfindung. Die Art seines Schaffens. Verhältnis zu den Zeitgenossen. Urteil der Nachwelt. Cornelius kommt nach Rom. Die Kapitoliner.

Schinkel. Die Vorläufer in Berlin, in Süddeutschland, in Sachsen, in Hannover. Kochs Hohn über den Klassizismus. Das Theater als Mittler. Schinkels Stellung zwischen alter

und neuer Kunst; sein Verdienst. Verhältnis zu Frankreich, zu England, zu Hellas, zu Preußen. Schinkel als Künstler. Neue Formen. Backsteinbau. Die Bauschule. Wahrheit im Stofflichen. Böttichers Tektonik der Hellenen. Gegner der Tektonik. Ihr Sturz.
Klenze, Reise nach Athen. Die Residenz, die Walhalla; Kritik dieses Baues, die Nachahmungen alter Werke. König Ludwig I.
Theoretische Stellung: Die absolute Kunst. Neue Formversuche. Stüler. Ablehnung des Hellenismus durch den Adel, den Hof, die Kirche.
Der protestantische Kirchenbau. Die preußische Union. Religiöses Leben in Berlin. Schinkels Auffassung. Der Berliner Dom.
Rauchs Anfänge. Seine Anfänge. Rauch und der preußische Hof. Christliche und ideale Gestalten. Rauch in Rom.

Drittes Kapitel: Die alten Schulen

Sachsen als Kunstheimat. Krubsacius, Oeser. Graff. Graff als Seelenmaler. Sein Verhältnis zu Sulzer, zu den Franzosen, zur Natur. Seine Kunstgenossen.
Berlin. Schadow: Seine realistischen Denkmäler. Die Kleiderfrage, Wesen seines Realismus. Stellung zum Hof: Königin Luise; Blücher. *Chadowiecki.*
Sonstige Künstler: Angelika Kauffmann, Kügelgen. Bildnismaler. Ihr Streben nach Idealismus.
Neuer Inhalt. Die Tischbein. Lavaters Physiognomik, Sentimentalität und Heldentum. Die Prosa. Rehberg und die Schauspieler. Schick und David. Der Klassizismus beider. Seelenmalerei. *Wächter.* Die Dresdener. Der Zopf.

Viertes Kapitel: Die Landschaft

Geßner. Die Idylle. Seine Theorie der Landschaft. Sulzer. Hackert. Goethes und Meyers Ansicht über diesen. Fernow und die Prospektmalerei. Die poetische Landschaft. Die romantische Landschaft, Ossian.
Der Gartenbau. Romantische Gärten in Schottland, romantische Bauten; die britische Dichtung. Hogarth. Der französische und der englische Garten. Hirschfeld. Der sentimentale Garten. Der idealistisch klassische Garten. Die klassische Baukunst Englands. Übertragung nach Deutschland durch Friedrich den Großen; nach Kassel; nach Weimar; Goethes Auffassung; nach Wörlitz, Erdmansdorf. Englische Reisende, englische Kupfer, Holzschnitte, Landschaftsmaler.
Deutsche Landschafter. *Friedrich und Carus.* Carus' Theorie. Die Stimmungslandschaft. Kritische Gegner. Nachfolger: Dahl. *Die Hamburger:* Benedixen und Rumohr, die Anfänge der Hamburger Beziehungen zu England und Kopenhagen, Eckersberg, Marstrand, Louis Gurlitt. Runge. Seine Tageszeiten. Vielseitige Beurteilung durch Tieck, Goethe, Görres. Rumohr, Schüler Fiorillos. Seine drei Reisen nach Italien. Kritische Anschauungen, seine Ziele; Stellung zum Idealismus. Anton Koch, Stellung zu Carstens, seine Charakteristik der Landschaft, die geschichtliche Landschaft. Reinhart. Stellung zur Natur.

Der Kampf mit der Kritik. Koch gegen Goethe, gegen Meyer; der Schornsche Kunststreit. Schorns Kritik. Antwort der Künstler.

Die Maler des Sachlichen. Jüngere Künstler. Die Akademien: Wien unter Füger, München unter Langer. Gegnerschaft. *Die Schlachtenmaler* als Maler des Tatsächlichen. Ablehnende Kritik. *Die Bauernmaler.* Idealistische Auffassung des Landvolkes. Das historische Genre, Robert. Ludwig Richter. Seine gemütliche Auffassung. Seine historischen Landschaften. Seine Holzschnitte.

Die historische Landschaft. Rottmann. Ästhetische Auffassung der Landschaft. Überstiegene Idealität. Pechts und Vischers Kritik. Verhältnis zu Turner. *Preller.* Seine Art zu komponieren. Verhältnis zur Wahrheit. *Schirmer* und die Düsseldorfer. Inhalt in der Landschaft.

Fünftes Kapitel: Die Romantiker

Der Kampf mit den Akademien: Mengs, Koch. Rumohr als deren Gegner. Kotzebues Anschauungen. Goethe und die Prärafaeliten. Goethes erneute Hinweise auf die Antike. *Sehnsucht nach Frieden.*

Die romantischen Schriftsteller. Wackenroder, L. Tieck, A. W. v. Schlegel. Stellung zur katholischen Kirche. Schillers Romantik. Fremdbrüderlichkeit, *Mangel starken nationalen Gefühls, des Zusammenhangs mit der Gegenwart.*

Die Moden. Umschwung vom Rokoko zur Antike, von dieser zur altdeutschen und zur modisch romantischen Tracht.

Die religiöse Kunst. Junge Künstler. Streben nach Innigkeit. Die Atomisten. *Overbeck.* Beziehungen zu Göttingen, zum Katholizismus. Übertritt. Overbeck in Wien, in Rom.

Die Nazarener. Cornelius' Ankunft. Uexkülls Schilderung; die Fresken des Casa Bartholdy. Die Veit, Schadow. Die Freskomalerei. Verhältnis zu Tiepolo. Cornelius' Anschauungen. Verhältnis zur Zeitkunst, zur Kunst der alten Meister.

Overbeck und die kirchliche Malerei. Die Frömmigkeit. Verhältnis der Kirche zur Kunst. Die neue Auffassung frommer Kunst. Die Lage der katholischen Kirche. Overbeck als katholischer Künstler. Seine Bedeutung für die kirchliche Kunst. Verhältnis zur Kunstgeschichte. Das Magnifikat der Künste. Verhältnis zur römischen Kirche, zur Mystik. Overbeck bleibt ein Fremder in Rom. Vischers Kritik. *Führich.* Seine Kunstart, seine Stellung zum Christentum.

Cornelius als kirchlicher Maler. Das jüngste Gericht. Verhältnis zu Michelangelo. Fortschritte nach der klassischen Seite. Beschränkung in der Farbe. Klingers Ansicht. Cornelius und die Ästhetik. Vischer. Cornelius als Erfüllung der romantischen Ästhetik. Grimms und Muthers Auffassung seines Werts. Urteil der Gegenwart, der Zukunft.

Die Düsseldorfer. Ausgang von Berlin. Wach. Wilh. Schadow. Die Düsseldorfer Kunstlehre. Suchen nach Realität. Die Idee im Kunstwerk. Gemeinsames Streben. Junger Ruhm. *K. F. Lessing.* Bendemann, Hübner.

Die Sittenmalerei. Schadow ihr Gegner. Immermann, die Tränenseligkeit. Raczynski. Verhältnis zur englischen Sittenmalerei.

Romantische Baukunst. Goethe und das Straßburger Münster. Forster. Erste gotische Versuche: Dauthe in Leipzig, Gilly. Erste gotische Lehrbücher, in England, Costenoble, Stieglitz. Deutsche Auffassung.

Gotische Denkmäler. Schlachtendenkmal bei Leipzig, in Berlin; Der Kölner Dom als Siegesdenkmal. Schinkel und die Gotik. Schinkel als Romantiker. Beziehungen zur englischen Baukunst.

Der Kölner Dom. Anfänge der Restaurierung. Boisserée, Ahlert, Zwirner, Heideloffs Lehrbücher der guten Gotik. Reichensperger. Anteil Friedrich Wilhelms IV. und Ludwig I. Görres. Die Begeisterung und die Gegnerschaft. Die Domlotterie. Die Vollendung. Die Stellung des Doms zur deutschen Geschichte.

Die Gotik als kirchliche Kunst. Stellung der Gotik zum bürgerlichen Leben. Ludwig I. Bestrebungen. Gärtner. *Nachahmungen und Restaurierungen alter Bauten;* der Bamberger Dom; der Dom zu Speyer. Das Ausmalen. Die stilvollen Erneuerungen. Geschichtliche Erforschung der Denkmäler. Protestantische Auffassung. Die Verleugnung eigenen Kunstschaffens. Die Schäden des Restaurierens. Neue gotische Kirchen. Katholische Symbolik. Die Grundrißformen. Das Himmelanstreben. Stellung zum Barock, zur Renaissance. Bauten der Jesuiten, Haß gegen Neuerungen. Die Jesuiten als Verteidiger der Renaissance: Kleutgen; Graus. Fr. Schneider.

Romantische Bildnerei. Stellung der beiden Konfessionen zu ihr. Reichensperger. Rietschel. Achtermann. Verhältnis zu Thorwaldsen und Rauch. Reichenspergers Bemühungen. Die Kunstfabriken.

Die katholische Kirche und die Kunst. Führichs Auffassung. Verhältnis der Kunst zum Heiligen, zur Überlieferung. Schroers' Ansicht. Die protestantische Kirchenmalerei. Schnorr in früher und später Zeit. Die neuere Kirchenbaukunst. Die Appolinariskirche. Die Düsseldorfer und ihr Einfluß. K. F. Lessing als Gegner.

Sechstes Kapitel: Die historische Schule

Historisches Genre. Die Belgier. Cornelius als ihr Gegner; Cornelius in England; sein Einfluß auf England, die englischen Präraffaeliten. Kuglers Absage, englische Gegner. Rahl und *Genelli. W. Kaulbach.* Seine Sinnlichkeit. Seine Ziele. Meisterschaft im Aufbau. Stellung zu Cornelius. Der Realismus Kaulbachs; das Narrenhaus, Reinecke Fuchs, Goethes Frauengestalten, die Hunnenschlacht. Kaulbach in Italien; als Maler. Der Geist der Geschichte. Abfällige Urteile. Tendenzbilder.

Historische Kritik. Die Kunst fürs Volk. Der historische Moment. Historische Wahrheit. Abfall von der Antike. Stellung der Antike zur Nation. Rückgang ihres Einflusses. Die neue Kunstwissenschaft. Stellung zu den Künstlern. Angewandte Kunstwissenschaft. Die Wahrheit in der Tracht. Neue Formen der Kritik.

Die neue Geschichtsmalerei. Neuer Inhalt. K. F. Lessing und Kaulbach. Das Tendenzbild. Herkunft: West, und das realistische Geschichtsbild in England, Etty und das unphilosophische Bild. Seine Farbe. Delacroix. Die französische Romantik. Revolutionäre Ästhetik: Das Häßliche ist das Schöne. Börne und Heine. Die Romantik des Grausens. Französische Nervosität.

Das Düsseldorfer Geschichtsbild. Reste malerischen Könnens. Deutsche in Frankreich. Die Schule Langers. K. F. *Lessings* subjektive Tragik. Verknüpfung mit der Gegenwart. *Rethel.* Die deutsche Nervosität. *Die Schlachtenmalerei.* Die Düsseldorfer. Bleibtreu. Der Inhalt des Schlachtenbildes. Stellung zur Nation.

Das Berliner Geschichtsbild. Wach, Begas. Pariser und belgische Einflüsse. Der dort erlernte Realismus. Kampf gegen diesen. Hähnel. Nationale Kunst und nationale Gegenstände der Kunst. Auffassung des Nationalen. Einfluß des Krieges von 1870. Die Berliner Kritik.

Das Münchener Geschichtsbild. Piloty. Der Steindruck, neue künstlerische Versuche. Aufblühen der Ölmalerei. Verknüpfung mit der Vergangenheit. Kritische Stimmen. Das Studium der alten Meister. Erleichterungen dieses. Die Photographie. Reisen nach Italien. Malerische Entdeckungen. Der stoffliche Realismus. Abscheu gegen diesen. Hähnel und Seidlitz. Ablehnungen. Rechtfertigung des eben Überwundenen. Der Wert der Pilotyschule.

Volkskunst. Springers und Woltmanns Sehnsucht nach einer schlichten Kunst. Die moderne Sittenmalerei im Verhältnis zur niederländischen. Der Bauer als Mittler in der Versöhnung mit der Gegenwart. Das Genrebild. *Knaus. Defregger.* Der Humor und seine Schwächen. Versuche mit dem Städter in Genrebild. Die Lust zum Fabulieren. Der Humor als Mittler. Die Derbheit. *Schwind.* Seine Bedeutung.

Die Pilotyschule. Makart. Sinnlichkeit und Sittlichkeit. Seine Erfolge, seine Bedeutung. Verhältnis zum jungen Feuerbach. *Lenbach.* Als Frauenmaler; als Maler von Charakterköpfen. Anlehnungen an alte Meister. Realistik der Auffassung. F. A. Kaulbach.

Die Landschaft. Streben in die Ferne. Hildebrandt, Werner. Die Italienische Landschaft. Realismus in dieser; Begrenzungen des Könnens. Ziele der Landschafter. *Andreas* und *Oswald Achenbach.* Die Münchener Schule. *Schirmer.* Versuche, die klassische Landschaft realistisch zu verjüngen. Seine Schule: Franz-Dreber, *Böcklins* Anfänge. Graf Schack und Böcklin.

Die romantische Bildhauerei. Die Aufgaben der Zeit. Die freistehende Bildnisstatue. *Rauchs* Berliner Bildsäulen. Kampf zwischen idealistischer und realistischer Auffassung. Rauchs Friedrich der Große. *Rietschel.* Rückeroberung der Zeittracht: Schiller und Goethe in Weimar; Lessing in Braunschweig. Geschichtlicher und künstlerischer Wert der Denkmäler. Fehler der Aufstellung. Neue Versuche mit idealen Bildsäulen. Antikisierende Bildnerei: Personifikationen; Kolosse; antike Gottheiten. *Begas* und *Tilgner.* Barocke Anklänge. Die Dresdener Schule, das Leidenschaftliche. Die Bewegung. Historische und realistische Versuche. Französische Einflüsse. Isolierung der deutschen Kunst.

Die kunstgewerbliche Bewegung, Gedon. Die Wiener; Semper; die staatlichen Anstalten. Einfluß der deutschen Renaissance, des französischen Krieges. Anfänge mit deutschem Barock. Einfluß der Pilotyschule.

Die historische Baukunst; in Berlin. *Th. Hansen;* Wiener Bautätigkeit; Hansens Bauten; Hellenische Renaissance. Wandlungen in Berlin. Die Baufirmen. Versuche mit verschiedenen Stilen. *Schmidt* in Wien. Neue Versuche mit der Gotik. Griesebach. Hauberrisser. Versuche mit der italienischen Renaissance in Stuttgart, Dresden, München. Streben nach einem neuen Stil. Das Münchener Preisausschreiben, der *Maximiliansstil.* Kritische Ablehnung dieses. *Sempers* Stilauffassung. Praktische Ästhetik. Verhältnis zur Kleinkunst. Die Neugotiker in Paris, in Hannover. *Hase,* Oppler. Die hannöverische Villa. Erhöhte Wohnlichkeit. Sempers Gründe gegen die Gotik. Seine Gründe für die italienische Renaissance. Sein Einfluß. *Ferstel.* Neue Forschungen in Italien; Hasenauer, Bohnstedt. Berliner Wohnhäuser.

Stilistische Fragen. Der Eisenbau. Seine Ästhetik. Mißbehagen am Eisenbau und dessen Überwindung. Der Brückenbau. Eisen im Hausbau. Neue Bauarten. *Der protestantische Kirchenbau.* Versuche künstlerischer und theoretischer Art. Stellung zur Gotik. Semper. Die Hamburger Nikolaikirche. Das Eisenacher Regulativ. Otzen. Formalismus im Kirchenbau. Weitere Anregungen. Sulzer, Lechler. Das Suchen nach baulicher Wahrheit. Die Wiesbadener und Osnabrücker Kirche. March. Die Kirchen zu Jerusalem und Speyer. Der Kongreß für protest. Kirchenbau. Fortgang der Bewegung. *Die Bierhäuser.* Wert sachlicher Zweckerfüllung.

Wandlungen des ästhetischen Urteils. Der Stil des 19. Jahrhunderts. Versuche ihn zu erkennen. Die Sehnsucht nach dem Eigenem. Fehlgriffe der Ästhetik. Wilhelm Busch. Oberländer. Modernes an Inhalt. Modernes Genre. Fremde Einflüsse. Mißachtung des Erreichten. Kritische Sünden. Wandlungen der Kritik. Wert des Urteils. Kritik aus Eigenem. Kritische Wertschätzung der Eigenart. Psychologische Ästhetik: Göller, Georg Hirt, Rembrandt als Erzieher, Paul de Lagarde. Idealismus und Idealität.

Siebentes Kapitel: Das Streben nach Wahrheit

Kritischer Umschwung; Helferich; Zola. Das moderne Kunstideal. Der französische Realismus.

Adolf Menzel; seine Wahrheitsliebe; sein Sinn für das Alltägliche, Kugler und Menzel; Menzel als Realist; als Geschichtsmaler; als Maler der Gegenwart. Urteile über Menzel: der Maler des Häßlichen. Siegreiche Wahrheitsliebe. Das Eisenwalzwerk. Menzel und die Schönheit. A. v. Werner. Preußentum und Schneidigkeit.
W. Leibl; seine technischen Eigenschaften.

Der unbedingte Realismus. Kritische Aufnahme. Der Vorwurf der Zerfahrenheit der deutschen Kunst. Fiedlers Anklagen. Die angebliche Wissenschaftlichkeit. Munkaczy; Israels; die Hollandmaler. Fritz von Uhdes Anfänge; Entsetzen der idealistischen Kritik; die Hellmalerei, die Tonmalerei, die Stimmung, Lichtmalerei, Luftmalerei. *Liebermann.* Konkreter und abstrakter Idealismus. Sehnsucht nach neuer Vertiefung.

Die realistische religiöse Malerei. Wissenschaftliche Wahrheit in der Darstellung. Piglhein und das Panorama. Realistische Versuche. Vermittlungsvorschläge. Christus und das Deutschtum. *E. v. Gebhardt.* Das Heilige in der Tracht deutscher Vergangenheit. Umhüllter Realismus. *Gabriel Max.* Spiritistische Einflüsse. Das Wunderbare im Bild. Überwindung des Materialismus aus sich heraus. *Uhde.* Uhdes Abendmahl. Uhdes Sozialismus. Religiöse oder Anbetungsbilder? Die Übersetzung des religiösen Bildes ins Moderne. Kritik des gesunden Menschenverstandes. Uhde in der Kritik. Helferichs Bedenken. Uhde im französischen Urteil. Kritische Ablehnung. Schwerer Stand seiner Kunst. Die heilige Nacht.

Sieg des Realismus. Der Künstlerstreit. Die Sezessionen, die Streitschriften. Muthers Geschichte der Malerei. Der Hohn der Alten. Raschheit im Wandel der Kunst. Der Umschwung. Das Suchen nach eigenartigen Männern. Rasches Fortschreiten der Kunst. Das Ausstellungswesen. Fremde Kunst in Deutschland. Malerische Ziele. Die Tonmalerei. Abschwenkung nach Frankreich. Die Schule Liers. Die Wiener. Die Düsseldorfer. Der Zug in die Heimat. Die Goppelner. Die Worpsweder. Die Berliner. Die Armeleut-Malerei. Allgemeine Kampfstimmung. Der Kunstmarkt.

Achtes Kapitel: Die Kunst aus Eigenem

Neuer Idealismus. Münchener Künstler. Der Zug nach Rom. Marées. Seine Grundsätze. Hildebrands Problem der Form. Neue Auffassung der Wahrheit. Stellung zum Idealismus. Gegensatz zum Realismus. *Feuerbach.* Sein Stil. Absicht aufs Typische. Schacks Urteil. Das Gastmahl des Plato. Feuerbach und die Kritik. Rosenbergs Urteil. Geselschap. Die Historienmaler. Stellung zu Tiepolo, zur wissenschaftlichen Wahrheit. Realistische Geschichtsmalerei. *A. Hildebrand.* Der Inhalt seiner Kunst. Psychologische Erkenntnis. Hildebrands Lehre. Die Bildnerei aus dem Relief.

Böcklin. Übergänge. Das Gefilde der Seligen. Kritische Empörung über dies Bild. Anerkennung. Böcklins Werke in Berlin. Fritz Gurlitts Kunsthandlung. Ablehnung seiner modernen Bestrebungen. Fritz Gurlitt und die Künstler. Böcklin und die Sensation. Böcklins Geist. Verhältnis zur Natur, zur Farbe. Der Prometheus. Unmittelbarkeit des Empfindens. Die Meeresbilder. Dubois-Reymonds Einwendungen. Böcklins Märchenton. Biblische Darstellungen.

Klinger. Seine realistischen Anfänge. Fortschreiten aus diesen. Verhältnis zu Böcklin. Das Urteil des Paris. Berliner Kritik. Angriffe der Idealisten. Klinger als Maler. Klinger in Rom. Verhältnis zur Komposition. Biblische Darstellungen. Angriffe der Theologen. Klingers Stellung zur religiösen Kunst. Christus im Olymp. *Franz Stuck.* Neuer Idealismus. Klingers Kunstlehre. Auffassung der künstlerischen Idee. *Stauffer-Bern.* Stellung zur Kunsttechnik. Versuche mit den vervielfältigenden Künsten. Deren Geschichte: Kupferstich, Holzschnitt, Radierung. Neue Wege. Einheit der Kunst im Künstler. Einfachheit des Inhalts. Klingers Pietà. Kompositionsgesetze. Art des Aufbaues. Plastisches Empfinden. Auffassung der Bildnerei: Hildebrands Stellung. Farbige Bildnerei. Treu, Volkmann, Maison. Klingers Salome und Kassandra. Der Beethoven. Frankfurter Kunst. Die Maler. *Thoma.* Sein Schaffensgebiet. Thoma und der Steindruck.

Die Baukunst. Frankfurter Bauten. *Wallot* und Tiersch. Das Reichshaus in Berlin. Wallots Formensprache. Idealistische Ablehnung. Wallot und die geschichtlichen Stile. Licht.

Schmitz' Großdenkmäler. Verhältnis der Bildnerei zu ihnen. Behrens. Rieth. Raumbildung. Der Städtebau: Sitte; Henrici. Gerade oder krumme Straßen. Verkehrsplätze oder Marktplätze. *Otto Wagner.* Wiener Sezession. Idealismus der Achsen. Demokratische Kunst. *Neue angewandte Kunst.* Was ist modern? Volkskunst. Gegnerschaft gegen die geschichtlichen Stile. Neuer Farbensinn. L. v. Hofmann. Leistikow. Neuer Idealismus. Mystizismus. Albert Keller. Neues Kunstgewerbe. Japanische Einflüsse. Buchbilder, das Plakat. Dekorative Malerei. Neue Kunst; v. d. Velde. Die Sprache der Linien. Konstruktion und Form. Konstruktive Form. Messel. Logik der Form. Kunstzeitschriften. Seidlitz. Lichtwark. Die Photographie. Ästhetische Zweifel: Tolstoi; Crane. Sozialdemokratie und Kunst. Pflege der Volkskunst. Das Bauernhaus. Der Zeichenunterricht. Die philologische Bildung. Wendung zur Kunst.

Annalen

Anmerkung:
Die Daten, auf die unser Exzerpt über Architektur Bezug nimmt, sind *kursiv* gesetzt.

1800 Goethes Propyläen gehen ein. Statue des alten Dessauer in Berlin von G. Schadow. Fr. W. v. Erdmannsdorf †. Fr. Gilly †.
1801–1808 Wilhelm von Humboldt in Rom.
1802 Schick kommt nach Rom.
1803 Runges Tageszeiten.
1804 Rauch wird Bildhauer. *Schinkel in Italien.* Rumohr wird in Dresden Katholik. *Kronprinz Ludwig I. in Rom.*
1805 Die Brüder Riepenhausen und Rauch gehen nach Rom. *Schedels Max-Josef-Tor in München.* Goethes Schrift Winckelmann und sein Jahrhundert. H. H. Meyers Kunstgeschichte. *Die Preisausschreiben der Weimarer Freunde der Kunst werden eingestellt.*
1806 Zauners Denkmal Kaiser Josefs II. in Wien. Overbeck kommt nach Wien. Wiener Präraffaeliten. P. von Langer Direktor der Münchener Akademie. L. Tieck in Rom.
1807 Reinharts Kunststreit mit H. H. Meyer. Schellings Rede über das Verhältnis der bildenden Künste zur Natur. Angelica Kauffmann †. Hackert †.
1809 *Gau geht nach Paris.*
1810 Wilhelm Schadow geht nach Rom. *Hittorf nach Paris.* Runge †.
1811 Cornelius kommt nach Rom, J. Schnorr v. Carolsfeld nach Wien.
1812 Albrecht Adams Schlachtenbilder. J. F. A. Tischbein †.
1813 Anton Graff †. Overbeck wird katholisch.
1814 *Klenze kommt nach München.* W. Schadow wird katholisch. *Pläne für ein Befreiungs-Denkmal.*
1815 Die Malereien der Casa Bartholdy werden begonnen. *Schinkels Berliner Bautätigkeit beginnt.* Carus' Briefe über Landschaftsmalerei. Solgers Vier Gespräche über das Schöne und die Kunst.
1816 G. Schadow wird Direktor der Berliner Akademie. Wach in Berlin. *Klenzes Glyptothek in München begonnen.*
1816–1823 Niebuhr Gesandter in Rom.
1817–1821 *Ludwig I. mehrfach in Rom.*
1817 Friedrich wird Professor in Dresden. Rauchs Statue Bülows; Fresken der Villa Massimi begonnen. *Gau's Reisen nach Sizilien.*

1818 Schopenhauers Werk Die Welt als Wille und Vorstellung. A. W. Schlegels Vorträge über Kunstgeschichte; Schnorr in Rom; Füger †.
1819 Vollendung der Fresken in Casa Bartholdy. G. Schadow vollendet das Blücher-Denkmal. W. Schadow geht nach Berlin, Cornelius nach München; Dahl wird Professor in Dresden.
1820 Cornelius wird Akademie-Direktor in Düsseldorf; Kügelgen wird ermordet. *Stieglitz' Lehrbuch der Gotik.* Schnorrs Fresken in der Villa Massimi.
1821 G. Schadows Lutherstatue in Wittenberg; Kaulbach in Düsseldorf.
1823 *Beginn der Bautätigkeit am Kölner Dom;* Ludwig Richter und Riedel in Rom.
1824 *Nobiles Burgtor in Wien erbaut.* Peter von Langer †.
1825 *Ludwig I. wird König in Bayern; Schinkels Museum begonnen.* Kaulbach in München. Füßli †.
1826 Rietschel kommt in Rauchs Werkstätte; W. Schadow wird Direktor in Düsseldorf; K. F. Lessings erste Erfolge; Der Schornsche Kunststreit; *Der Bau der Pinakothek begonnen; Klenzes Allerheiligen-Kirche in München begonnen;* Fr. Weinbrenner †.
1827 Schnorr und Schwind kommen nach München, Führich nach Rom. Rumohrs Italienische Forschungen beginnen zu erscheinen. *Wilhelm Stiers Versuche im protestantischen Kirchenbau.*
1828 Retzsch's Faustbilder.
1829 Krügers Berliner Parade; Rottmann beginnt die Fresken im Hofgarten zu München. Morgenstern geht nach München; *Gärtners Ludwigskirche in München begonnen; Semper in Paris;* J. H. W. Tischbein †. K. W. F. v. Schlegel †.
um 1830. Die Hamburger Landschafter gehen nach München und Düsseldorf; Bürkel u. a. dort tätig.
1830 Leop. Roberts geschichtliche Genrebilder. Große Erfolge der Düsseldorfer auf der Berliner Ausstellung; Rietschel in Italien; *Walhalla in Regensburg begonnen;* Weißes Ästhetik erscheint.
1831 Heines Ausstellungsberichte aus Paris.
1832 *Goethe †. Schinkels Bauakademie begonnen.*
1833 Karl Werner geht nach Italien. Menzels Zeichnungen Künstlers Erdenwallen.
1834 Rottmann geht nach Griechenland. Andreas Achenbachs Tätigkeit beginnt. *Semper wird Professor in Dresden.*
1834/35 *Der Streit zwischen Semper und Kugler über die Farbigkeit der griechischen Architektur.*
1835 *Klenzes Festsaalbau in München;* Hegels Vorlesungen über Ästhetik beginnen zu erscheinen; Wilhelm v. Humbold †.
1836 K. F. Lessings Hussitenpredigt vollendet; Des Grafen Raczynski Histoire de l'art moderne beginnt zu erscheinen; Menzels erste Ölbilder; Ludwig Richter geht nach Dresden; *Försters Bauzeitung beginnt zu erscheinen.*
1837 Kaulbach vollendet die Hunnenschlacht; Fr. Kuglers Handbuch der Geschichte der Malerei. Krauses Schrift Abriß der Ästhetik.
1838 Hähnel nach Dresden berufen. Louis Gurlitt geht nach Italien. Th. Hansen geht nach Griechenland. Beginn von Heideloffs Veröffentlichungen über mittelalterliche Stile.

1839 Beginn der Malereien auf dem Apollinarisberge. J. Hübner nach Dresden berufen. *Gau beginnt die Kirche S. Clotilde in Paris.* Steffeck in Paris. Rauch beginnt das Denkmal Friedrichs des Großen. Kaulbach in Italien. A. Koch †.
1840 *Regierungsantritt Friedrich Wilhelms IV.* Rethel beginnt Fresken in Aachen. Cornelius vollendet das Jüngste Gericht, Overbeck das Magnifikat der Künste.
1841 *Sempers Theater in Dresden vollendet.* Gründung des Vereins Berliner Künstler; Cornelius geht nach Berlin; *Gärtner beginnt die Feldherrnhalle in München. Gründung des Kölner Dombauvereins. A. Reichensperger wird dessen Schriftführer.* Kuglers Kunstgeschichte erscheint. Dannecker †. *Schinkel †.*
1842 Menzels Illustrationen zum Leben Friedrichs des Großen vollendet. *Walhalla in Regensburg geweiht. Befreiungshalle in Kehlheim begonnen. Beginn des Turmbaues am Kölner Dom. Bunsens Schrift über Protestantischen Kirchenbau. Beginn der Architektentage.*
1843 Gallaits und de Bièfve's Bilder in Deutschland aufgestellt. Andreas Achenbach geht nach Italien. *Böttichers Tektonik der Hellenen* beginnt zu erscheinen. Schnaases Geschichte der Kunst erscheint. Rumohr †.
1844 Gründung der Münchner »Fliegenden Blätter«. Thorwaldsen †. Gustav Richter geht nach Paris.
1845 Cornelius vollendet den Entwurf für den Campo santo in Berlin. *Stüler vollendet das Neue Museum in Berlin. Scott beginnt die Hamburger Nicolaikirche. Sempers Schrift über Protestantischen Kirchenbau.* Oswald Achenbachs italienische Landschaften. A. Springers kritische Tätigkeit beginnt. Lotzes Schrift »Über den Begriff der Schönheit«. Danhauser †. Wach †. Aug. Wilhelm v. Schlegel †.
1846 *Klenzes Propyläen in München begonnen. Th. Hansen kommt nach Wien.* Schnorr kommt nach Dresden. Kaulbachs Reinecke Fuchs erscheint. Vischers Ästhetik beginnt zu erscheinen.
1847 Kaulbach beginnt die Treppenhausfresken in Berlin. *Friedrich Gärtner †.*
1848 *König Ludwig I. tritt von der Regierung zurück.* Fr. Kuglers Berliner Briefe erscheinen. Schwanthaler †. Josef v. Görres †.
1849 *Semper flieht nach London. Hase wird Architektur-Lehrer in Hannover,* Nicolai in Dresden. *Arsenal in Wien begonnen.* Kaulbach wird Akademie-Direktor in München. Menzels Illustrationen zu Kuglers Werken über Friedrich den Großen vollendet. Rethels Totentanz.
1850 Menzels Bild Die Tafelrunde Friedrich des Großen. L. Knaus' erste Erfolge. Leutzes »Washington geht über den Delaware«. Böcklin geht nach Rom.
1851 Weltausstellung in London. Das Denkmal Friedrichs des Großen in Berlin wird enthüllt. *Münchner Preisausschreiben für einen neuen Stil.* Menzel malt moderne Gegenstände. Zahlreiche Berliner Maler in Paris. August v. Pettenkofens Tätigkeit beginnt. Ludw. Richters Bilderbücher beginnen zu erscheinen.
1852 L. Knaus und A. Feuerbach gehen nach Paris.
1853 *Eröffnung der neuen Pinakothek in München. Voit erbaut den Münchner Glaspalast. Leins vollendet die kronprinzliche Villa in Berg bei Stuttgart.* Rietschels Lessingstatue vollendet. Schirmer wird Akademie-Direktor in Karlsruhe. Hasenclever †. *Gau †.* Ludwig Tieck †.

1854 Pilotys Gründung der Liga vollendet. *Ferstel siegt beim Wettbewerb um die Wiener Votivkirche. Sulpiz Boisserée †.*
1855 *Weltausstellung in Paris.* Schwinds Aschenbrödel. Lenbach kommt nach München. *Semper wird Professor in Zürich. Burckhardts Cicerone erscheint.*
1856 Piloty Professor an der Akademie zu München. Karl Beckers Venetianische Darstellungen. Gustav Richter vollendet die Auferweckung der Tochter des Jairus. Gründung der Deutschen Kunstgenossenschaft. Peter Krafft †. Franz Kugler †.
1857 *Rietschels Goethe-Schiller-Denkmal in Weimar enthüllt.* Graf Schack kommt nach München. Begas, Lenbach, Böcklin und Feuerbach in Rom. *Wettbewerb für das Berliner Rathaus, dem Schmidtschen Entwurfe wird der Wäsemanns vorgezogen.*
1858 Piloty in Italien. Knaus' Goldene Hochzeit. Vautiers erste Erfolge. Böcklin wird Lehrer in Weimar.
1859 *Stadterweiterung in Wien.* Lenbach nach Weimar berufen. Bendemann wird Direktor der Düsseldorfer Akademie. Camphausen beginnt Schlachtenbilder aus dem 19. Jahrhundert zu malen. Schellings Vorlesungen über Philosophie der Kunst erscheinen. Carrieres Ästhetik erscheint. A. Springers kritische Erfolge. Rethel †.
1860 Prellers Odysseelandschaften vollendet. Ramberg kommt nach Weimar. E. v. Gebhardt kommt nach Düsseldorf. *Sempers »Stil« beginnt zu erscheinen.* Lübkes Grundriß der Kunstgeschichte.
1861 *Heinrichshof in Wien von Hansen begonnen; Opernhaus daselbst von Van der Nüll und Siccardsburg begonnen. Eisenacher Konferenz über den protestantischen Kirchenbau.* A. von Heyden und andere Berliner, ferner Lier in Paris. Böcklin und Rudolf Henneberg gehen nach Italien. *Hartwich schafft die Mainzer Rheinbrücke.*
1862 Feuerbachs Iphigenie. Schillings Jahreszeiten an der Brühlschen Terrasse in Dresden. Pauwels wird Lehrer in Weimar. Ed. Hildebrandts erste Reise um die Erde. W. v. Schadow †. Heinrich Bürkel †. Albrecht Adam †.
1863 *Befreiungshalle in Kehlheim vollendet. Wettbewerb um das Wiener Parlamentshaus; Hansen ist Sieger. Hansens großartige Bautätigkeit in Wien.* Bohnstedt kehrt aus Rußland zurück. E. v. Gebhardts erste Erfolge. Gabriel Max kommt nach München. Defregger geht nach Paris. Thausings und Jul. Meyers kritische Tätigkeit beginnt. J. W. Schirmer †. Ludwig v. Förster †. H. Hübsch †.
1864 König Maximilian II. †. Marées geht nach Rom. *Weißbachs, Gnauths, E. v. Försters Renaissancestudien in Italien. Erste Versuche mit den Renaissancestilen in Berlin. Hitzig vollendet die Börse in Berlin.* Reinhold Begas' erste Erfolge in Berlin. *Gründung des Österreichischen Museums für Kunst und Industrie in Wien.* Pietsch beginnt seine kunstkritische Tätigkeit. *Leo von Klenze †. Friedr. Laves †.*
1865 Menzel malt am Königsberger Krönungsbilde. Knolls Metzgersprungbrunnen in München vollendet. Victor Müller kommt nach München. Oberländers erste Erfolge. Pecht beginnt seine kunstkritische Tätigkeit. *Rahl †. Stüler †. Heideloff †.*
1866 Aufblühen der Schlachtenmalerei: Bleibtreu, Camphausen. Defregger kehrt nach München zurück. Grützner wird Pilotys Schüler. Böcklin geht nach Basel. Kaulbach vollendet die Berliner Wandmalerei. Springers Wege und Ziele der deutschen Kunst, Riegels Biographie des Cornelius erscheinen. Die Zeitschrift für bildende Kunst wird gegründet.

1867 *Weltausstellung in Paris.* Lenbach kopiert in Madrid alte Bilder für den Grafen Schack. *Hauberrisser beginnt das Rathaus zu München. Wettbewerb um die Pläne für die k. k. Hofmuseum in Wien.* Ende und Boekmanns rotes Schloß in Berlin vollendet. *Gründung des Kunstgewerbemuseums in Berlin.* K. E. O. Fritschs (Deutsche Bauzeitung) und Woltmanns kritische Tätigkeit beginnen. Max' Märtyrerin. Cornelius †. Morgenstern †. Hittorf †.

1868 Makarts Todsünden. R. Hennebergs Jagd nach dem Glück. *Wettbewerb um das Wiener Rathaus; Fr. Schmidt ist Sieger. König Ludwig II. beginnt Linderhof.* Lotze, Geschichte der Ästhetik. Genelli †. *Van der Nüll* †. Siccardsburg †. Hans Gasser †. Ed. Hildebrandt †.

1869 Internationale Ausstellung in München. Courbet und Munkaczy machen Aufsehen in München. Feuerbachs Gastmahl des Plato wird abgelehnt. Leibls Einfluß beginnt. Leibl geht nach Paris. Makart geht nach Wien. Internationale Kunstausstellung in Wien. Wettbewerb für den Berliner Dom. Köstlins Ästhetik erscheint. Bürkel †. Carus †. Overbeck †.

1870 Austreibung der Deutschen aus Frankreich. Erneutes Aufblühen der Schlachtenmalerei: Adam, Braun, Lang. Feuerbachs Medea.

1871 Velarien A. v. Werners zum Truppeneinzug in Berlin. Internationale Ausstellung in Wien. *Semper geht nach Wien. Semper schafft die neue Pläne für das Dresdner Theater. Die Gründerbautätigkeit fängt an. Beginnendes Übergewicht der deutschen Renaissance in Baukunst und Kunstgewerbe.* Begas' Schiller-Denkmal in Berlin enthüllt. M. v. Schwind †. Theodor Horschelt †. Victor Müller †.

1872 *Erster Wettbewerb für das Reichshaus in Berlin: L. Bohnstedt Sieger. Wettbewerb um das Hamburger Rathaus: Bluntschli und Mylius sind Sieger. Lucae gewinnt den Preis für das Stadttheater in Frankfurt a. M. Gnauths Bautätigkeit in Stuttgart.* Munkaczy und Liebermann in Paris. Leibl zieht sich zurück. Tilgners erste Erfolge. G. Richter vollendet das Bild: Pyramidenbau. J. Schnorr von Carolsfeld †.

1873 *Wiener Weltausstellung. Der Krach. Ende der Gründerzeit.* Makarts Catarina Cornaro. Feuerbach in Wien. *Stracks Siegesdenkmal in Berlin vollendet.* E. v. Gebhardt wird Professor in Düsseldorf. Peter Janssens Rathausbilder in Krefeld vollendet. Lübkes Geschichte der deutschen Renaissance. Winterhalter †.

1874 Piloty Akademiedirektor in München. Knaus geht nach Berlin. *Gedon vollendet das Haus des Grafen Schack. Ebe verwendet zuerst in Berlin Farbe an der Außenansicht des Palais Pringsheim. Gründung des Verbandes deutscher Architektenvereine.* Adolf Hildebrand geht nach Florenz. Thoma in Italien. Ed. Schleich †. W. v. Kaulbach †. Graf Raczynski †.

1875 Menzels Eisenwalzwerk. Hermans Bild: In der Morgendämmerung. Bokelmanns erste Darstellungen ernsten städtischen Lebens. A. v. Werner Direktor der Berliner Akademie. *E. v. Bandels Hermann-Denkmal enthüllt.* Böcklin in München. Riegels Geschichte der neuen deutschen Kunst erscheint. Franz-Dreber †.

1876 *Weltausstellung in Philadelphia.* Niederlage des deutschen Kunstgewerbes. *Ausstellung von »Unserer Väter Werk« in München.* Begas' Menzelbüste. A. v. Werners Kaiserproklamation. Spangenbergs Zug des Todes. Böcklin geht nach Florenz.

Rebers Geschichte der modernen Kunst. Fechners Vorschule der Ästhetik erscheint. Henneberg †. Führich †.

1877 Makarts Carl V. Fr. v. Uhde wird Maler. Pechts deutsche Künstler im 19. Jahrhundert beginnen zu erscheinen. Philipp Veit †.

1878 *Weltausstellung in Paris. König Ludwig II. beginnt den Bau von Schloß Herrenchiemsee. Sempers neues Theater in Dresden vollendet.* Leibls Bauernkonferenz. *Prell beginnt die Malereien im Architektenhaus in Berlin.* Klingers Christus-Cyklus. Preller †. Rich. Lucae †.

1879 Internationale Ausstellung in München. Französische Bilder in München. Piglheins Moritur in Deo. Uhde geht nach Paris. *Licht wird Stadtbaudirektor in Leipzig. Georg Hirths Buch: Das deutsche Zimmer.* Semper †. Ittenbach †.

1880 *Vollendung des Kölner Doms.* Ilg weist auf den Barockstil hin. Schapers Goethestatue vollendet. Dietz' Gänsedieb in Dresden. K. F. Lessing †. Feuerbach †. Ed. Oppler †. Martin Gropius †. Strack †. Alfred Woltmann †.

1881 Gropius und Schmieden vollenden die Kunstgewerbeschule in Berlin. *Sulzes Schrift über Protestantischen Kirchenbau.* Friedr. Hitzig †. Martin Gensler †. H. Nicolai †.

1882 *Zweiter Wettbewerb für das Reichstagsgebäude: Wallot und Thiersch erhalten erste Preise.* Internationale Ausstellung in Wien. Wereschtschagins Bilder in Deutschland ausgestellt. Leibls Bild: In der Kirche. Uhde in Holland. Schaslers Buch: Das System der Künste erscheint. A. Lier †. J. Hübner †. Hermann Hettner †.

1883 Internationale Ausstellung in München. Uhdes Trommlerübung. Löfftz' Pietà. Claus Meyers Nähschule. Schillings und Weißbachs *Siegesdenkmal auf dem Niederwald enthüllt.* Böcklin-Ausstellung in Berlin. Gründung des Verbandes Deutscher Kunstgewerbe-Vereine. *Heinrich v. Ferstel †. Gedon †. A. Riedel †.*

1884 Liebermann in Berlin. Uhdes Lasset die Kindlein zu mir kommen. Ausstellung der Werke Adolf Hildebrands in Berlin. Treus Schrift: Sollen wir unsere Statuen bemalen? Versuche mit farbiger Bildnerei. Anfänge japanischen Einflusses in Deutschland. Makart †. L. Richter †. Gustav Richter †. Adolf Gnauth †. Moritz Thausing †.

1885 *Wettbewerb um das Reichsgerichtsgebäude in Leipzig: Hoffmann und Dybwad erhalten den ersten Preis.* Piglheins Panorama. Pechts »Kunst für Alle« beginnt zu erscheinen. Camphausen †. Spitzweg †. L. Bohnstedt †.

1886 Internationale Ausstellung in Berlin. Herkomers Miß Grant. Friedr. Aug. von Kaulbach Akademiedirektor in München. Uhdes Abendmahl. Klingers Parisurteil. Max Schaslers Ästhetik erscheint. Carl v. Piloty †. Carl Schlüter †. Gottfr. Neureuther †. Friedrich Voltz †.

1887 *Beginn der Aufnahme des Barock in Baukunst und Kunstgewerbe. Thiersch beginnt das Justizgebäude in München.* Marées' Ausstellung in Berlin. *Göllers Buch: Ästhetik der Architektur.* Helferichs Buch: Neue Kunst. E. v. Hartmanns Deutsche Ästhetik seit Kant. Marées †. Rudolf Jordan †.

1888 Internationale Ausstellung in München. Liebermanns erster Erfolg in München. Griesebachs Tätigkeit in Berlin tritt hervor. *Siemerings Siegesdenkmal in Leipzig vollendet.* Englische Einflüsse beginnen sich geltend zu machen.

1889 *Weltausstellung in Paris.* Stucks erste Erfolge. E. Bendemann †. Hermann Kaufmann †. Heilbuth †.

1890 Auf der Ausstellung in München sind die Franzosen, Belgier und Schotten gut vertreten. Sieg der Hellmalerei. Hanfstängls Zeitschrift Die Kunst unserer Zeit beginnt zu erscheinen. Klingers Pietà. Thoma-Ausstellung in Berlin. *»Rembrandt als Erzieher.«*

1891—1893 *Kampfjahre für die neue Kunst in Berlin.*

1891 Internationale Kunstausstellung zu Berlin. Die Engländer sind gut vertreten. Internationale Ausstellung in München. Die Skandinavier, Holländer und Schotten treten hervor. *Die Wiener Museen von Hasenauer vollendet.* Klingers Schrift: Malerei und Zeichnung. Hirths »Aufgaben der Kunstphysiologie« erscheinen. Th. v. Hansen †. Fr. Schmidt †. Stauffer-Bern †. Anton Springer †.

1892 Internationale Ausstellung in München. Die Hellmalerei tritt zurück. Prell wird Professor in Dresden.

1893 *Weltausstellung in Chicago.* Sezession in München. Anfänge mystischer Kunst. Watts und Jan Toroops Bilder in München. Wachsen des englischen Einflusses im Kunstgewerbe. Crane-Ausstellung in Deutschland. Muthers Geschichte der Malerei. Hildebrands Buch: Das Problem der Form. Carl Müller †.

1894 *Wallots Reichstagsgebäude vollendet. Raschdorfs Berliner Dom begonnen. Berliner Konferenz über Protestantischen Kirchenbau. O. Wagner wird Professor an der Wiener Kunstakademie. Englische Einflüsse auf das Kunstgewerbe.* Klinger erlangt größere Anerkennung. Woermanns Buch: Was uns die Kunstgeschichte lehrt. Carstanjens Aufsatz: »Schön«. Piglhein †. Bokelmann †. Hasenauer †. Graf Schack †.

1895 *Hoffmanns Reichsgericht in Leipzig vollendet. Schwechtens Kaiser-Wilhelm-Gedächtniskirche vollendet.* Hildebrands Wittelsbachbrunnen in München vollendet. Kuehl wird Professor in Dresden. Die Zeitschrift »Pan« erscheint. August Reichensperger †. Conrad Fiedler †.

1896 Erfolg der Worpsweder auf der Münchener Ausstellung. *Schmitz' Kyffhäuserdenkmal vollendet. Lichts Grassimuseum in Leipzig vollendet.* Klingers Salome. Victor Tilgner †. *Bestrebungen für die Plakatkunst beginnen.*

1897 *Kaiser-Wilhelm-Denkmal in Berlin vollendet. Einweihung des Hamburger Rathauses.* Thierschs Justizgebäude in München vollendet. Klingers Christus im Olymp. Internationale Ausstellung in Dresden. Meuniers großer Erfolg. *Neue Kunst im Kunstgewerbe.* Burkhardt †.

1898 *Wettbewerb für das Leipziger Rathaus: H. Licht Sieger.* Protestantische Kirche in Jerusalem vollendet. Sezession in Wien. Olbrichs Ausstellungsgebäude. Die Neue Kunst im Gewerbe auf der Münchener Ausstellung. Vautier †. Geselschap †.

1899 Prell vollendet die Malereien im Palazzo Caffarelli in Rom. Künstlerstreit in Wien. *Die technischen Hochschulen erlangen das Recht der Erteilung des Doktorgrades. Der Streit des Reichstages mit Wallot,* Stuck und Hildebrand. *Der Großherzog von Hessen beruft Künstler nach Darmstadt. Vorbereitung zur Pariser Weltausstellung: Rasches Fortschreiten der Neuen Kunst im Gewerbe.*

Namensverzeichnis

Dieses Verzeichnis enthält nur die Personen, die im Rahmen der wiedergegebenen Auszüge von besonderer Bedeutung sind. Im übrigen wird auf das Namensregister der Originalausgabe verwiesen. Die z. T. vom Übersetzer abweichende Schreibweise wurde unverändert belassen.

Achenbach, Andreas 45
Adam, James 42
Adam, Robert 22, 42
Adam, William 40 f., 42
Adler, Friedrich 74, 118 f., 125
Ahlert, Friedrich 56, 58, 88
Andreae, August H. 97

Barry, Sir Charles 104, 125
Bentham, Jeremy 51
Berlepsch, Hans E. von 148
Bluntschli, Alfred 124
Bodt, Jean de 39
Bötticher, Karl 26, 28, 34 f., 76, 82, 89, 96
Bohnstedt, Ludwig 104
Britton, John 51
Búcher, Bruno 73
Bürklein, Friedrich 91 f.
Burckhardt, Jakob 102
Burne-Jones, Sir Edward 118, 1144
Burnitz, Heinrich 123 f.

Costenoble, J. C. 51 f.

Dauthes, Johann Carl Fr. 50
Dohme, Robert 74
Droste, A. 97
Dülfer, Martin 148
Dumreicher, Armand Freiherr von 73
Durm, Josef 102

Ebe, Gustav 74
Eckmann, Otto 148
Edelsberg, Eitelberger v. 73
Ende, Hermann 123
Ferstel, Heinrich von 26, 73, 80, 101—104

Fischer, G. N. 36
Förster, Ernst 73
Förster, Ludwig von 78 bis 81, 132
Fritsch, K. E. O. 37, 87, 111, 118

Gärtner, Friedrich 60, 62
Gau, Franz Chr. 89, 94, 96
Gedon, Lorenz 72, 81
Giese, Ernst 102
Gilly, Friedrich 20, 51
Gilbert, Bradford Lee 94
Görres, Joseph v. 46, 56, 65
Gräbner, Julius W. 148
Graus, Johann 68
Griesebach, Hans 88
Gropius, Martin 85
Grose, Francis 51

Hähnel, Ernst J. 71, 94
Hallmann, Anton 58
Halmhuber, Gustav 129
Hansen, Theophil von 22, 78—83, 89, 99, 101 f.
Hartwich, Emil H. 111
Hase, Konrad Wilhelm 97 f., 117
Hasenauer, Karl v. 102, 104
Hauberisser, Georg 88
Heideloff, Carl A. von 62
Henrici, Karl 132 f.
Hettner, H. 74
Hirth, Georg 141
Hittorf, Jacob Ignaz 89, 94
Hitzig, Friedr. 77, 84, 86
Hocheder, K. 148
Hofmann, Ludwig v. 139
Hogarth, William 41

Hübsch, Heinrich 63, 97
Hunaeus 97
Ihne, Ernst von 107
Ilg, Albert 74
Jussow, Heinrich Chr. 20
Juvava, Filippo 22

Kent, William 22, 42
Klenze, Leo von 20, 22, 30 bis 34, 37, 60 f., 80
Knobelsdorff, Georg Wenzeslaus von 25
Knoblauch, Eduard 113
Koch, Joseph A. 21, 43 f.
Köpcke, Klaus 111
Krubsacius, Friedrich Aug. 11, 39
Krumbholz, R. 141

Labrouste, Henry 94
Langhans, Carl Gotth. 20
Laves, Georg 21
Lechler, Karl 118
Leins, Chr. 89, 98, 117, 124
Lessing, Karl Friedrich 12, 17, 45
Lesueur, J.-B. 94
Licht, Hugo 128, 130
Longuelune, Zacharias 39
Lucae, Richard 55, 85, 123 f.
Lübke, Wilhelm 70, 73, 91
Luers 98

March, Otto 107, 118, 131
Makart, Hans 71, 73
Mansart, François 22, 42
Mehrtens, Georg 111
Messel, Alfred 147 f.

Meyer, Julius 91
Milner, John 51
Mocker, Josef 102
Morris, Robert 40
Morris, William 144
Mylius, Karl Jonas 124
Neureuther, Gottfried 89
Neumann, J. F. 63
Nicolai, Hermann 89, 124
Nüll, Eduard van der 80

Obrist, Hermann 148
Ohlmüller, Daniel 60
Olbrich, Joseph Maria 137
Oppler, Edwin 75, 98

Palladio, Andrea 18, 22, 24, 39, 41, 120
Pankok, Otto 148
Pecht, Friedrich 26, 55 f.
Perrault, Claude 25
Persius, Ludwig 113
Pfann, Paul 148
Pöppelmann, Matthes Daniel 39

Rebentisch 98 ff.
Reichensperger, August 57 f.
Richardson, Henry 92
Riedel, Eduard 92
Riegl, Alois 101

Riemerschmid, Richard 148
Rieth, Otto 130 f.

Schinkel, Karl Friedrich 19 bis 28, 30 f., 33 f., 36 ff., 41, 54 f., 73, 75 f., 78, 80, 85, 113, 120, 123, 125
Schliepmann, Hans 34
Schlüter, Andreas 74, 130
Schmid, Heinrich Th. 124
Schmidt, Fr. 86, 88, 101, 104
Schmidt, J. G. 39, 80
Schmitz, Bruno 129 f.
Schneider, Friedrich 68
Scott, G. Gilbert 104, 116
Seidl, Gabriel 120
Semper, Gottfried 59, 73 f., 84, 89 f., 92–96, 99–102, 105, 111, 115 f., 120, 124
Sepp, Johann Nepomuk 67
Siccardsburg, Siccard v. 80
Sitte, Camillo 132 f.
Sievekind, Karl 53
Soane, Sir John 22, 54
Sommer, Oskar 124
Soufflot, J.-Germain 22, 37
Springer, A. 70, 74
Statz, Vincenz 102
Steindl, Imre 104, 125
Stieglitz, C. L. 52

Stier, Wilhelm 76, 113
Stöter, F. 116
Strack, Heinrich 76, 78
Streiter 104, 108 f.
Stüler, Fr. Aug. 35, 113 f., 117
Thausing, Moritz 88
Thiersch, Friedrich 124, 148
Thorwaldsen, Bertel 10, 19 f., 44 f., 79, 142
Thürmer, Joseph 89

Velde, Henry van de 131, 144, 148
Viollet le Duc, E. E. 67, 96, 98
Voigtel, Richard 58

Wagner, Otto 134, 136 f., 145
Wallot, Paul, 123–128, 130 f., 142, 146, 148
Warton, Joseph 51
Weinbrenner, Friedr. 20, 53
Waterhouse, Alfred 104
Weißbach, Karl 102
Wentzel, Michael 141
Whittington 51
Wren, Sir Christopher 22

Zanth, Karl Ludwig 89
Ziebland, Georg Fr. 60
Zwirner, Ernst Fr. 57, 88, 116

Quellennachweis der Abbildungen

Der Architekt. Wiener Monatshefte für Bauwesen und decorative Kunst. Wien. V. Jhrg. 1899: Seite 134, 137

Gurlitt, Cornelius: Die deutsche Kunst des Neunzehnten Jahrhunderts. 2. Auflage, Berlin. 1900: Seite 95, 127

Koepf, Hans: Deutsche Baukunst. Stuttgart, 1956: Seite 33

Propyläen Kunstgeschichte, Bd. XI: Die Kunst des 19. Jahrhunderts. Hrsg. R. Zeitler. Berlin, 1966: Seite 23, 27, 61, 79, 83, 84, 85, 103, 105, 114, 119

Semper, Gottfried: Wissenschaft, Industrie und Kunst (Neue Bauhausbücher, Hrsg. Hans M. Wingler). Mainz und Berlin, 1966: Seite 115

Ullstein Bauwelt Fundamente

1 Ulrich Conrads, Programme und Manifeste zur Architektur des 20. Jahrhunderts
 180 Seiten, 27 Bilder, DM 10,80 / öS 80,— / sfrs. 12,80

2 Le Corbusier, Ausblick auf eine Architektur
 216 Seiten, 231 Bilder, DM 12,80 / öS 95,— / sfrs. 15,—

3 Werner Hegemann, Das steinerne Berlin
 Geschichte der größten Mietskasernenstadt der Welt
 344 Seiten, 100 Bilder, DM 12,80 / öS 95,— / sfrs. 15,—

4 Jane Jacobs, Tod und Leben großer amerikanischer Städte
 221 Seiten, 4 Bilder, DM 10,80 / öS 80,— / sfrs. 12,80

5 Sherman Paul, Louis H. Sullivan
 Ein amerikanischer Architekt und Denker
 164 Seiten, 26 Bilder, DM 9,80 / öS 72,50 / sfrs. 11,65

6 L. Hilberseimer, Entfaltung einer Planungsidee
 140 Seiten, 121 Bilder, DM 10,80 / öS 80,— / sfrs. 12,80

7 H. L. C. Jaffé, De Stijl 1917—1931
 Der niederländische Beitrag zur modernen Kunst
 272 Seiten, 54 Bilder, DM 14,80 / öS 109,50 / sfrs. 17,30

8 Bruno Taut, Frühlicht — Eine Folge für die Verwirklichung des neuen Baugedankens
 224 Seiten, 240 Bilder, DM 9,80 / öS 72,50 / sfrs. 11,65

9 Jürgen Pahl, Die Stadt im Aufbruch der perspektivischen Welt
 176 Seiten, 86 Bilder, DM 10,80 / öS 80,— / sfrs. 12,80

10 Adolf Behne, Der moderne Zweckbau
 132 Seiten, 95 Bilder, DM 10,80 / öS 80,— / sfrs. 12,80

11 Julius Posener, Anfänge des Funktionalismus
 Von Arts and Crafts zum Deutschen Werkbund
 232 Seiten, 52 Bilder, DM 11,80 / öS 87,— / sfrs. 13,90

(Fortsetzung nächste Seite)

Ullstein Bauwelt Fundamente

12 Le Corbusier, Feststellungen zu Architektur und Städtebau
 248 Seiten, 230, teils farbige Bilder, DM 14,80 / öS 109,50 / sfrs. 17,30

13 Hermann Mattern, Gras darf nicht mehr wachsen
 12 Kapitel über den Verbrauch der Landschaft
 184 Seiten, 40 Bilder, DM 12,80 / öS 95,— / sfrs. 15,—

14 El Lissitzky, Rußland: Architektur für eine Weltrevolution
 208 Seiten, 116 Bilder, DM 11,80 / öS 87,— / sfrs. 13,90

15 Christian Norberg-Schulz, Logik der Baukunst
 308 Seiten, 118 Bilder, DM 15,80 / öS 117,— / sfrs. 18,40

16 Kevin Lynch, Das Bild der Stadt
 216 Seiten, 140 Bilder, DM 12,80 / öS 95,— / sfrs. 15,—

17 Günter Günschel, Große Konstrukteure 1
 Freyssinet — Maillart — Dischinger — Finsterwalder
 276 Seiten, 172 Bilder, DM 15,80 / öS 117,— / sfrs. 18,40

19 Anna Teut, Architektur im Dritten Reich 1933—1945
 392 Seiten, 56 Bilder, DM 17,80 / öS 132,— / sfrs. 20,60

20 Erich Schild, Zwischen Glaspalast und Palais des Illusions
 Form und Konstruktion im 19. Jahrhundert
 224 Seiten, 157 Bilder, DM 14,80 / öS 109,50 / sfrs. 17,30

21 Ebenezer Howard, Gartenstädte von morgen
 Ein Buch und seine Geschichte
 ca. 190 Seiten, 35 Bilder, DM 14,80 / öS 109,50 / sfrs. 17,30

22 Cornelius Gurlitt, Zur Befreiung der Baukunst
 Ziele und Taten deutscher Architekten im 19. Jahrhundert
 166 Seiten, 19 Bilder, DM 8,80 / öS 67,— / sfrs. 10,60

23 James M. Fitch, Vier Jahrhunderte Bauen in USA
 330 Seiten, 247 Bilder, DM 22,80 / öS 173,— / sfrs. 26,35

Ullstein Berlin Frankfurt/M Wien

Bei Fragen zur Produktsicherheit wenden Sie sich bitte an:
If you have any questions regarding product safety,
please contact:

Birkhäuser Verlag GmbH
Im Westfeld 8
4055 Basel, Schweiz
productsafety@degruyterbrill.com